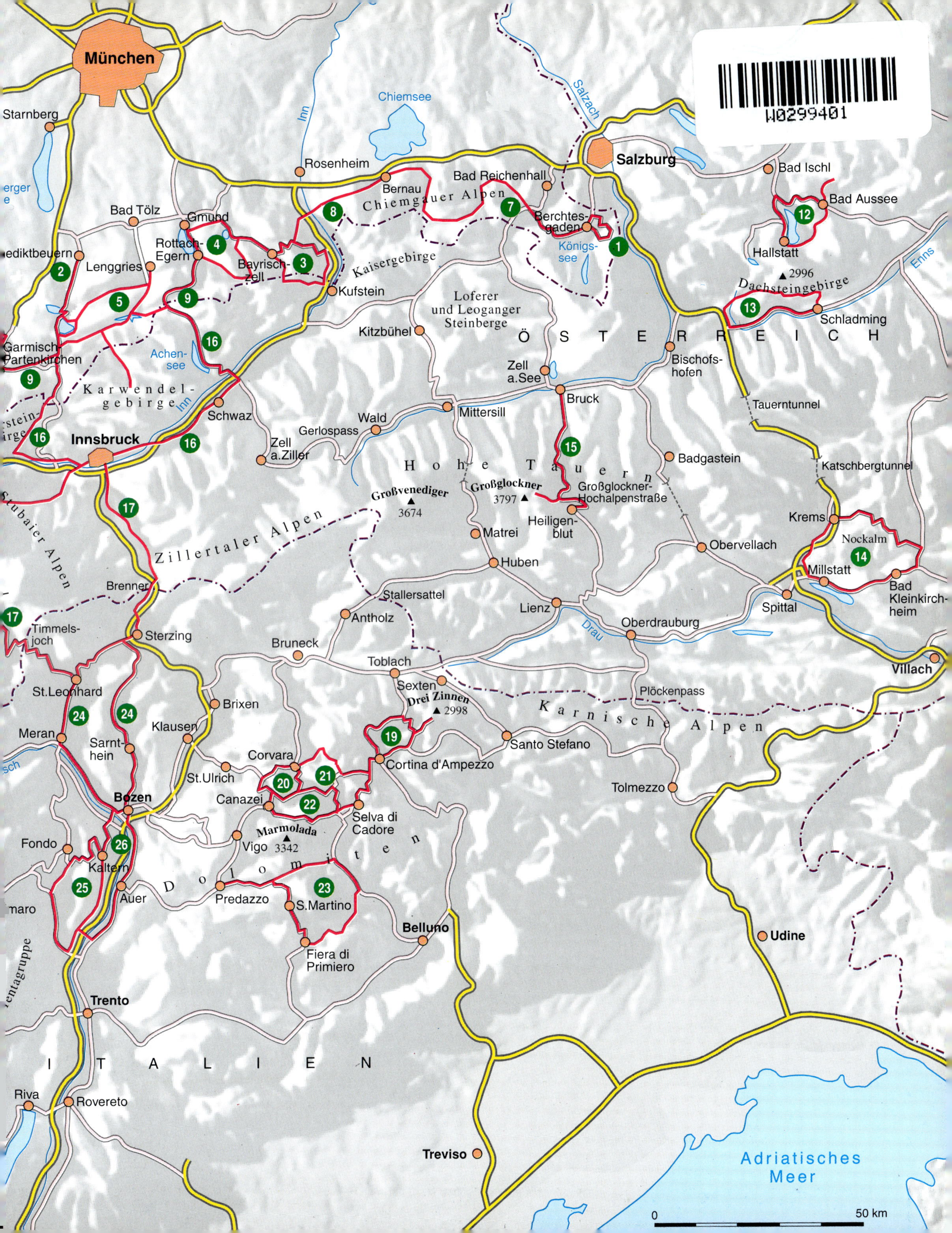

München
Starnberg
Chiemsee
Salzach
Inn
Rosenheim
Salzburg
Bad Ischl
Bad Aussee
Bernau
Chiemgauer Alpen
Bad Reichenhall
Berchtes-gaden
Königs-see
Hallstatt
2996
Dachsteingebirge
Schladming
Enns
Bad Tölz
Gmund
Rottach-Egern
Bayrisch-zell
Kaisergebirge
Kufstein
Lenggries
Loferer und Leoganger Steinberge
Kitzbühel
Ö S T E R R E I C H
Garmisch-Partenkirchen
Achen-see
Zell a.See
Bischofs-hofen
Karwendel-gebirge
Schwaz
Bruck
Tauerntunnel
Innsbruck
Wald
Gerlospass
Mittersill
Zell a.Ziller
Badgastein
Hohe Tauern
Großvenediger
3674
Großglockner
3797
Großglockner-Hochalpenstraße
Katschbergtunnel
Heiligen-blut
Matrei
Krems
Nockalm
Obervellach
Zillertaler Alpen
Stubaier Alpen
Huben
Millstatt
Bad Kleinkirch-heim
Brenner
Stallersattel
Lienz
Spittal
Timmels-joch
Sterzing
Antholz
Drau
Oberdrauburg
Bruneck
Toblach
Villach
St.Leonhard
Sexten
Plöckenpass
Drei Zinnen
2998
Brixen
Karnische Alpen
Meran
Klausen
Sarnt-hein
Santo Stefano
Corvara
Cortina d'Ampezzo
St.Ulrich
Bozen
Canazei
Selva di Cadore
Tolmezzo
Fondo
Marmolada
3342
Vigo
Kaltern
Dolomiten
Auer
Predazzo
S.Martino
Belluno
Udine
Fiera di Primiero
Trento
I T A L I E N
Riva
Rovereto
Treviso
Adriatisches Meer
0
50 km
1 2 3 4 5 7 8 9 12 13 14 15 16 17 19 20 21 22 23 24 25 26

Rudolf Geser

Die schönsten Alpenpässe mit dem Rennrad

40 ausgewählte Routen in Deutschland, Österreich, Italien, Frankreich und der Schweiz

66
66
france telecom
france telecom
www.t-online.de

Rudolf Geser

Die schönsten Alpenpässe mit dem Rennrad

40 ausgewählte Routen
in Deutschland,
Österreich, Italien,
Frankreich und
der Schweiz

südwest

▲ ▲ *Seite 2: Das Leiden am Berg: Die Favoriten sind längst weg, und oben warten die Wolken und eine Abfahrt im eisigen Fahrtwind.*

▲ *Richtig unterwegs: nie ohne Helm und nie ohne genügend zu trinken.*

▼ *Ein reizvoller Abstecher führt ins Stillachtal in den Allgäuer Alpen.*

◄ *Die herrliche Landschaft der Dolomiten: Blick vom Ritten über die fast einzigartigen Erdpyramiden hinweg zum Schlern.*

▲ *Ein Erinnerungsfoto von der Franz-Josephs-Höhe zu Füßen des Großglockners darf nicht fehlen (Tour 15).*

Österreich

Italien

▲ *Die Gasthäuser auf der Passhöhe des Sellajochs sind auf den letzten Metern der Nordseite schon gut im Blickfeld.*

▼ *Gute Laune trotz unwirtlicher Umgebung: am St.-Gotthard-Pass (Tour 27).*

Schweiz

Als lang gestreckter, kahler Bergrücken wirkt der Mont Ventoux, der »Berg des Windes«, eher harmlos. Im Vordergrund der reizvolle Ort Ville sur Auzon (Tour 38).

Vorwort

Leiden, Landschaft, Panorama

Für jeden sportlich ambitionierten Radfahrer stellen die Alpen eine Verlockung und Herausforderung ohnegleichen dar. Die Namen von Alpenpässen wie Stilfser Joch, Grödner Joch oder Sellajoch, die Großglockner-Hochalpenstraße, Furka-, Grimsel- und Sustenpass oder Galibier-, Iseran- oder Restefond-/Bonettepass haben in Radsportkreisen einen fast magischen Klang und wecken wohl in jedem Radler den Wunsch, diese Pässe einmal aus eigener Kraft mit dem Fahrrad zu bezwingen.

Was aber macht nun die Faszination der Alpen für den Radler aus, und wodurch hebt sich diese Region von anderen, zweifellos ebenfalls reizvollen Gebieten ab? Nun, nirgendwo sonst wird die körperliche Herausforderung, die mit dem Fahrradfahren verbunden ist, mit derart intensiven Landschaftseindrücken und einem Hauch von Abenteuer belohnt wie auf den Bergstraßen und Pässen unserer Alpen. Nirgendwo sonst liegen unterschiedlichste Landschaftsformen auf so engem Raum zusammen, und nirgendwo sonst bietet sich eine solche Vielzahl an lohnenden Sehenswürdigkeiten, sei es nun in landschaftlicher oder kultureller Hinsicht. Und nirgendwo ist das Glücksgefühl größer, wenn man nach schweißtreibender Auffahrt endlich das Schild mit der Aufschrift »Passhöhe« erreicht hat und mit berechtigtem Stolz auf die vollbrachte Leistung zurückblicken kann. Allenfalls ein Bergsteiger, der einen hohen Alpengipfel bestiegen hat, mag Ähnliches empfinden wie wir, wenn wir eine Radtour in den Alpen erfolgreich abgeschlossen haben.

In aller Regel sind die Passstraßen der Alpen gut ausgeschildert. Die Streckenfindung dürfte somit kein Problem sein.

Der vorliegende Bildband beschreibt die 40 schönsten und lohnendsten Ziele für Radfahrer im gesamten Alpenraum. Er beginnt mit einer Fahrt über die Roßfeld-Höhenringstraße im Berchtesgadener Land – mit einer Höhe von 1540 Meter der höchste öffentlich anzufahrende Punkt in den Bayerischen Alpen – und endet weit im Süden, an der Côte d'Azur am Turinipass, der mit seinen 1607 Metern nur unwesentlich höher, aber von den landschaftlichen und stimmungsmäßigen Eindrücken her doch völlig verschieden ist.

Dazwischen liegt die ganze Bandbreite, die der Alpenraum zu bieten hat. Da gibt es Touren in den Tegernseer und Schlierseer Bergen sowie im Allgäu den Riedbergpass, die höchste Passstraße Deutschlands. In Österreich werden die Pässe und Berge dann, etwa im Ausseer Land oder im Dachsteingebiet, schon höher und gipfeln in der Großglockner-Hochalpenstraße, einem der schönsten, mit durchgehend 12 Prozent Steigung auf 13 Kilometer aber auch schwersten Alpenpässe. Die Dolomiten locken mit einer einmalig schönen Bergwelt und faszinierenden Gipfelszenarien, wie man sie wohl auf der ganzen Welt kein zweites Mal findet und die von einer Vielzahl von Passstraßen mit klangvollen Namen durchzogen wird – vom Falzárego über das Sella-, Pordoi- und Grödner Joch bis zum Fédaia- und Rollepass in der Pala-Gruppe.

Südtirol bietet sich mit einer eher einfachen Fahrt über die Südtiroler Weinstraße und einer extrem schwierigen auf das Stilfser Joch an, und wer sich zwischen beiden nicht entscheiden kann, wählt die malerische Tour über den Mendelpass vom Oberetschtal ins Trentino.

Die Schweiz wartet dagegen mit schnee- und eisgepanzerten Bergriesen auf, die ihre imponierende Mächtigkeit drohend und selbstbewusst zur Schau stellen. Wehe, wenn man etwa am Furka- oder Grimselpass, am Splügen oder St. Gotthard von einem Gewitter überrascht wird. Schön ist das nirgends, aber hier haben die Gewitter wie die Berge eine ganz spezielle Dimension.

Die höchsten Alpenpässe allerdings finden wir anderswo, in den französischen Alpen, in den Départements Savoyen und Dauphiné, wo sich mit dem Galibier, dem Iseran und dem Restefond-/Bonettepass die höchsten mit dem Fahrrad auf öffentlichen Straßen zu befahrenden Ziele bieten.

Da die Alpen natürlich besondere Anforderungen an die Kondition des Radlers stellen und dessen Aktionsradius zusätzlich noch dadurch beschränkt wird, dass er im Regelfall nur sehr wenig Gepäck mitnehmen kann, werden vorwiegend Ein- oder Zweitagestouren beschrieben. Diese kommen den Bedürfnissen des Radfahrers erfahrungsgemäß am meisten entgegen. Aber wem dies nicht genügt, wer möglichst viel auf einmal erleben möchte, der kann Erfahrungen auf einer fünftägigen Tour entlang der Deutschen Alpenstraße sammeln oder seine Grenzen auf der Route des Grandes Alpes ausloten: von Martigny unweit des Genfer Sees über die höchsten, schönsten und schwersten Passstraßen der Alpen nach Nizza an der Côte d'Azur.

Noch etwas sei angemerkt: Leichte Touren gibt es im Alpenraum nicht, allenfalls schwere und weniger schwere. Auch hier bietet dieser Führer einiges an Auswahlmöglichkeiten. Die Bandbreite reicht von der Südtiroler Weinstraße, die sich fast ausschließlich im Talboden hält, bis zum Circuit des Grands Cols mit dem Lautaret, dem Galibier (immerhin der dritthöchste Alpenpass) und dem Croix de Fer. Allerdings sind die einfacheren Touren – bedingt durch die landschaftlichen Gegebenheiten – zahlenmäßig begrenzt, die Mehrzahl ist schon der Klassifikation »mittelschwer« zuzurechnen, und auch an schweren Touren besteht kein Mangel.

Wie Sie solche Touren letztlich empfinden, hängt auch von Ihnen, Ihrem Trainingszustand und Ihrer Fahrweise ab, und so kann ich Ihnen nur empfehlen, die vorgestellten Touren in ausreichend gutem Trainingszustand anzugehen und sich nirgends zu überfordern. Die zu jeder Tour gemachten organisatorischen Angaben, vor allem zur Streckenlänge, zu den Höhenmetern und der Steigung, sollen Ihnen dabei helfen, die Ihrem Konditionszustand entsprechende Tour zu finden. Planen Sie Ihre Touren sorgfältig, achten Sie auf Ihr Material – also auf Fahrrad und Kleidung –, und unternehmen Sie größere Touren nur bei sicheren Wetterverhältnissen. Legen Sie keinen falschen Ehrgeiz an den Tag, lassen Sie schnellere Fahrer ruhig eher oben sein, und gehen Sie vor allem bei Abfahrten kein unnötiges Risiko ein! Dann sollte eine Radtour in den Alpen das bieten, was man sich davon verspricht, Spaß und – trotz oder gerade wegen der damit verbundenen Anstrengung – Erholung in einem der schönsten Radgebiete der Welt.

Rudolf Geser

Richtig ausrüsten, sicher fahren

Das Fahrrad

Das für Fahrten in den Alpen empfehlenswerte Sportgerät ist ein Rennrad. Natürlich eignen sich dafür auch Touren- oder Sporträder, soweit diese über die entsprechenden Übersetzungsmöglichkeiten verfügen. Dies ist mit den neuen Kassettenzahnkränzen trotz Neun- und sogar Zehnfach-Gruppen gar nicht so einfach, denn je nach Hersteller hören manche Gruppen bereits bei 26 Zähnen auf, manche bieten als größtes Ritzel ein 27er an. Ein 28er Ritzel, in Kombination mit einem 39er Kettenblatt, sollte bei größeren Touren im Gebirge aber immer zur Verfügung stehen, vor allem, wenn die Steigung auf längeren Abschnitten 10 Prozent erreicht oder gar übersteigt. Dann schadet nicht einmal ein 29er Ritzel, wie es etwa von Campagnolo bei der neuen Zehnfachgruppe im Paket von 13 bis 29 Zähnen angeboten wird – oder gar ein Dreifachkettenblatt.

Nur wirklich außerordentlich gut trainierte Radler können es wagen, mit einem 26er Ritzel auf Bergtour zu gehen; aber auch hier habe ich oft erlebt, dass diese nach längerer Fahrt und nicht enden wollender Steigung froh wären, noch einmal in einen leichteren Gang schalten zu können.

Selbstverständlich kann man auch mit Mountainbikes die beschriebenen Touren unternehmen. Durch die standardmäßig angebrachten Dreifachkettenblätter hat man in der Regel keine Abstufungsprobleme, allerdings ist durch das höhere Gewicht der Räder und den erhöhten Rollwiderstand der Reifen der Kraftaufwand größer als mit einem Rennrad. Wenn Sie mit dem Mountainbike die befestigten Straßen

Am Berg leiden auch die Profis: Giuseppe Guerini vom Team Telekom bei der Tour de Suisse.

nicht verlassen, wäre es ratsam, auf schmale Slickreifen umzurüsten, um den Rollwiderstand so gering wie möglich zu halten.

Prüfen Sie vor jeder Fahrt den ordnungsgemäßen Zustand Ihres Rads, insbesondere den der Bremsen und der Schaltung. Auch der Spannungszustand der Speichen sollte hin und wieder mittels Fingerdruck an den Kreuzungsstellen überprüft werden. Testen Sie auch, ob der Vorbau und das Lenkkopflager fest angezogen sind. Nicht auszudenken, wenn sich hier während der Abfahrt etwas lockern sollte. Überprüfen Sie auch die Oberfläche Ihrer Reifen, die Decke darf keinerlei Risse, Schnitte oder Abnützungen, etwa durch starkes Bremsen, aufweisen. Leider kommt es immer wieder vor, dass ältere oder beschädigte Reifen durch die größere Beanspruchung in den Bergen kaputt gehen – mit schlimmen Folgen, wenn dies auf einer Abfahrt passiert. Geben Sie hier dem Sicherheitsaspekt Vorrang und wechseln Sie ältere oder beschädigte Reifen vor einer Tour im Zweifel in jedem Fall aus.

In den organisatorischen Angaben ist vermerkt, ob wegen der Tunnels oder Galerien Beleuchtung ratsam bzw. notwendig erscheint. Die Entscheidung hierüber müssen Sie selbst treffen. Grundsätzlich ist die Anbringung batteriebetriebener Rücklichter und Scheinwerfer immer empfehlenswert, zum einem der Sicherheit wegen, zum anderen aber auch, um im Fall eines vielleicht sogar unverschuldeten Unfalls sich nicht dem Vorwurf der Fahrlässigkeit oder gar groben Fahrlässigkeit auszusetzen und für eventuelle Folgen ganz oder teilweise selbst aufkommen zu müssen.

Ausrüstung

Im Gebirge nimmt die Temperatur je 100 Höhenmeter um durchschnittlich ein Grad Celsius ab. Auf der Passhöhe ist es deshalb meist erheblich kühler als im Tal. Auch können sich die Wetterverhältnisse sehr schnell ändern. Kälte, Nebel, Regen oder sogar Schneefall sind – auch im Hochsommer – jederzeit möglich. Bei unsicherer Wetterlage sollte eine wind- bzw. wasserdichte Regenjacke in der Trikottasche mitgefüht werden. Ein Stirnband oder eine Mütze sollte ebenfalls noch Platz finden, genau wie ein paar Überschuhe und vielleicht noch ein paar lange Fingerhandschuhe. Nasse, kalte Hände und Füße sind das Letzte, was man auf Passabfahrten brauchen kann.

Leider sind die Mitnahmemöglichkeiten am Rennrad sehr begrenzt, und wer kein Begleitauto dabei hat, wird sich stark einschränken müssen. Bei Zwei-Tages-Touren sollte also ein Rucksack mitgeführt werden, in dem zusätzlich zu den genannten Bekleidungsstücken noch Wechselunterwäsche, eine lange Radhose, ein warmer Pullover oder Trainingsjacke, ein zweites Trikot neben Toilettenartikeln und einer kleinen Erste-Hilfe-Apotheke untergebracht werden können. Bringen Sie an Ihrem Fahrrad zwei Flaschenhalter an und führen Sie zwei 0,75-Liter-Flaschen mit sich. 1,5 Liter sind an heißen Tagen im Nu verbraucht.

Ein Reserveschlauch, Flickzeug und Reifenabheber sind ohnehin obligatorisch, aber viel-

Vorsicht, auch bei einem kurzen Fotostopp kann man sich in schneebedeckten Regionen leicht verkühlen!

Das Fahrerfeld der Österreich-Rundfahrt am Großglockner.

leicht bringen Sie in der Reifentasche noch einen Nippelspanner und die wichtigsten Inbusschlüssel, in der Regel 4, 5 und 6 Millimeter, unter. Ganz Vorsichtige können noch zwei Reservespeichen mittels Klebeband an der Luftpumpe bzw. am Sitzrohr oder Oberrohr befestigen, allerdings wird man zum Speichenwechsel in der Regel eine Werkstatt ansteuern müssen.

Sehr empfehlen möchte ich Ihnen, in jedem Fall einen Helm zu tragen – zumindest bei der Abfahrt. Die »knitterfreien Mützen« sind mittlerweile so leicht, funktionell und auch optisch ansprechend, dass es eigentlich keinen Grund geben dürfte, auf diese zusätzliche Sicherheit zu verzichten. Wen diese Argumente noch nicht überzeugen: Helme verbessern auch den Luftwiderstand.

Fahrverhalten

Lassen Sie sich bei Passauffahrten niemals dazu verleiten, schnelleren Radlern zu folgen, sondern behalten Sie die für Sie angenehme Geschwindigkeit bei. Beginnen Sie Touren lieber langsam als zu schnell und scheuen Sie sich auch nicht, diese gleich mit einem größeren Ritzel zu beginnen. Sollten Sie noch Reserven haben, können Sie in Sichtweite der Passhöhe immer noch einen fulminanten Schlussspurt hinlegen. Das ist allemal motivierender, als stark zu beginnen und dann kurz vor dem Ziel einzubrechen. Legen Sie ruhig hin und wieder eine kurze Rast ein. Trinken Sie, auch wenn Sie keinen Durst verspüren – ein Liter pro Stunde ist bei anstrengenden Bergfahrten durchaus angebracht. Und vergessen Sie keinesfalls, rechtzeitig, also bevor das Hungergefühl einsetzt, zu essen. Vor allem kleinere Portionen wie Energie- oder Müsliriegel, Bananen oder Trockenobst belasten bei der Anstrengung nicht allzu sehr und helfen, dem gefürchteten »Hungerast« vorzubeugen. Wer einmal erlebt hat, wie mit schlagartig einsetzendem Heißhunger jede Kraft aus den Beinen schwindet, weiß, warum die Radprofis so viel und so häufig essen.

Fahren Sie bei Passabfahrten noch defensiver und vorsichtiger als sonst. Fahren Sie an unübersichtlichen Stellen immer so, dass Sie auf Sichtweite anhalten können. Auf Pässen ist

Infos fürs Ausland

Österreich

Telefonieren
Die Vorwahl aus Österreich nach Deutschland ist 0049 + Ortsvorwahl ohne die Null + Teilnehmernummer. Die Direktwahl nach Deutschland ist aus allen öffentlichen Telefonzellen möglich. Benötigt werden 1-, 5- oder 10-Schilling-Münzen oder Telefonkarten, die in Postämtern und Tabaktrafiken erhältlich sind.

Wichtige Adressen
Deutsche Vertretung in Österreich, Botschaft: A-1037 Wien, Metternichgasse 3, Tel. 0221/1154
Generalkonsulat: A-6010 Innsbruck, Adamgasse 5, Tel. 0512/59665
Österreichisches Fremdenverkehrsbüro, D-82019 Taufkirchen, Postfach 1231, Tel. 089/66670100
Österreichischer Automobil-, Motorrad- und Touring-Klub (ÖAMTC), A-1010 Wien, Schubertring 1–3, Tel. 0222/711990

Schweiz

Telefonieren
Die Vorwahl aus der Schweiz nach Deutschland ist 0049 + Ortsvorwahl ohne die Null + Teilnehmernummer. Die Direktwahl nach Deutschland ist aus allen öffentlichen Telefonzellen möglich. Benötigt werden 10-, 20- und 50-Rappen-, 1- und 5-Franken-Münzen oder die so genannte Taxcard, die in Postämtern, an Bahnhöfen und Kiosken erhältlich ist.

Wichtige Adressen
Deutsche Vertretung in der Schweiz, Botschaft: CH-3000 Bern 16, Willadingerweg 83, Tel. 031/359411
Generalkonsulate: CH-8024 Zürich, Kirchgasse 48, Tel. 01/2656565
Generalkonsulate: Ch-3000 Genf, 28 c, chemin du Petit-Saconnex, Tel. 022/7301111
Schweizer Tourismusbüro, D-60311 Frankfurt, Kaiserstr. 23, Tel. 069/256001
Touring-Club der Schweiz (TCS), CH-1211 Genf 3, 9 rue Pierre-Fatio, Tel. 022/7371212

Italien

Telefonieren
Die Vorwahl aus Italien nach Deutschland ist 0049 + Ortsvorwahl ohne die Null + Teilnehmernummer. Die Direktwahl nach Deutschland ist aus allen öffentlichen Telefonzellen möglich. Benötigt werden 100-, 200- oder 500-Lire-Münzen oder Telefonkarten, die in Bars, Tabakgeschäften und an Zeitungskiosken erhältlich sind.

Wichtige Adressen
Deutsche Vertretung in Italien Botschaft: I-00198 Rom, Via Po 25c, Tel. 06/884741
Generalkonsulat: I-20121 Mailaind, Via Solferino 40, Tel. 02/6554434
Italienisches Fremdenverkehrsamt, D-60329 Frankfurt, Kaiserstr. 65, Tel. 069/237430
Italienisches Fremdenverkehrsamt, D-80336 München, Goethestr. 20, Tel. 089/530360
Automobil Club d'Italia (ACI), I-00815 Rom, Via Marsala 8, Tel. 06/49981

Frankreich

Telefonieren
Die Vorwahl aus Frankreich nach Deutschland ist 0049 + Ortsvorwahl ohne die Null + Teilnehmernummer. Direktwahl nach Deutschland aus allen öffentlichen Fernsprechern. Benötigt werden Telefonkarten »télécarte« zu 40 Francs und 96 Francs, erhältlich in Postämtern, Tabakläden und Verkaufsstellen, die mit »télécarte en vente ici« gekennzeichnet sind.

Wichtige Adressen
Deutsche Vertretung in Frankreich, Botschaft: F-85008 Paris, 13/15, Avenue Franklin D. Roosevelt, Tel. 01/53834500
Generalkonsulat: F-69458 Lyon, 33 Boulevard des Belges, Tel. 04/78935473
Französisches Fremdenverkehrsamt, D-60325 Frankfurt, Westendstr. 47, Tel. 069/97580148

Zeit für einen kleinen Plausch mit interessanten Leuten sollte eigentlich immer sein.

hinter jeder Kurve mit Hindernissen auf der Fahrbahn wie Schlaglöcher, kleine Steine, Felsbrocken oder Weidevieh zu rechnen.
Höchste Vorsicht ist bei Weiderosten geboten, die oft tückisch glatt sind. Hier sollten Sie nicht bremsen oder in großer Schräglage fahren. Äußerste Vorsicht auch bei Tunnels und Galerien – zumal, wenn sie unbeleuchtet sind! In den Tunnels können Schlaglöcher oder Nässe und besonders im Frühjahr auch Schnee- und Eisreste für eine erhöhte Gefährdung sorgen. Bitte vergessen Sie auch nicht, dass sich das Auge bei Ein- und Ausfahrten in bzw. aus Tunnels erst an die veränderten Lichtverhältnisse gewöhnen muss, und fahren Sie hier deshalb entsprechend langsam.

Erläuterungen zu den Kurzangaben

Die zu jeder Tour gemachten organisatorischen Angaben sollen Ihnen bei der Planung behilflich sein. Erläuterungsbedürftig sind die Angaben zur Dauer, also zum Zeitaufwand der für eine Tour zu veranschlagen ist. Dazu ist anzumerken, dass es sich hierbei nur um Orientierungswerte handeln kann. Die benötigte Zeit hängt viel zu sehr vom konditionellen Zustand jedes Einzelnen ab, als dass hier allgemein gültige Angaben gemacht werden könnten. Gut trainierte Fahrer werden den ersten Wert zweifellos unterbieten können, wer allerdings noch anderen Freizeitbeschäftigungen nachgeht und nicht jede freie Minute auf dem Rennrad verbringt, wird sich an einem dazwischen liegenden Zeitraum orientieren müssen. Und wer gar nur gelegentlich auf dem Rad sitzt, wird vielleicht sogar Mühe haben, die zweite Zeitangabe einhalten zu können – genauso wie jemand, der mit einem Tourenrad und viel Gepäck unterwegs ist, wobei dessen Leistung dann vielleicht sogar über der eines schnelleren Rennradlers ohne Gepäck liegt. Grundsätzlich kann allerdings gesagt werden, dass es innerhalb des genannten Zeitraums jedem ambitionierten Radler möglich sein sollte, die Tour zu beenden.

Eine Empfehlung der zu verwendenden Übersetzung wurde nicht gegeben. Auch dies hängt viel zu sehr von der körperlichen Leistungsfähigkeit, aber auch dem Fahrstil und den Vorlieben jedes Einzelnen ab. Zwei gleich gut trainierte Radler können, ihrem Fahrstil entsprechend, mit verschiedenem Ritzel und entsprechend unterschiedlicher Trittfrequenz gleich schnell unterwegs sein. Sie können Ihr Ritzel Ihren Erfahrungen zufolge aufgrund der angegebenen Höchststeigungen sowie den Steigungsangaben zu den Pässen auswählen. Grundsätzlich sollte eigentlich immer als größtes Ritzel ein 28er in Kombination mit einem 39er Kettenblatt vorhanden sein. Ein 26er als größtes Ritzel sei nur wirklich außergewöhnlich gut trainierten Fahrern vorbehalten.

Unter den Angaben zur Höchststeigung soll versucht werden, eine Einordnung der Tour in die drei Schwierigkeitsgrade »leicht«, »mittelschwer« und »schwer« zu geben. Dabei ist darauf hinzuweisen, dass diese Einteilung vor allem aufgrund der objektiven Tourdaten wie Streckenlänge, Höhenmeter und Höchststeigung erfolgen muss. Eine objektive Methode zur Bestimmung des individuell empfundenen Schwierigkeitsgrads gibt es nicht, da dies zu sehr von der körperlichen Leistungsfähigkeit und der Tagesform des Einzelnen abhängt. Ein sehr gut trainierter Radler empfindet vielleicht sogar das Stilfser Joch subjektiv als erträglich und könnte, oben angelangt, noch einen weiteren Pass anhängen. Die überwiegende Mehrzahl der Radler ist dort oben jedoch an den Grenzen ihrer Belastbarkeit angelangt und empfindet die Tour sicherlich als schwer. Während ein gut trainierter Radler die Kesselbergstraße aufgrund seines Trainingszustandes zu Recht als leicht empfindet, kann sie für einen wenig trainierten Radler subjektiv durchaus schwer sein. Der Unterschied in der Einwertung ist allerdings, dass ein weniger gut trainierter Radler den Kesselberg hochkommen wird, auch wenn er sich dabei schwer tut, dagegen das Stilfser Joch nicht schaffen wird, und wenn er sich noch so anstrengt. Objektiv betrachtet ist der Kesselbergpass deshalb als leicht, das Stilfser Joch dagegen als schwer einzuordnen. Mit der Einteilung in Schwierigkeitsgrade soll also versucht werden, die Touren vom Schwierigkeitsprofil in Relation zueinander zu stellen, also hinsichtlich Steigungsgrad und -dauer zu bewerten.

Zusammenfassend kann gesagt werden, dass leichte Radtouren auch von weniger gut trainierten Radlern bewältigt werden können. Mittelschwere Touren verlangen bereits regelmäßiges Training, also mindestens 3000 bis 4000 Radkilometer im Jahr, und schwere Touren sollten nur von gut trainierten Radlern mit mehr als 4000 Trainingskilometern im Jahr bzw. ausreichender Bergerfahrung angegangen werden.

Zu den Passöffnungszeiten ist anzumerken, dass aus witterungsbedingten Gründen oder wegen straßenbaulich notwendiger Maßnahmen auch während des offiziellen Öffnungszeitraums mit kurzfristigen Streckensperrungen zu rechnen ist. Auch kann sich der Öffnungszeitraum von Passstraßen aus den genannten Gründen verschieben. Eine aktuelle Auskunft erhalten Mitglieder des ADAC unter der Rufnummer 0180 / 510 11 12.

Für den Fall, dass Sie zusätzlich zu den heraustrennbaren Routenkarten noch eine größere Übersichtskarte konsultieren wollen, wurde für die Alpenländer Deutschland, Österreich, Italien und Schweiz die Generalkarte 1:200 000, Mairs Geographischer Verlag, angegeben. Die jeweiligen Kartennummern beziehen sich dabei auf die Einzelblätter – mit Ausnahme der Schweiz, hier wurde das Großraumblatt Östliche Schweiz angegeben. Für Frankreich wurde die Michelin-Karte 1:200 000 genannt.

Ausländische Verkehrszeichen

Italien

Deviazione = Umleitung
Tenere la destra = rechts fahren
Rallentare = langsamer werden
Sbarrato = gesperrt
Curva pericolosa = gefährliche Kurve
Strada stretta = unbefestigte Straße
Caduta sassi = Steinschlag

Frankreich

Ralentir = langsamer werden
Déviation = Umleitung
Passage interdit = gesperrt
Route barrée = Straße gesperrt

Touren in Deutschland

1 Über die Roßfeld-Höhenringstraße

In den Berchtesgadener Alpen

Nach St. Bartholomä am Königssee kommt man nur mit dem Schiff.

Wer es im Frühling gar nicht erwarten kann, seine auf den üblichen Trainingsfahrten erworbene Kondition zu testen, dabei aber weiß, dass diese für größere Unternehmungen noch nicht ausreicht, der sollte es einmal mit der Roßfeld-Höhenringstraße versuchen. Sie liegt im südöstlichsten Winkel Oberbayerns, wo sich das Berchtesgadener Land wie ein Keil ins Österreichische, genauer in das Salzburger Land, hineinschiebt.

Dabei kann sich die Roßfeld-Höhenringstraße mit dem Attribut schmücken, Deutschlands höchste Bergstraße zu sein. Allzu viel Bedeutung ist dieser Aussage freilich nicht beizumessen, denn im Vergleich zu »richtigen« Alpenpässen nimmt sich die hier erreichte Höhe von 1540 Meter doch eher bescheiden aus. Aber auf den knapp 35 Kilometern dieser Tour, davon fast 15 auf der Auffahrt, sind immerhin 1235 Höhenmeter zu überwinden, wobei, und dies sei nicht verschwiegen, Steigungsspitzen bis

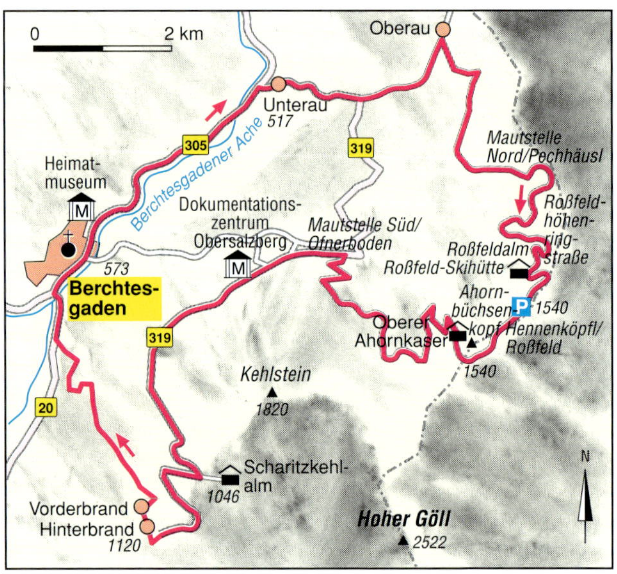

14 Prozent einem das Vorwärtskommen ganz schön erschweren können. Dennoch, die landschaftliche Schönheit dieser Tour inmitten der herrlichen Bergwelt der Berchtesgadener Alpen macht alle Mühen bei weitem wett.

Ausgangspunkt ist der Markt Berchtesgaden, den man, der Beschilderung »Marktschellenberg« folgend und erst einmal auf der Bundesstraße 305 bleibend, verlässt. Gut drei Kilometer hat man so auf ebener Straße Zeit zum Einrollen, bevor man in Unterau der Beschilderung »Roßfeld-Höhenringstraße« folgt. Gut dass man sich warm gefahren hat, denn mit 14 Prozent steigt die Trasse gleich recht grimmig an und behält diese Steigung auf den nächsten beiden Kilometern bis Oberau auch bei. Dann geht der dichte Mischwald, der uns bis hierher begleitet hat, zurück, und der Steigungsgrad fällt auf 8 Prozent zurück.

Dies gibt Gelegenheit, sich der Bergwelt zu widmen, wobei vor allem das lang gestreckte Bergmassiv des sagenumwobenen Untersbergs beeindruckt, eines der höhlenreichsten Gebirgsstöcke der Ostalpen. Die bekanntest Sage ist sicherlich die von Kaiser Karl dem Großen, der im Inneren des Berges in einer mächtigen Halle mit Wänden aus blankem Marmor auf

▲ *Vorhergehende Doppelseite: Unterwegs in der Voralpenlandschaft bei Rubi im Allgäu.*

◄ *Das Berchtesgadener Land, hier mit dem Markt Berchtesgaden und dem Watzmann, zählt ohne Zweifel zu den schönsten Landschaften Deutschlands.*

Gesamtlänge 34,5 km

Höhendifferenz 1235 m

Höchststeigung Mittelschwere Radtour mit 14 % Höchststeigung auf ca. 2 km Länge zwischen Unterau und Oberau. Bei der Abfahrt Gefällstrecke vor Berchtesgaden bis 23 %.

Dauer 3 – 5 Stunden

Ausgangspunkt Berchtesgaden (573 m)

Endpunkt Berchtesgaden

Anfahrt Autobahn München-Salzburg A8, Ausfahrt Knoten Salzburg Süd oder Hallein – Marktschellenberg – Unterau – Berchtesgaden

Wer so wie hier mit den Händen am Unterlenker die Auffahrt zum Roßfeld bewältigt, muss schon mächtig gut in Form sein. Zeit für die Betrachtung des Hohen Göll im Hintergrund bleibt da freilich nicht. Im Bild Teilnehmer des EuRegio-Radmarathon, der den offenen Grenzen der Europäischen Union neue Perspektiven geben soll und auch durch das Berchtesgadener Land führt.

seinem Thron schlafen soll. Sein mächtiger weißer Bart ist bereits zweimal um den vor ihm stehenden Tisch gewachsen. Wenn er ein drittes Mal herumgewachsen ist, wird der alte Kaiser erwachen und in einer dreitägigen Schlacht, der größten die es je gab, seine Feinde vernichten.

Einer anderen Sage nach soll einmal ein Brautpaar von Zwergen in den Untersberg entführt, dort bewirtet worden und dann eingeschlafen sein. Nach 100 Jahren erschien es plötzlich wieder im Dorf, wo man feststellte, dass damals tatsächlich ein Brautpaar verschwunden war. Realität ist allerdings, dass immer wieder Menschen von dem weit verzweigten Höhlensystem, den funkelnden Tropfsteingebilden und den unterirdischen Wasserläufen angezogen werden und sich dort ausweglos verirren.

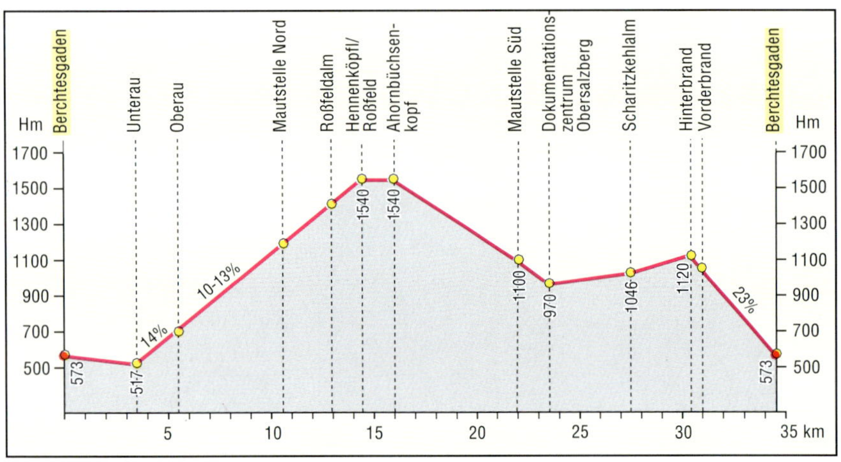

Weiter im Westen sind die Bergstöcke des Lattengebirges und der Reiteralpe zu erkennen, aber schon am Ortsende ist Schluss mit der Ausflugstour, denn hier nimmt die Steigung wieder auf bis zu 12 Prozent zu und wird bis zur Mautstelle Pechhäusl nur hin und wieder von flacheren Abschnitten unterbrochen. Unsere Fahrt müssen wir hier zum Glück nicht unterbrechen, denn im Gegensatz zu den Autos und Motorradfahrern müssen wir ja keine Maut bezahlen. Vor allem bei Motorradfahrern scheint diese Strecke wegen ihres Kurvenreichtums sehr beliebt zu sein. Wir bewältigen die Kehren zwar langsamer, dafür aber wohl sicherer, wenn man deren waghalsige Schräglagen manchmal beobachtet.

Nadelwald verwehrt uns eine bessere Aussicht,

aber bei Steigungen zwischen 10 und 13 Prozent ist man ohnehin mehr mit sich selbst beschäftigt. Bei der Roßfeldalm wird der Wald fast übergangslos von Almmatten abgelöst und gibt den Blick auf die senkrechten, gefährlich aussehenden Wandfluchten des mächtigen Göllstocks, mit dem Hohen Göll als höchster Erhebung, frei. Auch die Steigung geht etwas zurück, um kurz vor dem Parkplatz Hennenköpfl nochmals kurz auf 13 Prozent anzusteigen. Dann aber haben wir nach 14,5 Kilometern den höchsten Punkt erreicht.

Der Berggrat, über den die Straße nun einige hundert Meter völlig eben verläuft, befindet sich geografisch gesehen bereits auf österreichischem Staatsgebiet und eröffnet eine grandiose Aussicht, so dass man auf jeden Fall eine Pause einlegen sollte. Während nach Westen hin der Blick über das Berchtesgadener Land nur eingeschränkt durch einen kleinen Grateinschnitt möglich ist, liegt im Süden das Salzburger Land völlig frei vor uns.

Vor allem der Tiefblick auf die grünen Wiesen mit verstreuten Dörfern, zwischen denen sich bewaldete Hügel wie kleine Inseln erheben, und auf das glitzernde Band der Salzach beeindruckt, während in weiter Ferne gerade noch die Gletscherfelder des Hohen Dachstein erkennbar sind. Man kann sich mit der Besichtigung ruhig Zeit lassen, denn die größten Schwierigkeiten liegen hinter einem. Wer überhaupt nicht mehr treten will, kann von hier oben gleich in einem Zug bis Berchtesgaden hinunterrauschen, hat auf den letzten drei Kilometern dann allerdings eine Gefällstrecke von fast durchgehend 24 Prozent hinunterzubremsen.

Da ist es fast reizvoller, der kurz hinter der Mautstelle Süd/Ofnerboden nach links abzweigenden Dürreckstraße zu folgen. Am Gebäudekomplex des neuen »Dokumentationszentrums Obersalzberg« vorbei, wechseln auf den folgenden 7 Kilometern bis Hinterbrand dann zwar wieder Steigungen bis 8 Prozent mit längeren Flachstücken und kurzen Abfahrten ab, richtig schwierig wird es aber nicht. Entschädigt wird man dafür mit dem Blick auf den Bergstock des Watzmann, dessen schaurig berühmte Ostwand uns allerdings genauso verborgen bleibt wie der Königssee zu dessen Füßen. Wer will, kann sich im Alpengasthof Vorderbrand nochmals stärken, um die letzten Kilometer hinunter nach Berchtesgaden voll konzentriert angehen zu können. Das starke Gefälle der Straße, das hier bis zu 23 Prozent erreicht, erfordert nämlich nochmals die volle Aufmerksamkeit. Berchtesgaden muss dann nicht der tiefste Punkt der Tour sein: Wer will, geht nochmals tiefer, nämlich 600 Meter ins Erdinnere bei einem Besuch des Salzbergwerks.

Streckenverlauf

Berchtesgaden (Km 0,0)
Unterau (km 3,5)
Oberau (km 5,5)
Mautstelle Nord/Pechhäusl (km 10,5)
Roßfeldalm (km 13,0)
Roßfeld-Skihütte (km 13,5)
Parkplatz Hennenköpfl/Roßfeld (km 14,5)
Ahornbüchsenkopf (km 16,0)
Mautstelle Süd/Ofnerboden (km 22,0)
Dokumentationszentrum Obersalzberg (km 23,5)
Scharitzkehlalm (km 27,5)
Hinterbrand (km 30,5)
Vorderbrand (km 31,0)
Berchtesgaden (km 34,5)

Passangaben

Roßfeld	Auffahrt von Unterau bis Passhöhe 9,0 km mit 14 % Höchststeigung Abfahrt Roßfeld bis Berchtesgaden 20 km mit Gefälle bis 23 %
Straßenzustand	gut ausgebaute Straße
Passöffnungszeiten	ganzjährig befahrbar
Sehenswürdigkeiten	Berchtesgaden (Schloss mit Schlossmuseum; Heimatmuseum; Salzbergwerk), Abstecher zum Königssee, Dokumentationszentrum Obersalzberg
Karte	Generalkarte 1:200 000, Deutschland Blatt 20

2 Kochelsee und Walchensee

Über die Kesselbergstraße

Ohne öffentlichen Verkehr: am Ostufer des Walchensees.

Etwas südlich von Benediktbeuern, dort, wo sich das Estergebirge und die Benediktenwand schon als respektable Erhebungen aus dem bis dato flachen Voralpenland hervortun, liegt der Kochelsee, der nicht nur als größter, sonder auch als schönster deutscher Alpensee gilt. Was ihn und den benachbarten Walchensee aber für Radler interessant macht, ist die Straße, welche die beiden Seen miteinander verbindet.

Sie ist in dieser Region allgemein als Kesselbergstraße bekannt und verbindet die Ortschaften Kochel und Wallgau auf einer Länge von 22,5 Kilometern. Die Auffahrtstrecke von Kochel zum Scheitelpunkt nimmt davon 8 Kilometer in Anspruch und überwindet über 7 Kehren bei einer recht gleichmäßigen Steigung von 5 Prozent einen Höhenunterschied von 253 Meter. Nicht unbedingt viel, aber ausreichend, um eine schöne Radtour zustande zu bringen. Da man auf der hier beschriebenen Tour den Rückweg über die andere Passseite wählt, kommen dabei doch 320 Höhenmeter und 58,5 Streckenkilometer zusammen.

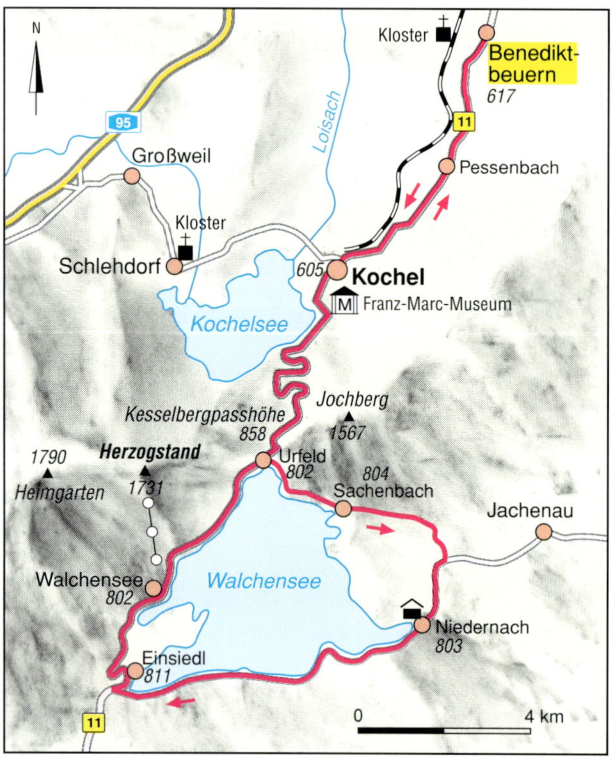

Man sollte in Benediktbeuern beginnen und der ehemaligen Benediktinerabtei einen Besuch abstatten. Die regelmäßig um zwei Höfe angelegten Klosterbauten stammen aus dem 17. und 18. Jahrhundert. Der gotische Kreuzgang erhielt im späten 17. Jahrhundert seine barocke Stuckierung, als auch die Klosterkirche St. Benedikt vom Weilheimer Baumeister Kaspar Feichtmayr erschaffen wurde. Die Fresken im Inneren stammen ebenfalls von einem bekannten Künstler, nämlich von Hans Georg Asam, dem Vater der zu noch mehr Ruhm gelangten Brüder Egid Quirin und Cosmas Damian Asam.

Auf ebener Straße bleibt bis Kochel noch etwas Zeit zum Einrollen, und auch ein Blick auf das imposante Denkmal des Schmied von Kochel an der Hauptstraße sollte noch sein. Es stellt Balthasar Mayr dar, einen Schmiedgesellen aus dem Ort, der beim Bauernaufstand im 18. Jahrhundert als Anführer einer Bauernschar gen

Die Existenz des Schmied von Kochel, dem in der Ortsmitte dieses imponierende Denkmal gewidmet wurde, ist historisch stark umstritten.

GESAMTLÄNGE 58,5 km

HÖHENDIFFERENZ 320 m

HÖCHSTSTEIGUNG Leichte Radtour mit 5 % Höchststeigung zwischen Walchenseekraftwerk und Kesselbergpasshöhe auf ca. 5 km Länge

DAUER 2 1/2 – 4 1/2 Stunden

AUSGANGSPUNKT Benediktbeuern (617 m)

ENDPUNKT Benediktbeuern

ANFAHRT von München auf der B11 über Schäftlarn – Wolfratshausen – Geretsried – Königsdorf – Benediktbeuern oder Autobahn München-Garmisch A95, Ausfahrt Sindelsdorf – Bichl – Benediktbeuern

Vom Ostufer des Walchensees hat man eine weite Aussicht bis zum Karwendelgebirge.

München zog. Dort fiel er dann im Jahre 1705 im Ortsteil Sendling im Kampf gegen die überlegenen österreichischen Besatzungstruppen. So weit verbreitet diese Geschichte vom Schmied von Kochel auch ist, historisch bewiesen ist sie allerdings bis heute noch nicht.

Historisch unstrittig ist dagegen die Existenz des expressionistischen Malers Franz Marc, dessen Werke in einem am Ortsende von Kochel in einem weitläufigen Parkgelände befindlichen Museum ausgestellt sind. Auch Franz Marc starb bei einer kriegerischen Auseinandersetzung, nämlich im Ersten Weltkrieg, wo er 1916, erst 36-jährig, bei Verdun fiel.

Schon von weitem sind uns die sechs riesigen Druckleitungen des Walchenseekraftwerks aufgefallen, dessen Turbinen vom Wasser des etwa 200 Meter höher gelegenen Walchensees angetrieben werden. Kurz nach dem Ortsende von Kochel radeln wir direkt am Kraftwerk vorbei, das zwischen 1918 und 1924 gebaut wurde und noch heute als Meisterleistung technischer Baukunst gilt.

Nicht viel Interessantes gibt es dagegen über die nun folgende Steigungsstrecke zu berichten, außer dass sie mit ihren 5 Prozent recht gleichmäßig zu befahren ist. Je nach Trainingszustand kommt man mehr oder weniger zügig voran, und wer sich über die vielen Motorradfahrer wundert, die hier unterwegs sind, sollte wissen, dass es sich um eine der beliebtesten Motorradstrecken im südbayerischen Raum handelt. Allerdings gilt dies glücklicherweise nicht für die Wochenenden, an denen ist diese Auffahrtsseite nämlich für Motorradfahrer

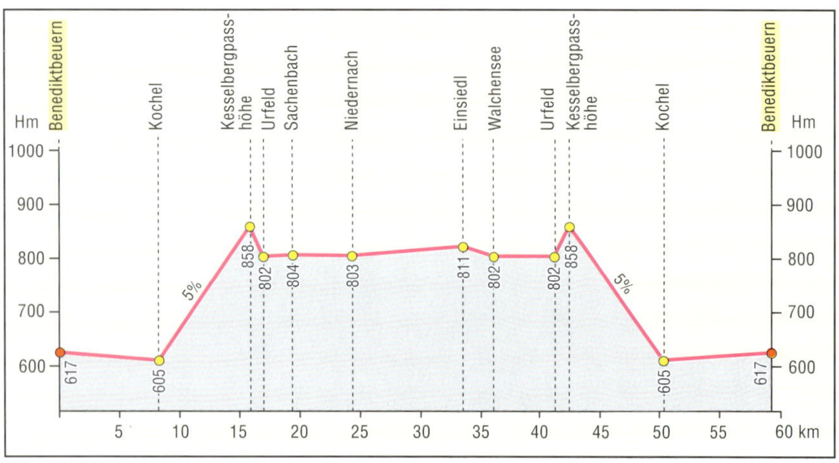

gesperrt. Dann wird man auf dem weiteren Weg zur Passhöhe nur von Autos überholt, aber zum einen ist es bis dort hinauf nicht mehr weit, und zum anderen ist die Straße recht gut ausgebaut. Kaum zu glauben, dass deren Baubeginn mit der Entdeckung Amerikas zusammenfiel. 1492 gab Herzog Albrecht IV. den Auftrag zum Baubeginn.

Auf der Passhöhe selbst gibt es nichts zu entdecken, auch die Aussicht ist wenig berauschend, und so wird man gleich die vier Kehren hinunter nach Urfeld in Angriff nehmen. Die Ortschaft markiert das Ende der Gefällstrecke und den Beginn des Walchensees, an dessen Südufer entlang man auf ebener Straße durch den gleichnamigen Hauptort des Sees bis Einsiedl radelt. Schon Johann Wolfgang von Goethe benutzte diese Straße, die damals »Via regia Tyrolenses et Italos« hieß. Aber während Goethe weiter nach Italien wollte, biegen wir bei Einsiedl zum Südufer des Sees ab, um den Rückweg anzutreten. Etwas Vorsicht ist angesagt, denn dieser Uferabschnitt ist vollständig in den Besitz der Surfer übergegangen, die sich hier beim Warten auf den richtigen Wind die Zeit mit Sonnenbaden und Grillen vertreiben und beim Überqueren der Straße nicht immer die nötige Vorsicht walten lassen. Dafür radeln wir aber, wenn wir hinter der Waldschänke Niedernach auf das östliche Seeufer abbiegen, umso ungestörter, denn dieser Streckenteil ist für den öffentlichen Verkehr gesperrt. Ein Anstieg bis 8 Prozent zwingt uns nun, wieder eine leichtere Übersetzung zu wählen, aber schon bald fällt die Trasse bis Sachenbach wieder ab. Auch der Wald, der uns bis hierher begleitet hat, weicht zurück und gibt schöne Ausblicke auf die bewaldeten Berghänge im Süden frei, über denen sich die Felswände des Karwendelgebirges zeigen. Da man in unmittelbarer Ufernähe radelt, sollte man ruhig einmal absteigen und die Wasseroberfläche beobachten, deren von dunkel- bis schwarzgrün wechselnde Farbe dem See seinen ernsten Charakter verleiht. Wer sich vor der Weiterfahrt erfrischen möchte, kann dies auch tun, er sei allerdings gewarnt, die Wassertemperatur erreicht selbst im Hochsommer kaum einmal 18 Grad. Besser, er wartet damit noch bis zur Rückkehr nach Kochel und holt dies dann im »Trimini«, einer der schönsten Badeanlagen im oberbayerischen Raum, nach.

Streckenverlauf

Benediktbeuern (km 0,0)
Kochel (km 8,0)
Kesselbergpasshöhe (km 16,0)
Urfeld (km 17,0)
Sachenbach (km 19,5)
Niedernach (km 24,5)
Einsiedl (km 33,5)
Walchensee (km 36,0)
Urfeld (km 41,5)
Kesselbergpasshöhe (km 42,5)
Kochel (km 50,5)
Benediktbeuern (km 58,5)

Passangaben

Kesselbergpass	Auffahrt von Kochel bis Passhöhe 8,0 km mit 5 % Höchststeigung Abfahrt von Passhöhe bis Urfeld 1 km mit 5 % Gefälle
Straßenzustand	Zwischen Sachenbach und Niedernach leichte Belagschäden, sonst gut ausgebaute Straßen. Zwischen Urfeld und der Einmündung in die von der Jachenau kommende Straße von Niedernach ist die Strecke für den öffentlichen Verkehr gesperrt.
Passöffnungszeiten	ganzjährig befahrbar
Sehenswürdigkeiten	Benediktbeuern (ehemaliges Benediktinerkloster Benediktbeuern, ältestes Kloster Oberbayerns); Kochel (Franz-Marc-Museum, Schmied-von-Kochel-Denkmalan der Hauptstraße)
Karte	Generalkarte 1: 200000, Deutschland Blatt 20

3 Über Sudelfeld und Tatzelwurm

Im Schatten des Wendelsteins

Die Festung Geroldseck mit dem imposanten Rundturm ist das Wahrzeichen von Kufstein.

Das Sudelfeld ist ein ausgedehntes, baumarmes Almgelände, das sich dort erstreckt, wo Oberbayern mit am schönsten ist, nämlich zu Füßen des 1838 Meter hohen Wendelstein. Der Tatzelwurm hingegen ist ein wilder, Feuer speiender Drache, der einst in dieser Gegend sein Unwesen getrieben haben soll. An ihn erinnert auf dieser Tour allerdings nur noch ein nach ihm benannter Großparkplatz und eine Gaststätte. Im Winter ist das Sudelfeld ein beliebtes und schneesicheres Skigebiet, dessen Pisten sich etwa in Höhenlagen zwischen 1000 und 1500 Meter verteilen.

Die ersten Radler, die nach der Winterpause im Frühling hier ihre Form testen, treffen dabei nicht selten mit den letzten Skifahrern zusammen, die nochmals den letzten Schnee auskosten wollen. Wer dabei feststellt, dass seine Form schon recht gut ist, sollte sich nicht scheuen, die hier beschriebene volle Rundtour zu fahren, die im Übrigen zu den schönsten Unternehmungen zählt, die dieser Teil der Alpen zu bieten hat.

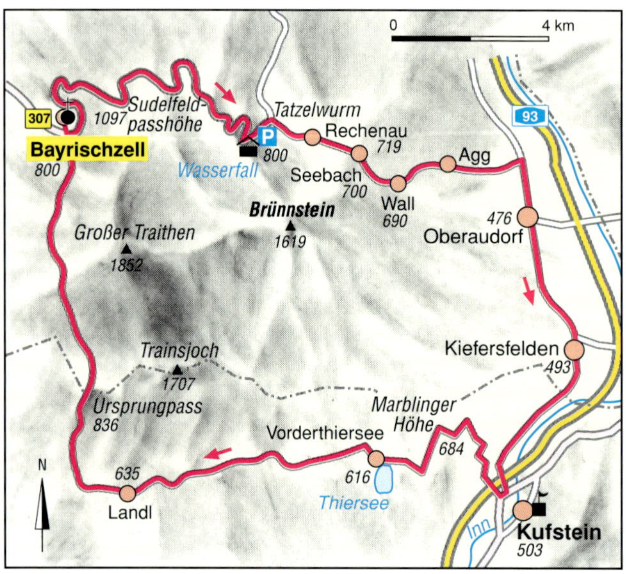

Schon Bayrischzell präsentiert sich wie aus einem Bildband über die schönsten Ortschaften Oberbayerns entnommen. Wir fahren in einer weiten Schleife um das südliche Ortsende herum auf der Bundesstraße 307. Schon kurz darauf beginnt sie, an der Talstation des hier zum Sudelfeld hochführenden Sessellifts vorbei, mit 11 Prozent anzusteigen. Bald wird die erste Kehre erreicht, der sich unmittelbar die zweite und letzte der Passauffahrt anschließt. Hier geht auch die Steigung etwas zurück. Hoch über uns erkennen wir die Fernsehsenderantennen und die Aufbauten des Sonnenobservatoriums auf dem Wendelsteingipfel, der hier mit seiner felsigen Südseite ins Leitzachtal abstürzt. Die Straße wendet sich leicht nach Osten, der Wendelstein entzieht sich unseren Blicken, dafür erkennen wir schon tief unter uns die Straße im Ursprungtal, welche uns über das »Landl« wieder zurückführen wird. Vorerst müssen wir jedoch noch mit Steigungen zwischen 8 und 10 Prozent nach oben, bis uns ein Schild mit der Aufschrift »Sudelfeld« das nahe Ende der Passauffahrt anzeigt.

Wenige Meter sind es bei nachlassender Steigung noch bis zum höchsten Punkt, einer

Die felsige Südseite des Wendelstein überragt das Leitzachtal.

GESAMTLÄNGE 54,0 km

HÖHENDIFFERENZ 725 m

HÖCHSTSTEIGUNG Mittelschwere Radtour mit 11 % Höchststeigung auf ca. 1 km Länge zwischen Bayrischzell und Sudelfeldpasshöhe im unteren Bereich. Im weiteren Verlauf bis zur Passhöhe Steigungen zwischen 9 und 10 %. Am Ursprungpass kurzzeitig 13 % Steigung.

DAUER 3 – 5 Stunden

AUSGANGSPUNKT Bayrischzell (800 m)

ENDPUNKT Bayrischzell

ANFAHRT Autobahn München-Salzburg A8, Ausfahrt Weyarn – Miesbach-Hausham – Schliersee – Bayrischzell

Der Thiersee im Ursprungtal zu Füßen des Pendling lädt zum Baden ein.

keinerlei Aussicht bietenden Kurve, der wir – auf etwas abfallender Straße – zum Parkplatz vor dem »Café Kotz« folgen.

Wer sich über die vielen hier abgestellten Motorräder wundert, dem sei gesagt, dass das Sudelfeld seiner kurvenreichen Ostseite wegen ein äußerst beliebtes Ziel für Motorradfahrer ist. Vor lauter Kurven haben die meisten aber wohl keinen Blick übrig für die schöne Berglandschaft, die im Süden in der pyramidenförmigen Spitze des 1853 Meter hohen Großen Traithen gipfelt, an dem sich östlich der Brünnstein anschließt. Uns bleibt dafür mehr Zeit, denn nach einer etwa 3 Kilometer langen leichten Abfahrt erwartet uns nochmals ein gut 1 Kilometer langer, aber ebenso leichter Gegenanstieg. An dessen Ende hat man einen wunderschönen Blick auf die Berge des Wilden Kaisers, die sich weit im Südosten über dem Inntal erheben, dann geht es mit Gefälle bis 12 Prozent über eine flüssig zu befahrende Kehrengruppe abwärts.

Beim Großparkplatz Tatzelwurm bremsen wir ab und folgen der Beschilderung nach Oberaudorf oder, wenn wir diese nicht gleich sehen, dem Hinweisschild zum Gasthof »Feuriger Tatzlwurm«. In der Schlucht hinter dem Gasthaus soll einstmals der Drache gehaust haben, aber wer dem kurzen Waldweg folgt, wird nur noch eine sehenswerte Felsklamm vorfinden, die von einem tosenden Wildbach durchzogen wird. Auf der folgenden Abfahrt gibt es einiges an Fahrtwind, wenn das Gefälle zwischen dem Berggasthof Hummelei und der Ortschaft Agg auf immerhin 14 Prozent zunimmt. Die engen Ortsdurchfahrten erfordern zudem zielsichere Steuerkunst, dann liegt das breite Inntal vor

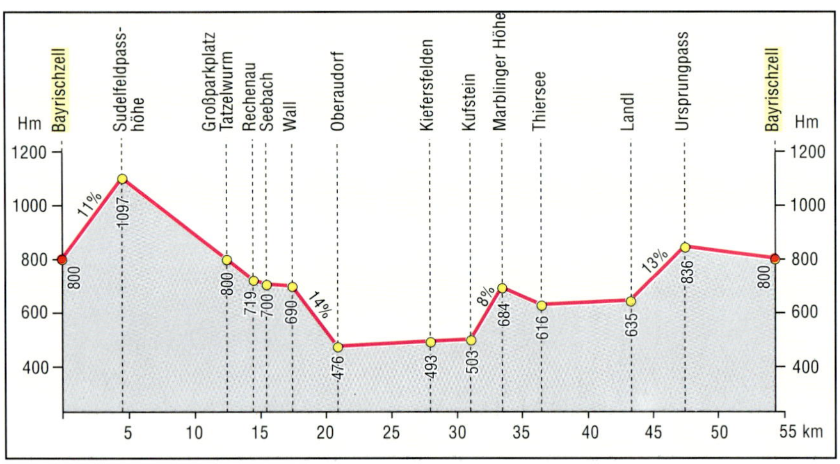

uns. In Niederaudorf haben wir die Abfahrt hinter uns und radeln das Inntal aufwärts über Oberaudorf nach Kiefersfelden. Der südlichste Ort im bayerischen Inntal kann immerhin mit dem ältesten deutschen Dorftheater (1618 gegründet), in dem jedes Jahr im Juli und August volkstümliche Ritterspiele stattfinden, aufwarten, aber wir werden uns gleich weiter auf den Weg über die Grenze nach Kufstein machen. Wir berühren die Stadt allerdings nur am nördlichen Ende und folgen gleich der gut ausgeschilderten Straße Richtung Thiersee/Landl. Gute 180 Höhenmeter sind es, die wir nun auf 3 Kilometer Länge über mehrere Kehren – und auf landschaftlich herrlicher Strecke – hoch zur Marblinger Höhe mit einer recht gleichmäßigen Steigung von 8 Prozent überwinden. Den schönsten Blick zurück auf Kufstein mit seiner mächtigen Festung Geroldseck, mit dem imposanten Rundturm, zu Füßen des Zahmen Kaisers, hat man von einem Parkplatz etwas unterhalb der Marblinger Höhe, bevor die Straße kurvig in ein schluchtartiges Tal verschwindet. Dieses öffnet sich erst wieder in Thiersee, einem wunderschön gelegenen Fremdenverkehrsort am gleichnamigen See zu Füßen des Pendling (wer noch ganz viel Kraft hat, kann hier den Umweg über Hinterthiersee wählen, der immerhin mit 16 Prozent Steigung aufwartet).

Nur leicht steigt die Straße bis Landl, dem letzten Ort vor der bayerischen Grenze, an, und auch der Ursprungpass wird ohne Schwierigkeiten überwunden – nur kurz vor der Passhöhe erreicht die Steigung noch einmal 13 Prozent. Von dort sind es durch das ruhig und ursprünglich gebliebene Tal der Ursprung nicht einmal mehr 7 flache Kilometer (bei leichtem Gefälle und, offensichtlich eine mikroklimatische Besonderheit der Gegend, meist bei Gegenwind) zurück zum Ausgangspunkt, und wem selbst dies zu viel anmutet, der kann sich in den Gasthäusern »Bäckeralm« oder »Zipflwirt« noch ausgiebig stärken. In Bayrischzell schließt sich der Kreis, und wer noch etwas Abwechslung will, kann den Gleitschirm- und Drachenfliegern zusehen, deren Landeplatz sich direkt neben der Straße befindet.

Streckenverlauf

Bayrischzell (km 0,0)
Sudelfeldpasshöhe (km 4,5)
Großparkplatz Tatzelwurm (km 12,5)
Rechenau (km 14,5)
Seebach (km 15,5)
Wall (km 17,5)
Agg (km 20,0)
Niederaudorf (km 21,0)
Oberaudorf (km 22,0)
Kiefersfelden (km 28,0)
Kufstein (km 31,0)
Marblinger Höhe (km 33,5)
Thiersee (km 36,5)
Landl (km 43,5)
Ursprungpass (km 47,5)
Bayrischzell (km 54,0)

Passangaben

Sudelfeldpass	Auffahrt von Bayrischzell bis Passhöhe 4,5 km mit 11 % Höchststeigung Abfahrt von der Passhöhe bis Niederaudorf 16,5 km mit Gefälle bis 14 %
Marblinger Höhe	Auffahrt von Kufstein bis zur Passhöhe 2,5 km mit 8 % Höchststeigung
Ursprungpass	Auffahrt von Landl bis zur Passhöhe 4,0 km mit 13 % Höchststeigung
Straßenzustand	Bei der Abfahrt vom Sudelfeldpass zwischen Gasthaus Tatzelwurm und Niederaudorf teilweise enge Ortsdurchfahrten mit starkem Gefälle. Sonst gut ausgebaute Straßen.
Passöffnungszeiten	ganzjährig befahrbar
Sehenswürdigkeiten	Bayrischzell (Pfarrkirche St. Margaretha, Seilbahn auf den Wendelstein bei Osterhofen); Tatzelwurm (Schlucht mit 70 m hohen Wasserfällen hinter dem Gasthof »Feuriger Tatzlwurm«); Kiefersfelden (König-Otto-Kapelle, Museumseisenbahn); Kufstein (Festung Geroldseck)
Karte	Generalkarte 1:200 000, Deutschland Blatt 20

4 Durch die Schlierseer Berge

Vom Tegernsee zum Schliersee

Gmund, am Nordufer des Tegernsees, mit er charakteristischen Pfarrkirche.

Eingerahmt von den Tegernseer Bergen im Westen und Süden, liegt der Tegernsee inmitten einer als urbayrisch zu bezeichnenden Landschaft, deren Schönheiten schon so bekannte Zeitgenossen wie Ludwig Ganghofer, Ludwig Thoma und der Maler Olaf Gulbransson in Wort und Bild fest gehalten haben. Etwas weiter östlich, knapp 10 Kilometer Luftlinie entfernt, liegt der Schliersee, der vielfach auch als der kleinere Bruder des Tegernsees bezeichnet wird. Auch er kann eine wunderschöne Lage im Voralpenland aufweisen, ist aber wesentlich weniger bekannt, dafür aber noch ursprünglicher und ruhiger geblieben.

Zwischen diesen beiden Seen liegen die Schlierseer Berge, auch als Mangfallgebirge bezeichnet, sind wir in einem der schönsten Wander- und Erholungsgebiete des gesamten

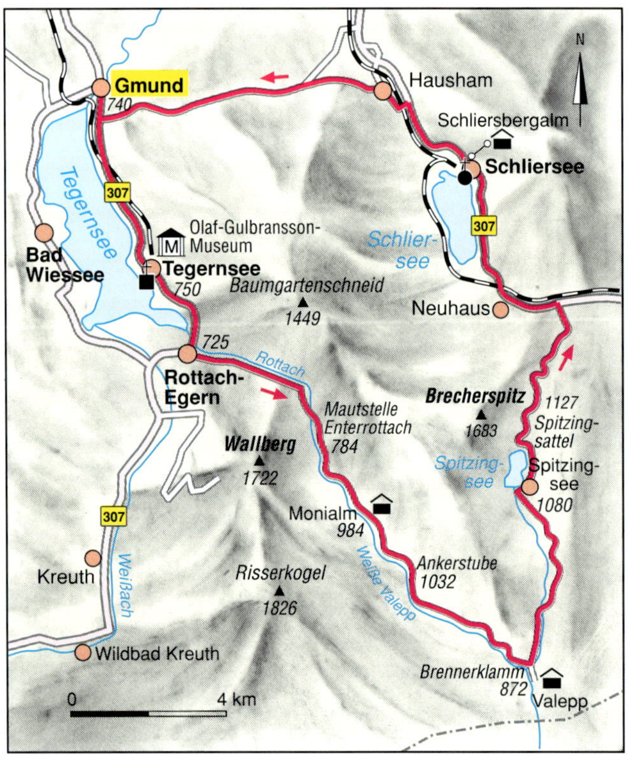

bayerischen Alpenraums. Eine gut ausgebaute Mautstraße, zum Teil sogar gänzlich für den öffentlichen Verkehr gesperrt, erschließt auch uns Radfahrern diese wunderschöne Landschaft, und da sich die Schwierigkeiten hier in Grenzen halten, dürfte es eigentlich keinen Grund geben, diese Strecke nicht einmal zu befahren.

Als Ausgangspunkt sollten wir Gmund an der Nordspitze des Tegernsees wählen und am westlichen Seeufer entlang den Radweg der viel befahrenen Bundesstraße vorziehen. Bald ist Tegernsee erreicht, wo man vielleicht einen Blick in die Klosterkirche St. Quirin werfen sollte: Ursprünglich eine große romanische Basilika, erscheint sie nun frühbarock ausgestattet, die Deckengemälde stammen von Hans Georg Asam, der auch in Benediktbeuern (siehe Seite 22) tätig war.

Ein weiterer Anziehungspunkt, den wir aus guten Gründen allerdings meiden sollten, ist das dazugehörige Herzoglich-Bayerische Brauhaus mit seinem vorzüglichen Gerstensaft. Höchstens eine Radlerhalbe sollte erlaubt sein, aber auch die haben wir uns nach unserer

Der Spitzingsee zu Füßen der Brecherspitz wirkt zwar erfrischend, erreicht allerdings selten Badetemperaturen.

kurzen Fahrzeit eigentlich noch nicht verdient. Der Doppelort Rottach-Egern folgt, und angesichts seiner schönen Lage zu Füßen des behäbig aufragenden Wallbergs müssen wir darauf achten, die unmittelbar nach dem Ortsanfang Richtung Sutten/Valepp abzweigende Straße nicht zu übersehen. Wir versäumen so leider den Ortsteil Egern mit seiner Pfarrkirche St. Laurentius, deren hoch aufragender gotischer Turm mit dem 1722 Meter hohen Wallberg im Hintergrund so manchem Maler und Fotografen als Motiv diente. Auf dem kleinen Friedhof haben die Schriftsteller Ludwig Thoma (1867–1921) und Ludwig Ganghofer (1855–1920), der Sänger Leo Slezak (1873–1946) und der Maler Olaf Gulbransson (1873–1958) ihre letzte Ruhestätte gefunden.

Auf flacher Straße lassen wir die letzten Häuser der Ortschaft rasch hinter uns und erreichen die Mautstelle bei Enterrottach. Hier wird es ernst, denn die Straße beginnt, gleich mit 13 Prozent anzusteigen. Nach einem Kilometer flacht sie nochmals kurz ab, bevor sie erneut bis zur Talstation der Sutten-Seilbahn eine Stei-

GESAMTLÄNGE 48,5 km

HÖHENDIFFERENZ 445 m

HÖCHSTSTEIGUNG Leichte Radtour mit 13 % Höchststeigung auf knapp 2 km Länge zwischen der Mautstelle Enterrottach und Monialm

DAUER 2 1/2 – 4 1/2 Stunden

AUSGANGSPUNKT Gmund am Tegernsee (740 m)

ENDPUNKT Gmund am Tegernsee

ANFAHRT Autobahn München-Salzburg A8, Ausfahrt Holzkirchen – Warngau – Gmund am Tegernsee

Der Tegernsee, einer der bekanntesten und schönsten bayrischen Seen, ist auch bei Seglern sehr beliebt.

gung von 13 Prozent aufweist. Dann aber wird es wirklich flacher, und bei der Monialm haben wir die Hauptschwierigkeiten dieses Tages hinter und die landschaftlichen Schönheiten vor uns.

Diese werden gleich augenfällig in Form eines wunderschönen Hochtals mit moorigen Wiesen, hinter denen sich die felsdurchsetzten Nordhänge von Plankenstein und Risserkogel erheben. Am Talschluss gibt es dann nochmals ein etwa 500 Meter langes Steigungsstück mit 8 bis 10 Prozent, dann steigt die Trasse noch einige Zeit gemächlich an, um bis zur Brennerklamm stetig abzufallen. Die Straße ist zwar gut, Vorsicht ist dennoch anzuraten, da sie teilweise nur einspurig – mit Ausweichbuchten – ausgebaut ist und auch mit Gegenverkehr zu rechnen ist, der sich an den in besonders engen Kurven aufgestellten Parabolspiegeln ankündigt. Noch ein kurzer Anstieg durch einen schluchtartigen Felsdurchbruch, dann rollt es am kristallklaren Wasser der Weißen Valepp dahin zum Parkplatz in der Brennerklamm.

Geradeaus wäre es nicht mehr weit zum Wirtshaus Valepp, aber unser Weiterweg folgt der links abzweigenden Straße. Auf den nächsten knapp 6 Kilometern radeln wir nun durch das idyllische Hochtal der Roten Valepp, das für

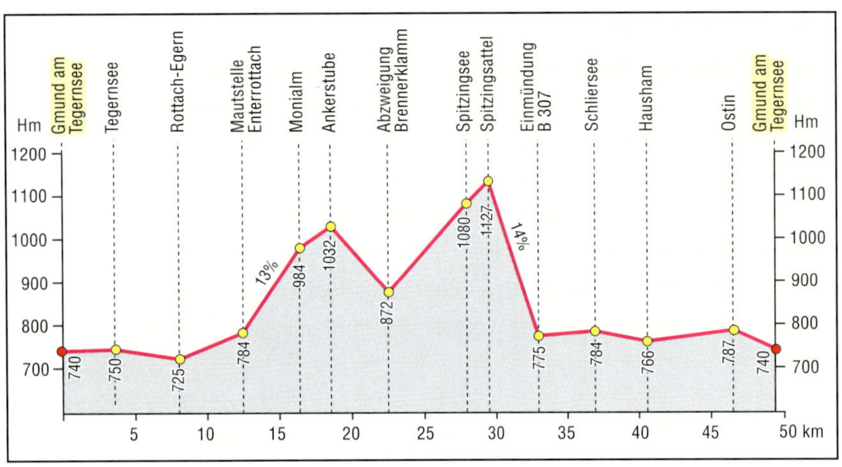

den öffentlichen Verkehr gesperrt ist. Nur Wanderer und der Linienbus sind auf dieser beliebten Strecke anzutreffen. Diese zieht sich ohne größere Steigungsverhältnisse, dafür aber stetig, nach oben. Besonders schön ist der mittlere Teil, wenn der Wald zurückgeht und den Blick auf die grünen Wiesen zu Füßen des Stumpflinggebiets freigibt, in denen sich die Valepp in engen Mäandern ihren Weg sucht.

Auf den letzten beiden Kilometern vor dem kleinen Spitzingsee geht es nochmals etwas steiler bergauf, und dann ist die Radleridylle leider zu Ende, denn hier wartet neben der immer noch schönen Landschaft leider wieder der Verkehr auf uns. Hinter der gleichnamigen Ortschaft lauert zudem ein ca. 100 Meter langer unbeleuchteter Tunnel, dann steigt die Straße leicht zum Spitzingsattel an. Wir haben den höchsten Punkt der Tour erreicht und eine sausende Abfahrt mit Gefälle bis zu 14 Prozent vor uns, die, kaum von Kurven unterbrochen, Geschwindigkeiten zulässt, bei denen einem Angst und Bange werden kann.

An der Einmündung in die Bundesstraße 307 heißt es kräftig abbremsen, um dieser links abbiegend nach Schliersee folgen zu können. Wer will, kann am Ortsende von Neuhaus, bei der kleinen Wallfahrtskirche St. Leonhard, einen Radweg benutzen, der sich am östlichen Ufer des Schliersees bis in die gleichnamige Ortschaft fortsetzt. Hier ist die Pfarrkirche St. Sixtus mit ihrer spätbarocken Ausstattung einen Besuch wert, genauso wie der Blick auf die Fassade des Rathauses, das als schönstes der ganzen Region gilt. Wer will, kann auch das Grab des Wildschützen Jennerwein auf dem Friedhof der Kirche im Ortsteil Westenhofen besuchen, an der wir auf dem Weg nach Hausham vorbeikommen. Dort biegen wir Richtung Tegernsee ab und erreichen unseren Ausgangspunkt, von leichten Steigungen abgesehen, ohne Schwierigkeiten.

Streckenverlauf

Gmund am Tegernsee (km 0,0)
Tegernsee (km 3,5)
Rottach-Egern (km 8,0)
Mautstelle Enterrottach (km 12,5)
Monialm (km 16,5)
Ankerstube (km18,5)
Abzweigung Brennerklamm (km 22,5)
Spitzingsee (km 28,0)
Spitzingsattel (km 29,5)
Einmündung B 307 (km 33,0)
Schliersee (km 37,0)
Hausham (km 40,5)
Ostin (km 46,5)
Gmund (km 48,5)

Passangaben

Spitzingsattel Auffahrt von Rottach-Egern bis Brennerklamm 14,5 km mit 13 % Höchststeigung auf ca. 2 km Länge im unteren Teil. Von Brennerklamm bis Spitzingsattel 7,0 km mit Höchststeigung 8 % an kurzen Abschnitten Abfahrt Spitzingsattel bis Einmündung in B 307 3,5 km mit Gefälle bis 14%

Straßenzustand Zwischen Monialm und Brennerklamm teilweise schmale Straße mit Ausweichen. Sonst gut ausgebaute Straßen. Zwischen Brennerklamm und Spitzingsee ist die Straße für den öffentlichen Verkehr gesperrt.

Passöffnungszeiten Da der Streckenabschnitt Brennerklamm-Spitzingsee nach Schneefällen nicht regelmäßig geräumt wird, ist die Strecke in der Regel erst ab Anfang April befahrbar.

Sehenswürdigkeiten Tegernsee (Benediktinerabtei mit Klosterkirche St. Quirin; Herzoglich-Bayerisches-Brauhaus; Olaf-Gulbransson-Museum); Schliersee (Kabinensesselbahn zur Schliersbergalm mit Sommerrodelbahn, Pfarrkirche St. Sixtus, Pfarrkirche mit Grabmahl des Wildschützen Jennerwein im Orts teil Westenhofen)

Karte Generalkarte 1:200 000, Deutschland Blatt 20

5

Zum Großen Ahornboden

Radtour im Isarwinkel

Die Gaberlalm am Rißbach zwischen Johannestal und Laliderertal.

Einer der schönsten Plätze im gesamten Alpenraum, den man sich überhaupt vorstellen kann, ist der Große Ahornboden im Karwendel, eine weite Hochalm, die von zahllosen alten Ahornbäumen bedeckt ist, und die von gewaltigen, schroffen, von riesigen Karen durchzogenen Felswänden fast drohend eingekesselt wird. Eng wird dieser Talkessel dann auch von Einheimischen genannt, obwohl der Talschluss selbst überhaupt kein Gefühl der Enge aufkommen lässt, sondern sich weit und ausgedehnt präsentiert. Vielleicht kommt der Name aber auch daher, dass an schönen Sommertagen im Alpengasthof Eng im Talschluss kaum noch ein freies Plätzchen zu finden ist und es dort dann ziemlich gedrängt zugeht.

Wenn man sich in Lenggries zu dieser Tour rüstet, ist es gut zu wissen, dass auf den vor uns liegenden 45,5 Streckenkilometern bis in die Eng zwar knapp 550 Höhenmeter zu bewältigen sind, die meisten davon allerdings zwischen Vorderriß und dem Talabschluss am Großen Ahornboden liegen. Da die Rückfahrt hier dann recht zügig vonstatten geht, kann man von Vorderriß aus ruhig noch eine Schleife über den Walchensee und das landschaftlich herrliche Hochtal der Jachenau einplanen. Wem die dabei insgesamt erradelten 121,5 Kilometer und zusätzlichen 60 Höhenmeter aber doch zu viel sind, fährt von Vorderriß einfach auf der Anfahrtstrecke zurück und hat dann eben nur 91 Kilometer auf dem Tacho stehen.

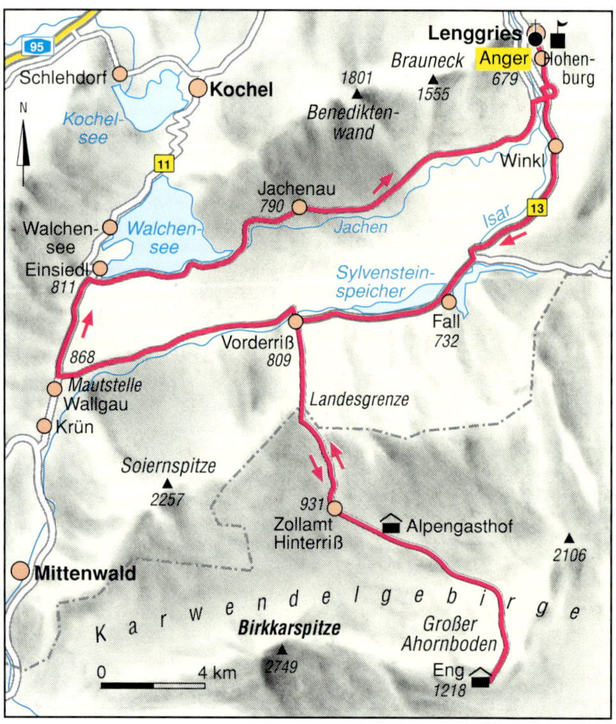

Wir verlassen Lenggries über den Ortsteil Anger und erkennen bald den breiten Bergrücken der Benediktenwand, die uns hier ihre felsige Südseite zuwendet. Die nur leicht ansteigende und abfallende Straße hält sich meist auf Höhe der Isar, die wir nach 12,5 Kilometern überqueren. Erste kurze Steigungen bis 8 Prozent bringen uns zum Sylvensteinstausee, den wir über die elegant geschwungene Faller Klammbrücke überqueren. Am Südufer des fjordartig aufgestauten Sees, der zum einen als Trinkwasserspeicher und zum anderen der Hochwasserre-

An die 400 solcher Bergahorne findet man in der Eng, der älteste mehr als 400 Jahre alt.

gulierung der Isar dient, erreichen wir den Ort Neu-Fall.

Bekannt wurde Fall durch die Romane des Schriftstellers Ludwig Ganghofer, der vor allem in seinem »Jäger von Fall« die hier lebenden Menschen und Gebräuche in exzellentem Lokalkolorit, wenn auch nur mittelmäßiger literarischer Qualität beschrieben hat. Der alte

GESAMTLÄNGE 121,5 km

HÖHENDIFFERENZ 560 m

HÖCHSTSTEIGUNG Mittelschwere Radtour mit 9 % Höchststeigung auf mehreren kurzen Abschnitten zwischen Vorderriß und Mautstelle Wallgau

DAUER 6 – 8 1/2 Stunden

AUSGANGSPUNKT Lenggries, Ortsteil Anger (679 m)

ENDPUNKT Lenggries, Ortsteil Anger

ANFAHRT München-Wolfratshausen – Geretsried – Bad Tölz – Lenggries oder Autobahn München-Salzburg A8, Ausfahrt Holzkirchen – Bad Tölz – Lenggries

Das Gebiet rund um Wallgau ist ein noch ruhiges und idyllisches Gebirgstal geblieben.

Ort Fall selbst ist allerdings in den Fluten des Stausees verschwunden. Wir radeln noch eine Zeit lang am linken Seeufer entlang und erreichen auf mäßig ansteigender und abfallender Straße bald den Weiler Vorderriß, wo wir der ins Rißbachtal abzweigenden Straße folgen.
Diese zieht sich nur mäßig ansteigend am breiten, steinigen Bachbett entlang, in dem der Rißbach die meiste Zeit des Jahres ein kärgliches Dasein fristet, da sein Wasser durch unterirdische Stollen dem Walchensee zugeleitet wird. Die Landesgrenze ins österreichische Tirol würden wir wohl unbemerkt überfahren, wenn sie sich nicht durch eine schmaler und leider auch schlechter werdende Straße bemerkbar machen würde. Dafür verwandelt sich der Rißbach wieder in einen munter schäumenden Wildbach, und auch die ersten Karwendelberge am Talschluss werden sichtbar. Eine überdachte Holzbrücke mit Wasserrillen erfordert eine vorsichtige Fahrweise, dann weitet sich der Blick auf die Felswiesen vor uns immer weiter aus. Beim Herzoglichen Alpengasthof überfahren wir die Mautstelle, die Straße wird besser, dafür halten die Steigungen nunmehr auch länger an. Nochmals zieht die Straße auf einen längeren Abschnitt bis auf 6 Prozent an, dann können wir es leicht abfallend bis zum Alpengasthof Eng ausrollen lassen. Dort können wir uns inmitten einer großartigen landschaftlichen Arena zu Füßen der gewaltigen Felsmauern des Karwendels, die uns jeglichen Weiterweg versperren, eine kräftige Brotzeit schmecken lassen, bevor wir uns auf den Rückweg machen.

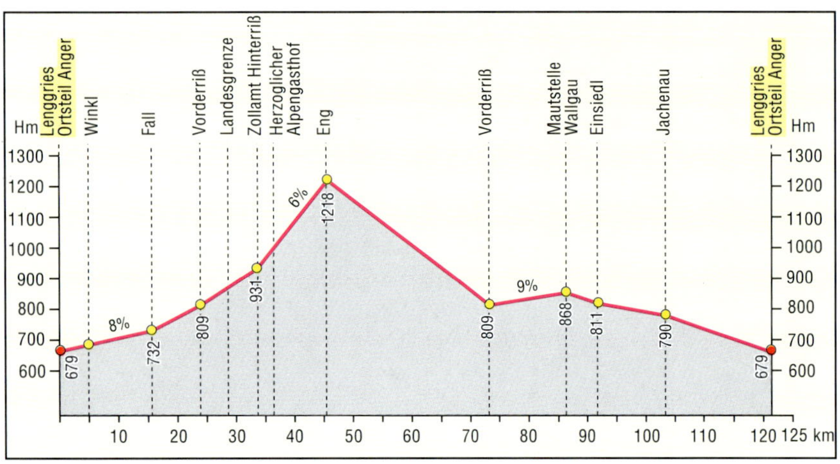

In Vorderriß gilt es zu überlegen, auf der Anfahrtsstrecke zurückzufahren oder die Isar auf einer Holzbrücke zu überqueren und der Mautstraße nach Wallgau zu folgen. Wer Letzteres vorzieht, den erwarten entlang eines dicht bewaldeten Höhenzuges ein knapp zweispuriges Sträßchen mit einem recht holprigen Belag sowie kurze Anstiege bis 9 Prozent, die aber immer wieder von Abfahrten und langen, flachen Abschnitten abgelöst werden. Am Ende der Mautstrecke biegen wir rechts Richtung Kochel ab. Hier verlief einst die »Via regia Tyrolensis et Italos«, ein bereits im Mittelalter entstandener Handelsweg von München nach Innsbruck, den schon Johann Wolfgang von Goethe auf seiner Reise nach Italien benutzte. Damals mag es hier noch gemächlich zugegangen sein, heute ist hier eine Bundesstraße, leider ohne Radweg, dafür aber mit starkem Verkehrsaufkommen.

In Einsiedl sind wir deshalb froh, die Bundesstraße verlassen und auf die zum Südufer des Walchensees abzweigende Straße ausweichen zu können. Wie wir bald unschwer bemerken werden, befindet sich das Südufer fest in der Hand der Windsurfer, welche die hier am schönsten und größten deutschen Gebirgssee vorherrschenden Windverhältnisse schätzen. War diese Strecke noch vor wenigen Jahren wegen der kreuz und quer parkenden Autos kaum zu befahren, hat man die Seitenstreifen nun durch Holzbalken gesperrt und in regelmäßigen Abständen Parkplätze angelegt. Dies ermöglicht uns nun ein angenehmeres Radeln, so dass wir den Blick auch einmal von der Straße weg nach Norden richten können, wo aus der Gruppe der Walchenseeberge vor allem der 1731 Meter hohe Herzogstand herausragt. Auch die einzige Insel, Sassau, am Ostufer gelegen, ist von hier gut zu erkennen, aber wer hinüberschwimmen will, sei gewarnt, der See zählt zwar zu den saubersten Gewässern Deutschlands, dafür aber mit einer Wassertemperatur, die selbst im Hochsommer kaum einmal 18 Grad erreicht, auch zu den kältesten.

So sehr die Windsurfer auch auf den Wind angewiesen sind, uns wäre er allerdings nur von Nutzen, wenn er von hinten käme. Bliese er dagegen von vorne, könnte sich die Weiterfahrt durch die Jachenau, wie das ruhige, von Waldbergen umgegebene Tal der Jachen genannt wird, recht anstrengend gestalten. Zwar warten keine Steigungen mehr auf uns, aber selbst auf leicht fallender Trasse müssen die sich ziehenden Kilometer bis Lenggries erst einmal bewältigt werden.

Streckenverlauf

Lenggries, Ortsteil Anger (km 0,0)
Winkl (km 5,0)
Fall (km 15,5)
Vorderriß (km 23,5)
Landesgrenze (km 28,5)
Zollamt Hinterriß (km 34,0)
Herzoglicher Alpengasthof (km 36,0)
Eng (km 45,5)
Vorderriß (km 73,5)
Mautstelle Wallgau (km 86,0)
Einsiedl (km 91,5)
Jachenau (km 104,0)
Lenggries (km 121,5)

Passangaben

	Zwischen Vorderriß und dem Großen Ahornboden auf 22 km längere Anstiege mit Steigungen bis 6 %. Zwischen Vorderriß und der Mautstelle Wallgau kurze Anstiege bis 9 % Steigung
Straßenzustand	Zwischen Vorderriß und Großem Ahornboden teilweise Belagschäden. Zwischen Vorderriß und der Mautstelle Wallgau ebenfalls Belagschäden sowie Verengungen durch Brücken.
Passöffnungszeiten	ganzjährig befahrbar
Sehenswürdigkeiten	Lenggries (Kirche St. Jakob, Schloss Hohenburg)
Karte	Generalkarte 1:200 000, Deutschland Blatt 20

6 Über den Riedbergpass

Über die höchste Passstraße Deutschlands

Mit nicht ganz zweckmäßiger Bekleidung hat dieser Radler soeben die höchste Passstraße Deutschlands mit Steigungen von bis zu 16 Prozent bezwungen.

Irgendwie sind die Allgäuer im Allgemeinen und die Allgäuer Radfahrer im Besonderen um ihre Landschaft zu beneiden. Sicherlich gibt es in den Bayerischen Alpen eine ganze Reihe von schönen Landschaften, aber das Allgäu hat schon seinen besonderen Charme. Augenfällig ist vor allem der Kontrast zwischen reizvollen Seen, eingebettet in sanftes grünes Hügelland, einerseits und einer kraftvollen, kantigen Hochgebirgswelt andererseits, die zu einer harmonischen Einheit verschmelzen, wie man sie sonst in keinem Gebiet der Bayerischen Alpen mehr antrifft. Mit dem 1420 Meter hohen Riedbergpass kann das Allgäu zudem mit der höchsten Passstraße Deutschlands aufwarten, und welcher Radler möchte diese nicht ein Mal aus eigener Kraft bezwingen.

Und wer nun einwendet, dass die 1540 Meter hohe Roßfeld-Höhenringstraße im Berchtesgadener Land nun doch um ein ganzes Stück höher sei, hat damit zweifelsohne Recht. Allerdings darf dabei nicht vergessen werden, dass das Roßfeld keine Passstraße im eigentlichen Sinne ist, da es nicht zwei Täler über die Einsattelung eines Berges verbindet. Es ist eine reine Panoramastraße, welche in einer Schleife wieder zum Ausgangspunkt zurückführt. Der Riedbergpass dagegen, der die Talschaften Hittisau in Vorarlberg und Obermaiselstein im Allgäu miteinander verbindet, erfüllt alle Kriterien einer Passstraße. Zwar wäre die Passstraße alleine schon eine lohnende Unternehmung, interessanter wird sie allerdings noch, wenn man sie von Immenstadt aus im Rahmen einer Rundtour befährt und so noch zusätzliche Eindrücke von der herrlichen Landschaft des westlichen Allgäus gewinnt.

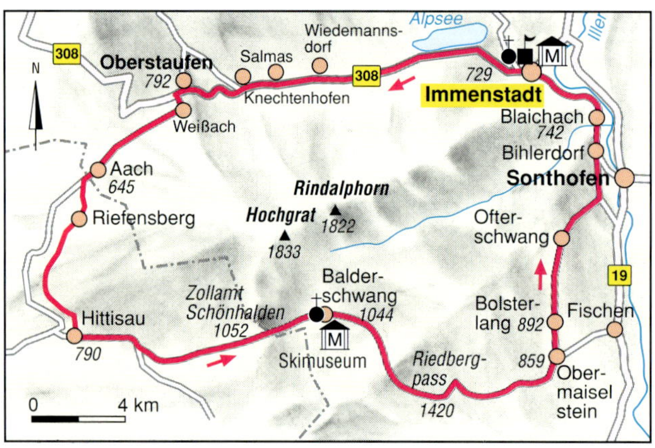

Noch eine Information, bevor man von Immenstadt zu dieser Tour startet: Eine gute Kondition sollte man schon haben, und ein möglichst großes Ritzel schadet nichts, denn auch wenn der Pass nicht allzu hoch ist, kann er mit 16 Prozent doch eine beträchtliche Steigung aufweisen.

Vorerst können wir uns von Immenstadt aus noch einrollen. Eine kleine Steigung durch Bühl ist rasch erklommen, dann radeln wir am großen Alpsee entlang, der mit seinen 2,5 Quadratkilometern Fläche immerhin als größter Natursee des Allgäus gilt. Bis zu 24 Grad warm wird das Gewässer im Sommer, und seine Be-

Maibäume sind unverzichtbarer Teil des bayrischen Brauchtums.

Gesamtlänge 75,0 km

Höhendifferenz 875 m

Höchststeigung Mittelschwere Radtour mit 18 % Höchststeigung auf einem kurzen Abschnitt zwischen Bad Rain und Oberstaufen, sonst 16 % beim Anstieg zum Riedbergpass zwischen Balderschwang und Passhöhe an mehreren Abschnitten auf mehreren 100 m Länge.

Dauer 4 – 6 Stunden

Ausgangspunkt Immenstadt (729 m)

Endpunkt Immenstadt

Anfahrt Autobahn Ulm-Kempten A7, Ausfahrt Autobahndreieck Allgäu – Waltenhofen – Immenstadt

Der schön gelegene Ferienort Obermaiselstein ist Ausgangspunkt der Riedbergstraße nach Balderschwang.

liebtheit bei Wassersportlern ist an der Vielzahl von Seglern und Surfern deutlich zu erkennen. Wir radeln nun im Tal der Konstanzer Achse bis Wiedemannsdorf, wo wir auch die viel befahrene Bundesstraße 308 verlassen können und dafür auf kleinere, teilweise enge Nebenstraßen ausweichen. Ein leichtes Auf und Ab der Straße empfängt uns, das in Oberstaufen in einem 18-prozentigen Anstieg gipfelt. Der ist zwar recht kurz, gibt uns aber immerhin einen kleinen Vorgeschmack auf das Kommende. Weit im Süden sind die dunklen Felszüge des Hochhädrich zu erkennen, wir orientieren uns an der Beschilderung »Aach/Weißach« und bremsen einige Kehren mit Gefälle bis 10 Prozent nach Weißach hinunter, um beim ehemaligen Zollamt Aach die österreichische Grenze zu überqueren.

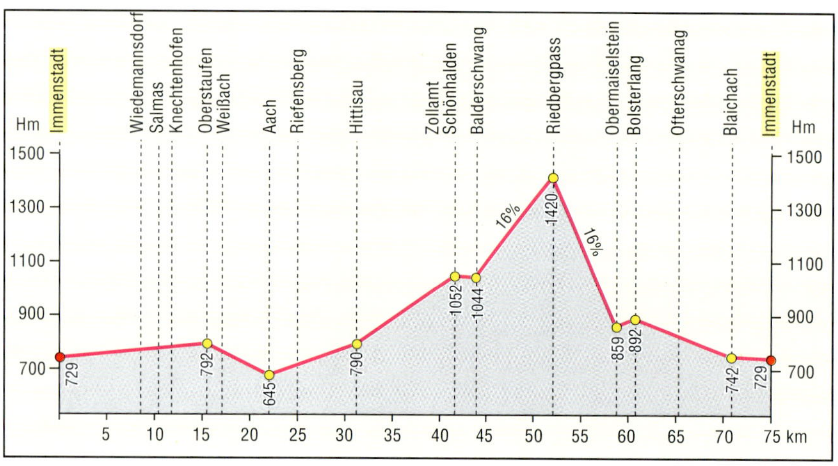

Das Bundesland Vorarlberg empfängt uns gleich mit einem fast 2 Kilometer langen Anstieg mit Steigungen bis 12 Prozent, bevor hinter Riefensberg wieder leichte Anstiege und Abfahrten wechseln. Der Bolgenaach folgend, gelangen wir auf eine weite Hochfläche, leichte Anstiege wechseln mit ebensolchen Abfahrten und flachen Stücken ab, dann sehen wir vor uns im grünen Talboden schon die schön geschwungene Haube der Pfarrkirche St. Ulrich von Balderschwang. Wir sind wieder in Bayern, haben kurz vorher beim Zollamt Schönhalden Vorarlberg verlassen und sollten uns ruhig Zeit nehmen, das Innere der Kirche zu besichtigen. Ein Fresko von 1814 zeigt nämlich die Schlacht auf dem Lechfeld, und eine kleine Schlacht ist es auch, die uns nun erwartet. Allerdings eine der friedlicheren Art und eine gegen uns selbst. Ein Schild mit der Aufschrift »16 % Steigung« kündigt den Beginn an, und nun heißt es, das kleinste Ritzel aufzulegen, aus dem Sattel zu gehen und alle Kräfte zu mobilisieren, die man hat, um dieses Steilstück zu überwinden.

Zum Glück hält die Steigung nicht sehr lange an, einige hundert Meter sind es, dann wird sie von einem flacheren Abschnitt abgelöst, bevor sich aber schon wieder das nächste Steilstück ankündigt. Auf 4,5 Kilometern Länge wird dieses Spiel von Steilstück und flacheren Abschnitten beibehalten, über die sich die Trasse fast treppenartig hochzieht. Ein letztes Steilstück, eine letzte Kurve, dann ist Deutschlands höchster Straßenpass, den ein Schild mit der Aufschrift »Riedbergpass 1420 m ü. NN« anzeigt, bezwungen. Wer eine schöne Aussicht von hier oben erwartet, wird leider enttäuscht, denn diese ist doch recht eingeschränkt, und lediglich südlich der Passhöhe ragt der Besler recht auffällig aus der bewaldeten Umgebung hervor.

Die Abfahrt über die Ostseite sollte man vorsichtig angehen, den sie weist einige unübersichtliche Kurven auf und ist mit einem Gefälle bis 18 Prozent ebenfalls sehr steil. Was man bei der Auffahrt vielleicht zu langsam war, wird man hier leicht zu schnell. Ein etwa 60 Meter langer unbeleuchteter Tunnel bringt uns schließlich nach Obermaiselstein, wo für uns die Passstrecke endet.

Von hier aus wäre die bekannte Sturmannshöhle am Nordfuß des Schwarzenberges zu erreichen, die mit gut 280 Meter Länge die einzige erschlossene Höhle des Allgäus ist. Die Kelto-Rätoromanen sollen die ältesten Bewohner dieser Höhle gewesen sein, die 1904 der Öffentlichkeit zugänglich gemacht wurde.

Wer statt einer Höhlenbesichtigung lieber eine weit reichende Aussicht haben will, findet sie dagegen auf der Weiterfahrt über Bolsterlang nach Ofterschwang. Unterhalb der so genannten Hörnergruppe mit dem 1787 m hohen Riedberger Horn als höchster Erhebung verläuft ein Panoramaweg hoch über dem Illertal. Waren anfangs noch längere Anstiege und Abfahrten zu bewältigen, fällt die Straße über Bettenried und Hüttenberg beständig leicht ab. Im Illertal treffen wir dann nicht nur auf eine ebene Straße, sondern leider auch auf sehr starken Verkehr; auf den letzten vier Kilometern ab Blaichach kann man jedoch zurück zum Ausgangspunkt glücklicherweise einen Radweg benutzen.

Streckenverlauf

Immenstadt (km 0,0)
Wiedemannsdorf (km 8,0)
Salmas (km 10,5)
Knechtenhofen (km 11,5)
Oberstaufen (km 15,5)
Weißach (km 17,0)
Aach (km 22,5)
Riefensberg (km 25,0)
Hittisau (km 31,5)
Zollamt Schönhalden (km 42,0)
Balderschwang (km 44,0)
Riedbergpass (km 52,5)
Obermaiselstein (km 58,5)
Bolsterlang (km 61,0)
Ofterschwang (km 65,5)
Bihlerdorf (km 76,0)
Blaichach (km 71,0)
Immenstadt (km 75,0)

Passangaben

Riedbergpass	Auffahrt von Balderschwang bis Passhöhe 8,5 km mit 16 % Höchststeigung Abfahrt Passhöhe bis Obermaiselstein 6 km mit Gefälle bis 16 %
Straßenzustand	gut ausgebaute Straßen
Passöffnungszeiten	ganzjährig befahrbar
Sehenswürdigkeiten	Immenstadt (Stadtschloss am Marienplatz, Pfarrkirche St. Nikolaus, Rathaus, Heimatmuseum); Balderschwang (Pfarrkirche St. Ulrich, Skimuseum)
Karte	Generalkarte 1:200 000, Deutschland Blatt 20

Die Deutsche Alpenstraße, 1. Abschnitt

7

Vom Berchtesgadener Land ins Chiemgau

Die doppeltürmige Stiftskirche St. Peter und Johannes von Berchtesgaden ist romanischen Ursprungs.

Die Befahrung der Deutschen Alpenstraße mit dem Fahrrad ist ein zwar anspruchsvolles, dafür aber umso reizvolleres Unternehmen. Führt sie uns doch durch einige der schönsten Landschaften Deutschlands, wovon mit den Berchtesgadener Alpen, dem Karwendel und Wettersteingebirge, dem Werdenfelser Land bis hin zum westlichen und östlichen Allgäu nur einige zu nennen wären. Neben der sportlichen Herausforderung locken außerdem die vielen Sehenswürdigkeiten, auf die man hier am Wegrand und in den Ortschaften trifft und die von prächtig bemalten Häuserfassaden über barocke Kirchen und Klöster bis hin zu den bekannten – und leider recht überlaufenen Königsschlössern Hohenschwangau und Neuschwanstein reichen.

In unserem Ausgangspunkt Berchtesgaden hat man denn auch schon die Wahl zwischen Kunst und Kultur einer- oder sportlicher Herausforderung andererseits. Wer mit Ersterem beginnen will, kann sich in einer kleinen Rundfahrt das reizvolle Ortsbild Berchtesgadens zu Gemüte führen. Darüber hinaus lohnt ein Besuch der Stiftskirche, die auf einen romanischen Gründungsbau um das Jahr 1180 zurückgeht. Sehenswert ist auch das Schloss Berchtesgaden mit Schlossmuseum oder das Heimatmuseum. Und wer noch mehr Zeit hat, kann einen Besuch im Salzbergwerk ins Auge fassen, wo es immerhin 600 Meter tief ins Erdinnere hinabgeht. Wer dagegen höher hinaus will, wird sich mit der Roßfeld-Höhenringstraße befassen, die in Tour 1 näher beschrieben wird. Statt 600 Meter tief geht es hier gut tausend Höhenmeter nach oben – und dies mit Steigungen von bis zu 14 Prozent. Wer mit seinen Kräften allerdings haushalten muss, sollte daran denken, dass auch ohne diesen Abstecher noch knapp 90 Kilometer mit immerhin 685 Meter Höhenunterschied vor einem liegen.

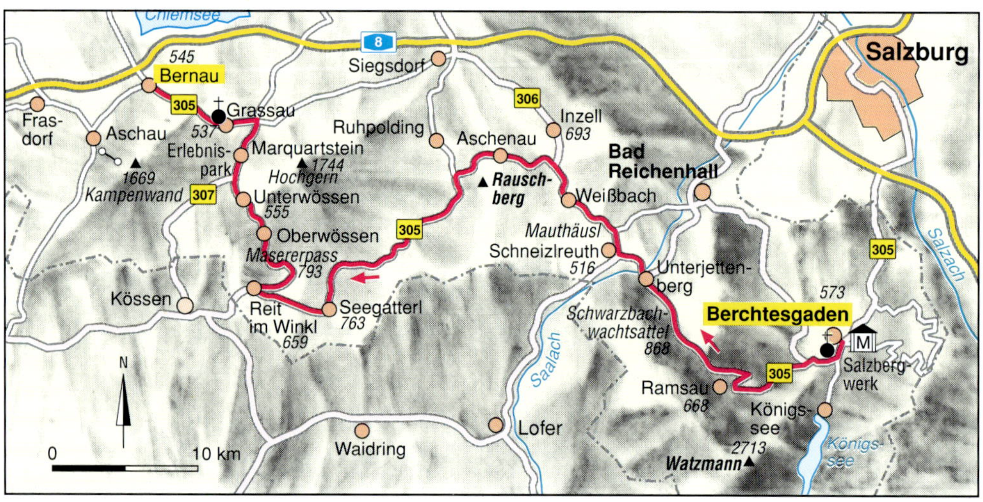

Zunächst fahren wir auf der breit ausgebauten Bundesstraße 305, die bald den Blick auf das mächtig aufragende Massiv des Watzmanns eröffnet, welcher der Le-

Ein häufig fotografiertes Motiv ist das Ramsauer Kircherl im Berchtesgadener Land zu Füßen der Reiter Alm.

GESAMTLÄNGE 87,5 km

HÖHENDIFFERENZ 685 m

HÖCHSTSTEIGUNG Mittelschwere Radtour mit 12 % Höchststeigung beim Anstieg durch die Weißenbachschlucht zwischen Schneizlreuth und Mauthäusl

DAUER 4 – 7 Stunden

AUSGANGSPUNKT Berchtesgaden (573 m)

ENDPUNKT Bernau am Chiemsee (545 m)

ANFAHRT Autobahn München-Salzburg A8, Ausfahrt Knoten Salzburg Süd oder Hallein – Marktschellenberg – Unterau – Berchtesgaden

Nicht immer verläuft die Tour über die Deutsche Alpenstraße über so ruhige Straßen wie hier bei der Abfahrt von Aschenbach nach Ruhpolding.

gende nach ein zu Stein erstarrter König samt Frau und Kindern sein soll. Ein kurzer Abstecher wäre es von hier noch hinüber zum Königssee, dem wohl bekanntesten Alpensee überhaupt, dessen klares, grünes Wasser sich gut 190 Meter tief zwischen den Feslwänden des Watzmanns, des Hagengebirges und des Steinernen Meeres absenkt.

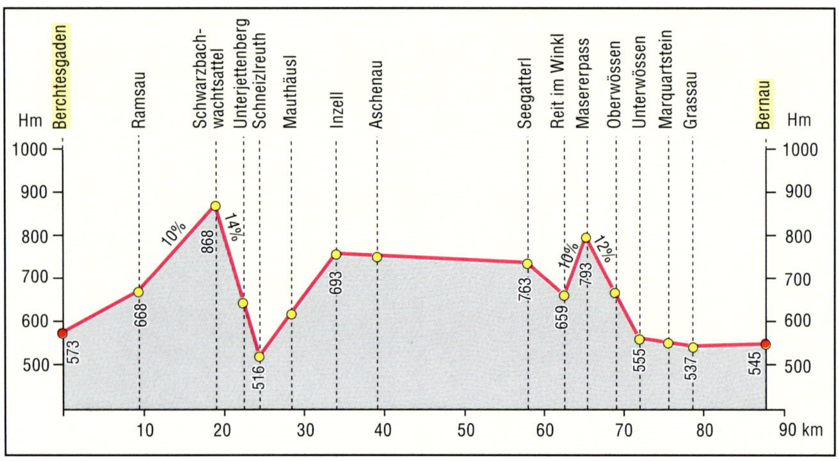

Um den See in seiner gesamten Schönheit erfassen zu können, müssen wir aber die Berggipfel der Umgebung besteigen oder zumindest mit dem Schiff hinüber zur Halbinsel St. Bartholomä, zu Füßen der berüchtigten Ostwand des Watzmanns fahren, aber dafür sind wir leider nicht richtig ausgerüstet, und zudem wird uns dazu die Zeit fehlen. Also beginnen wir die Auffahrt zum Schwarzbachwachtsattel, der immerhin 10 Prozent Steigung aufweisen kann, dann geht es durch die düstere Weißenbachschlucht hinunter ins weite Ruhpoldinger Becken, von wo sich die Straße über Seegatterl nach Reit im Winkl schlängelt, bis wir langsam ins Chiemgau überwechseln, das sich mit Gipfeln wie Hochplatte, Geigelstein, Kampenwand und Hochgern ankündigt. Diese halten sich aber in respektvoller Entfernung, was einen recht ebenen Streckverlauf mit einem angenehmen Steigungsprofil zur Folge hat. Nicht einmal 300 Höhenmeter, die auf den gut

40 Streckenkilometern hinauf zum Masererpass hinter Reit im Winkl zu bewältigen sind, machen das deutlich. Die Höchststeigung von 10 Prozent wird dabei nur kurz auf dem drei Kilometer langen Streckenabschnitt von Reit im Winkl zur Masererpasshöhe erreicht.

Rein topografisch gesehen geht es von hier bis zum Endpunkt der ersten Etappe in Bernau nur noch abwärts, denn Bernau am Chiemsee liegt auf knapp 550 Meter Höhe etwa 200 Höhenmeter tiefer. In der Praxis sieht dies so aus, dass man nach einer längeren Abfahrt über Oberwössen nach Unterwössen einen meist ebenen Streckenverlauf und auf den letzten Kilometern zwischen Grassau und Bernau noch einen leicht hügeligen Straßenverlauf vor sich hat. Wie man sieht gibt es also keinerlei Schwierigkeiten mehr, so dass man sich umso mehr den schmucken Ortschaften widmen kann: Marquartstein mit seiner Burg etwa, das bis auf das Jahr 1075 zurückgeht und die Wehrfähigkeit des Mittelalters in dieser Region demonstriert. Ein Blick in die Kapelle St. Vitus sollte nicht versäumt werden. In ihren Ursprüngen spätgotisch, wurde sie nach einem Brand Mitte des 19. Jahrhunderts erneuert und kann mit drei Altären aufwarten.

Wer dagegen Fresken vorzieht, muss einen Stopp in der nächsten Ortschaft Grassau bei der Pfarrkirche St. Mariä Himmelfahrt einlegen. Die Wandgemälde stammen aus dem Ende des 15. Jahrhunderts und wurden bisher leider nur in Teilen freigelegt und restauriert. Besonders originell ist unter den verschiedenen Zyklen die Darstellung eines Fronleichnamszugs unterhalb der Westempore aus der Zeit um 1700.

In Bernau am Chiemsee beeindruckt vor allem die Umgebung mit den Chiemgauer Alpen, deren höchste Erhebung, die 1669 Meter hohe Kampenwand, sich mit ihrem gezackten Gipfelverlauf deutlich von den anderen Gipfeln abhebt. So schön dieses Panorama auch ist, sorgt die räumliche Nähe zwischen See und Gebirge doch auch für schnell wechselnde Wetterverhältnisse. Und wer über den Bergen dunkle Wolken aufziehen sieht, sollte sich besser schnellstmöglich um eine Unterkunft bemühen, damit er das nicht selten mit äußerster Heftigkeit heruntergehende Gewitter von einem trockenen und sicheren Ort aus beobachten kann. Aber zum Trost sei gesagt: So schnell hier Gewitter aufziehen, so schnell ziehen sie auch wieder ab.

Streckenverlauf

Berchtesgaden (km 0,0)
Ramsau (km 9,5)
Schwarzbachwachtsattel (km 19,0)
Unterjettenberg (km 22,5)
Schneizlreuth (km 24,5)
Mauthäusl (km 28,5)
Inzell (km 34,0)
Aschenau (km 39,0)
Seegatterl (km 58,0)
Reit im Winkl (km 62,5)
Masererpass (km 65,5)
Oberwössen (km 69,0)
Unterwössen (km 72,0)
Marquartstein (km 75,5)
Grassau (km 78,5)
Bernau (km 87,5)

Passangaben

Schwarzbach-wachtsattel	Auffahrt von Ramsau bis Passhöhe 9,5 km mit 10 % Höchststeigung Abfahrt von Passhöhe bis Unterjettenberg 13,0 km mit Gefälle bis 14 %
Masererpass	Auffahrt von Reit im Winkl bis Passhöhe 4,5 km mit Höchststeigung 10 % Abfahrt Passhöhe bis Unterwössen 6,5 km mit Gefälle bis 12 %
Straßenzustand	gut ausgebaute Straßen
Passöffnungszeiten	ganzjährig befahrbar
Sehenswürdigkeiten	Berchtesgaden (Salzbergwerk mit Salzmuseum, Königliches Schloss); Marquartstein (Rodelbahn im Erlebnispark bei Marquartstein); Grassau (Pfarrkirche Mariä Himmelfahrt)
Karte	Generalkarte 1:200 000, Deutschland Blatt 20

8 Die Deutsche Alpenstraße, 2. Abschnitt

Vom Chiemgau in die Tegernseer Berge

Im Schloss Hohenaschau, am Eingang des Prientals, kann die Schlosskapelle und ein kleines Museum besichtigt werden.

Der zweite Abschnitt unserer Radtour durch die bayerische Alpenwelt ist mit 88 Kilometern etwa gleich lang wie der erste, kann aber 400 Höhenmeter und einige Steigungsstücke mehr aufweisen, die diese Etappe schon deutlich anspruchsvoller machen. Die Höchststeigung liegt bei recht unangenehmen 18 Prozent, die auf immerhin 800 Metern Länge beibehalten werden. Aber dazu später mehr.

Nach Bernau verläuft die Straße erst einmal eben. Ein Vorteil ist zudem, dass man die verkehrsreiche Bundesstraße 305 verlassen kann und so Aschau und Frasdorf auf deutlich weniger befahrenen Landstraßen erreicht. Der Beschilderung »Samerberg« folgend, radelt man nun ein kurzes Stück an der Autobahn München-Salzburg entlang bis Achenmühle, wo man der nach Samerberg/Nussdorf abzweigenden Straße folgt. Der Samerberg ist ein lang gestreckter, teilweise bewaldeter Bergrücken, der seinen Namen den Samern verdankt, einem Volksstamm, dessen Angehörige noch bis in das 19. Jahrhundert hinein mit ihren Saumpferden diese Hügelkette überquerten, um vor allem Getreide nach Südtirol und Oberitalien zu transportieren.

Mit ein bisschen Phantasie kann man sich gut vorstellen, wie sich die schwer bepackten Tiere in dieser hügeligen Landschaft abmühten. Und wenn man viel Gepäck dabei hat, kann man sich vielleicht sogar in deren Lage versetzen, denn auf den ersten beiden Kilometern bis Wiedholz nimmt die Steigung immerhin auf 10 Prozent zu, bevor es bis Törwang deutlich flacher wird und bis Breiten wieder abfällt. Hinter Nußdorf quert man das breite Inntal, dann folgt man der Beschilderung »Bayrischzell/Tatzelwurm«, und mit der Einfahrt in das schluchtartige Förchenbachtal wird es langsam wieder ernst. Vorerst hält sich die Steigung noch im gemäßigten Bereich, man passiert eine Mautstelle und glaubt, das Schlimmste schon hinter sich zu haben, bevor sich die Trasse auf sage und schreibe 18 Prozent »aufbäumt« und dies auf 800 Metern Länge auch durchhält. Nach Durchfahrung eines 100 Meter langen unbeleuchteten Felstunnels flacht sie endlich ab, und man erreicht den Großparkplatz Tatzelwurm.

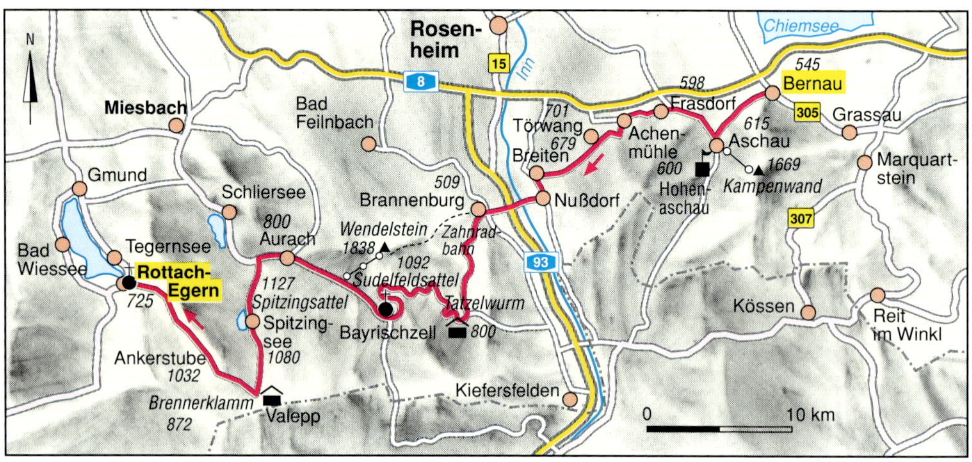

Die Pfarrkirche St. Laurentius in Rottach-Egern zu Füßen des Wallberges bildet den Endpunkt des zweiten Abschnittes über die Deutsche Alpenstraße.

Wer sich gleich hier von den Anstrengungen erholen will, könnte dies etwas abfahrend beim ausgeschilderten Gasthof »Feuriger Tatzlwurm« tun. Er verdankt seinen Namen einem Drachen, der einst in einer Schlucht hinter dem Gasthof gehaust haben soll. Wer sich in einem kurzen Spaziergang dorthin auf den Weg macht, wird allerdings nur eine recht sehenswerte Felsklamm vorfinden, die von einem tosenden Wildbach durchzogen wird. Sich im Gasthof mit etwas Feurigem zu stärken, vielleicht mit einer Gulaschsuppe, könnte dann nicht schaden, denn der folgende Aufstieg hinauf zum Sudelfeldsattel zieht sich doch in die Länge und weist zudem noch Steigungen bis 12 Prozent auf.

Gesamtlänge 88,0 km

Höhendifferenz 1085 m

Höchststeigung Schwere Radtour mit 18 % Höchststeigung auf 800 m Länge durch das Förchenbachtal zwischen Brannenburg und Tatzelwurm-Straßendreieck

Dauer 5 – 8 Stunden

Ausgangspunkt Bernau am Chiemsee (545 m)

Endpunkt Rottach-Egern (725 m)

Anfahrt Fortsetzung Tour 7 oder Autobahn München-Salzburg A8, Ausfahrt Bernau

Den Tatzelwurm, nach dem der Gasthof auf der Ostseite der Auffahrt zum Sudelfeld benannt wurde, soll es einstmals hier tatsächlich gegeben haben.

Die Passhöhe selbst bietet wenig Aussicht, allenfalls auf unzählige hier abgestellte Motorräder, die das Sudelfeld als äußerst beliebte Motorradstrecke ausweisen, und so sollte man nicht versäumen, etwas unterhalb einen Blick zurück auf die Berge des Wilden Kaisers zu werfen, die sich in imponierender Schönheit aus dem Inntal erheben. Da kann der Wendelstein nicht ganz mithalten, der uns bei der Abfahrt hinunter nach Bayrischzell ebenfalls mit seiner felsigen Südseite beeindrucken möchte. Der Fremdenverkehrsort Bayrischzell, der sich am Ende der Abfahrt zu dessen Füßen ausdehnt, zeigt dann wieder ein Ortsbild, das aus einem Bildband über die schönsten Orte und Landschaften Oberbayerns entnommen sein könnte. Da er kunsthistorisch vielleicht mit Ausnahme der Pfarrkirche St. Margaretha recht wenig zu bieten hat, verlassen wir ihn bald wieder und radeln auf ebener Straße durch das breite Leitzachtal, wobei man bis zum Parkplatz der Wendelsteinbahn bei Osterhofen sogar einen Radweg benutzen kann. Wer noch eine Gipfelbesteigung einlegen will, kann das von hier aus tun und mit der Kabinenbahn mühelos zum Wendelstein hochschweben. Die Seilbahn endet allerdings etwas unterhalb des Gipfels mit schöner, aber eingeschränkter Aussicht. Um in den Genuss eines spektakulären Panoramas zu kommen, müsste man noch auf dem gut zwei Kilometer langen Spazierweg den Gipfel umwandern, was zwar keinerlei bergsteigerische Ansprüche stellt, mit Radschuhen allerdings nicht möglich sein wird.

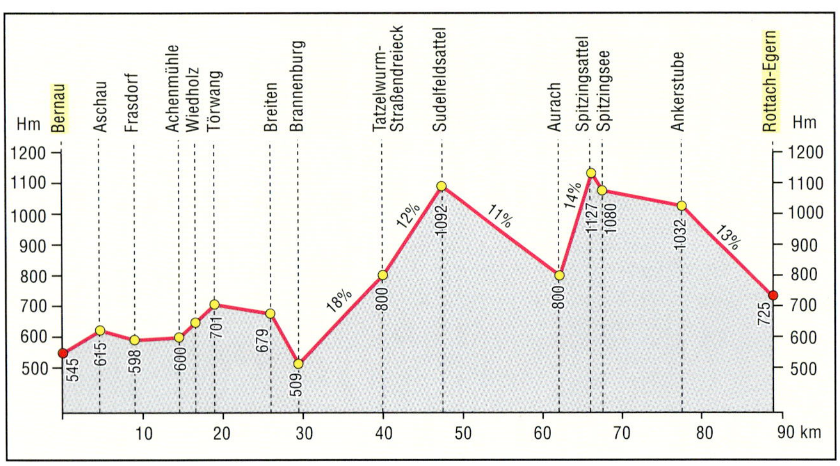

Unsere Kletterqualitäten werden dafür etwas später gefordert. Hinter Aurach weisen uns nicht zu übersehende Hinweisschilder auf die

Auffahrt zum Spitzingsee hin. Auf den nächsten 4 Kilometern zieht sich die Straße mit einer ständig zwischen 10 und 14 Prozent liegenden Steigung an den bewaldeten Hängen des Jägerkamp nach oben. Vom Sattel hat man einen schönen Blick zurück auf den kleinen Schliersee im Talboden, bevor man am noch kleineren Spitzingsee vorbei zur gleichnamigen Ortschaft hinabrollt. Landschaftlich schön in die Bergwelt eingebettet, ist der See ein beliebtes Ausflugsziel, und vor allen den Bergwanderern und Skifahrern aus dem Münchner Raum werden die Berghänge ein Begriff sein.

Während es unter der Woche auszuhalten ist, herrscht hier oben an schönen Wochenenden und Feiertagen einiger Trubel, dem man bei der Weiterfahrt aber entgehen kann. Das Sträßchen durch die Valepp, welchem man nun folgt, wurde nämlich für den öffentlichen Verkehr gesperrt, zumindest auf den ersten sechs Kilometern vom Seeende bis zum Parkplatz Brennerklamm, und fällt bis dorthin auch stetig ab. Zu unbesorgt sollte man es dennoch nicht rollen lassen, zum einen der vielen Wanderer wegen, zum anderen muss mit dem plötzlichen Entgegenkommen des Linienbusses gerechnet werden, der fast die ganze Straße für sich beansprucht. Ab dem Parkplatz Brennerklamm ist die Straße als Mautstraße wieder mit Privatfahrzeugen befahrbar und steigt auf den ersten Kilometern wieder leicht an, bevor es auf der mit Gefälle bis zu 13 Prozent abfallenden Straße nach Rottach-Egern nur noch rasant abwärts geht.

Streckenverlauf

- Bernau (km 0,0)
- Aschau (km 4,5)
- Frasdorf (km 9,0)
- Achenmühle (km 14,5)
- Wiedholz (km 16,5)
- Törwang (km 19,0)
- Breiten (km 26,0)
- Brannenburg (km 29,5)
- Tatzelwurm-Straßendreieck (km 40,0)
- Sudelfeldsattel (km 47,5)
- Aurach (km 62,0)
- Spitzingsattel (km 66,0)
- Spitzingsee (km 67,5)
- Ankerstube (km 87,5)
- Rottach-Egern (km 88,0)

Passangaben

Sudelfeldsattel	Auffahrt von Brannenburg bis Tatzelwurm-Straßendreieck 10,5 km mit 18 % Höchststeigung. Vom Tatzelwurm-Straßendreieck bis Passhöhe 7,5 km mit 12 % Höchststeigung Abfahrt Passhöhe bis Bayrischzell 4,5 km mit Gefälle bis 11 %
Spitzingsattel	Auffahrt von der Abzweigung B 307 bis Passhöhe 3,5 km mit Höchststeigung 14 % Abfahrt Passhöhe bis Rottach-Egern 22,5 km mit Gefälle bis 13 %
Straßenzustand	Engstellen bei der Auffahrt zum Tatzelwurm-Straßendreieck im Förchenbachtal. Ein 800 m langer Tunnel sowie ein unbeleuchteter Tunnel, 100 m lang, mit Ampelschaltung. Engstellen mit Ausweichen bei der Abfahrt vom Spitzingsattel zwischen Brennerklamm und Monialm
Passöffnungszeiten	Wegen möglicher Schneesperren zwischen Spitzingsee und Brennerklamm ist dieser Abschnitt in der Regel erst ab Anfang April befahrbar.
Sehenswürdigkeiten	Aschau (Schloss Hohenaschau); Brannenburg (Auffahrt mit Zahnradbahn bis auf 1742 m Höhe am Wendelstein; 1838 m); Tatzelwurm (sehenswerte Schlucht mit 70 m hohen Wasserfällen hinter dem Gasthof »Feuriger Tatzlwurm«); Bayrischzell (Pfarrkirche St. Margaretha, Seilbahn auf den Wendelstein bei Osterhofen); Rottach-Egern (See- und Warmbad, Pfarrkirche St. Laurentius)
Karte	Generalkarte 1:200 000, Deutschland Blatt 20

9 Die Deutsche Alpenstraße, 3. Abschnitt

Von den Tegernseer Bergen ins Werdenfelser Land

Zwischen Krün und Wallgau geht es angenehm eben dahin.

Der dritte Tag entlang der Deutschen Alpenstraße bringt uns vom Tegernsee hinüber ins Werdenfelser Land, wo mit der 2963 m hohen Zugspitze immerhin der höchste Berg des deutschen Alpenraums auf uns wartet. Mit 105,5 Kilometern Länge handelt es sich zudem um die längste Etappe, aber keine Sorge, besondere Schwierigkeiten erwarten uns hier nicht. Nicht einmal 650 Höhenmeter sind zu bewältigen, und die Steigung überschreitet die 9-Prozent-Marke nirgends.

Da bleibt sicherlich noch Zeit für eine Besichtigung des Doppelortes Rottach-Egern, wo vor allem der hoch aufragende gotische Turm der Pfarrkirche St. Laurentius vor dem 1722 Meter hohen Wallberg im Hintergrund ein schönes Motiv bildet. Wer will, kann auch noch den kleinen Friedhof der Kirche besuchen, wo so berühmte Künstler wie die Schriftsteller Ludwig Thoma und Ludwig Ganghofer, der Sänger Leo Slezak und der Maler Olaf Gulbransson ihre letzte Ruhestätte gefunden haben. Nach der Ortschaft müssen wir leider die viel befahrene Bundesstraße 307 Richtung Achensee/Sylvenstein benutzen, die uns auf ebener Strecke zwischen dem Wallberg im Osten und dem Hirschberg im Süden nach Kreuth führt. Seinen Bekanntheitsgrad verdankt die Ortschaft vor allem dem nahe gelegenen Kurort Wildbad Kreuth, der als Sitz der CSU-nahen Hanns-Seidel-Stiftung für Zusammenkünfte der größten bayerischen Partei genutzt wird und so zu einiger Berühmtheit gekommen ist.

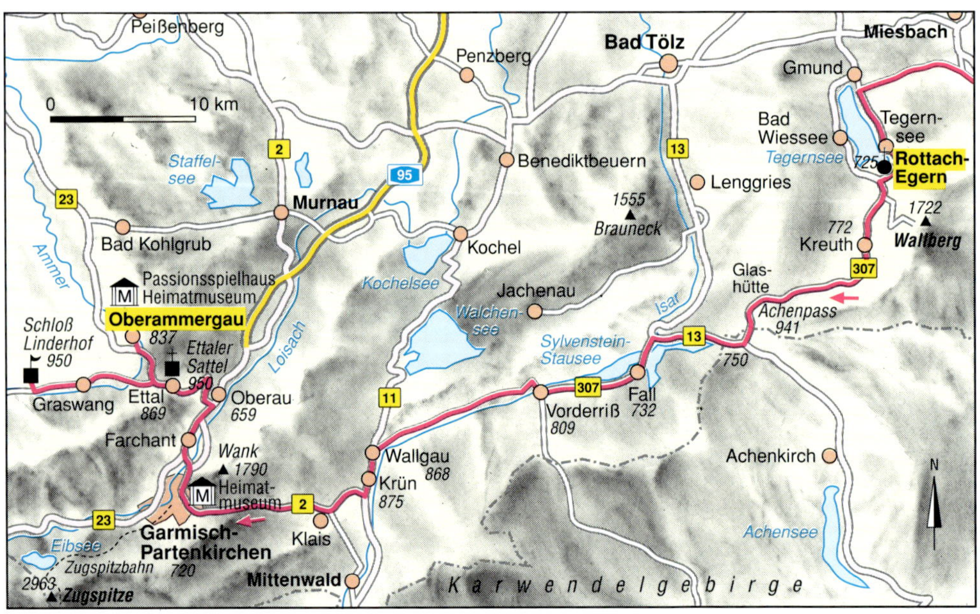

Zwischen bewaldeten Berghängen zieht sich die Bundesstraße weiter eben dahin, bevor sie hinter Glashütte mit 7 Prozent auf 2 Kilometer Länge zum Achenpass ansteigt. Dort bewältigen wir dann auch den steilsten Abschnitt der gesamten Tour mit 14 Prozent, glücklicherweise allerdings bei der Abfahrt hinunter zur Abzweigung Sylvenstein/Eng. Auf der modernen Faller Klammbrücke überqueren wir kurz darauf den Sylvensteinsee, einen fjordartig

Farchant kann mit einer schönen barocken Kirche aufwarten. Mittlerweile wurde dieser früher stark vom Verkehr heimgesuchte Ort durch eine aufwändig gebaute Umgehungsstraße entlastet.

aufgestauten Speichersee, der in erster Linie der Isarregulierung zur Verhinderung von Hochwässern dient. Den Lesern von Heimatromanen wird der Ortsname Fall aus einem Werk Ludwig Ganghofers bekannt vorkommen, aber es handelt sich hier um eine Neuansiedlung. Die alte Ortschaft, in der Ganghofers Jäger von Fall beheimatet gewesen sein soll, ist in den Fluten des Sees verschwunden.

Hinter Vorderriß radeln wir nun an der Isar entlang, die meist nur als kleines Rinnsaal in einem steinigen Bachbett erkennbar ist. Die enge Straße, der holprige Belag und Steigungen und Gefälle bis 9 Prozent erfordern wieder vermehrten Krafteinsatz, weshalb wir froh sind, wenn wir bei Wallgau das Mautsträßchen verlassen und wieder bessere Straßenverhältnisse antreffen.

Weit öffnet sich nun der Blick auf das Werdenfelser Land, dessen hochalpiner Charakter sich uns mit den mächtigen Bergmassiven des Karwendels und des Wettersteins offenbart. Wir

GESAMTLÄNGE 105,5 km

HÖHENDIFFERENZ 575 m

HÖCHSTSTEIGUNG
Mittelschwere Radtour mit 9 % Höchststeigung auf kurzen Abschnitten zwischen Vorderriß und Wallgau. Sonst 8 % auf 4,5 km Länge von Oberau zum Ettaler Sattel. Bei der Abfahrt vom Achenpass kurz Gefälle bis 14 %.

DAUER
5 1/2 – 7 1/2 Stunden

AUSGANGSPUNKT
Rottach-Egern (725 m)

ENDPUNKT
Oberammergau (837 m)

ANFAHRT Fortsetzung Tour 8 oder Autobahn München-Salzburg A8, Ausfahrt Holzkirchen – Warngau – Gmund – Tegernsee – Rottach-Egern

Bei einer Etappe von gut 100 Kilometern ist eine Rast durchaus angebracht.

können dieses Panorama ungestört genießen, denn zwischen den bodenständigen Ortschaften Wallgau und Krün mit ihren bemalten Fassaden und den typischen Zwiebelturmkirchen hält sich die Straße eben, bevor wir wieder auf die Bundesstraße 307 treffen, auf der bis Garmisch-Partenkirchen wieder längere Steigungen und Abfahrten zu bewältigen sind. Wir sind im Werdenfelser Land angelangt, wie das Gebiet unterhalb des Wettersteinmassivs genannt wird, einer lang gestreckten Felsmauer, von der sich Alpspitze und Waxenstein deutlich abheben, und die in der 2963 Meter hohen Zugspitze, Deutschlands höchstem Berg, gipfelt. Wie magnetisch wird der Blick immer wieder von diesem Höhepunkt der Alpenlandschaft angezogen; allerdings ist auch Vorsicht angesagt, denn das Verkehrsaufkommen in dieser Region erreicht inzwischen beachtliche Dimensionen.

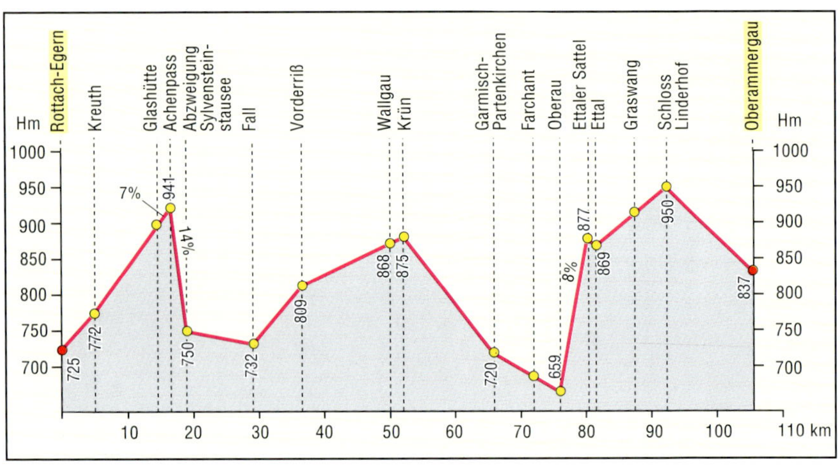

Den noch dörflich gebliebenen Teil von Garmisch-Partenkirchen findet man in der Ludwigstraße, der Verlängerung der Mittenwalder Straße, im Ortsteil Partenkirchen, deren zum Teil mit Stuck und Lüftlmalerei verzierte Häuserfassaden noch das ursprüngliche Gesicht des Ortes zeigen. Weitere schöne alte Häuser finden sich mit dem »Hotel Husar« mit seiner Biedermeier-Bemalung, der »Alten Apotheke« im italienischen Renaissancestil von 1790 am Marktplatz oder dem »Altwerdenfelser Bauernhaus« in der Bahnhofstraße. Und wem der Blick von hier unten auf die Zugspitze nicht genügt, hat hier die Möglichkeit, schweißfrei hinaufzukommen. Vom Bahnhof Garmisch fährt die Zahnradbahn über Grainau und Eibsee zum Schneefernerhaus, wo eine Seilbahn zum Gipfel führt. Wer ohne Umsteigen zum Gipfel will, kann vom Eibsee mit der Kabinenbahn gleich nach oben fahren. Ein zweifellos einmaliges, allerdings nicht ganz billiges und auch zeitaufwändiges Unternehmen. Wer auf dieses Gipfelerlebnis verzichtet, rollt dafür auf brettebener und viel befahrener Straße durch das breite Loisachtal über Farchant nach Oberau. Der Beschilderung »Augsburg/Oberammergau« folgend, kann man dort die Bundesstraße verlassen und nimmt den 4,5 Kilometer langen Anstieg mit 8 Prozent zum Ettaler Sattel dafür gerne in Kauf. Zumal oben mit dem Kloster Ettal, einer im Ursprung mittelalterlichen Anlage, die im 18. Jahrhundert barock umgestaltet wurde und von einer 25 Meter durchmessenden Kuppel dominiert wird, ein kultureller Höhepunkt wartet. Ohne einen Abstecher durch das Graswangtal zum Schloss Linderhof wäre dieser Abschnitt jedoch nicht komplett. Das die unterschiedlichsten Stilelemente vereinende Schlösschen mit seinem Maurischen Kiosk, der Venusgrotte und dem Springbrunnen mit der 30 Meter hohen Fontäne, das der »Märchenkönig« Ludwig II. zwischen 1874 und 1884 in dieser wunderschönen Landschaft errichten ließ, wird wohl niemanden unbeeindruckt lassen. Mögen die gewonnenen Eindrücke auch zwischen Kitsch und Kunst stark variieren, so ist bis Oberammergau doch für reichlich Gesprächsstoff gesorgt.

Wer sich vor der vierten Etappe aktiv erholen will, dem sei ein Besuch im ersten runden Wellenbad der Welt empfohlen. Es liegt am östlichen Ortsrand von Oberammergau, nahe der Talstation der Laber-Bergbahn, und heißt »Wellen Berg«. Es ist ein modernes Freizeitzentrum mit Frei- und Hallenbad, Sprungbecken, Sauna und Restaurant. Bei den angenehmen Wassertemperaturen von 25 Grad Celsius in der Halle und sogar 34 Grad im Freien dürfte die Regeneration nicht schwer fallen.

Streckenverlauf

Rottach-Egern (km 0,0)
Kreuth (km 5,0)
Glashütte (km 14,5)
Achenpass (km 16,5)
Abzweigung Sylvenstein (km 19,0)
Fall (km 29,0)
Vorderriß (km 36,5)
Wallgau (km 50,0)
Krün (km 52,0)
Garmisch-Partenkirchen (km 66,0)
Farchant (km 72,0)
Oberau (km 76,0)
Ettaler Sattel (km 80,5)
Ettal (km 81,0)
Linderhof (km 82,5)
Graswang (km 87,5)
Schloss Linderhof (km 92,5)
Oberammergau (km 105,5)

Passangaben

Achenpass	Auffahrt von Glashütte bis Passhöhe 2 km mit 7 % Höchststeigung Abfahrt von Passhöhe bis Abzweigung Sylvenstein 2,5 km mit Gefälle bis 14 %
Ettaler Sattel	Auffahrt von Oberau bis Passhöhe 4,5 km mit Höchststeigung 8 % Abfahrt von Passhöhe bis Ettal 0,5 km mit Gefälle bis 5 %
Straßenzustand	zwischen Vorderriß und Mautstelle Wallgau Belagschäden sowie Verengungen durch Brücken
Passöffnungszeiten	ganzjährig befahrbar
Sehenswürdigkeiten	Rottach-Egern (See- und Warmbad, Pfarrkirche St. Laurentius); Kreuth (Leonhardikirche); Garmisch-Partenkirchen (Werdenfelser Heimatmuseum, Kirche St. Martin, Auffahrt zum höchsten Berg Deutschlands der Zugspitze (2963 m), mit Zahnradbahn vom Zugspitzbahnhof aus oder mit Seilbahn vom Eibsee, ca. 7 km südwestlich); Ettal (Benediktinerabtei Ettal); Oberammergau (Heimatmuseum, Wellenbad, Passionsspielhaus, Lüftlmalerei an Häuserfassaden)
Karte	Generalkarte 1:200 000, Deutschland Blatt 20 und 19

10 Die Deutsche Alpenstraße, 4. Abschnitt

Vom Werdenfelser Land ins Allgäu

In Zweierreihen zu fahren ist erst ab Gruppen von 15 Radlern erlaubt.

Vom Werdenfelser Land mit seinen imposanten Bergriesen führt uns der vierte Abschnitt der Deutschen Alpenstraße in eine ganz andere, aber nicht minder schöne Gegend. Dieses Landschaftsbild kann man nur als idyllisch beschreiben; reizvoll inmitten sanfter grüner Hügel eingebettete Seen verschmelzen mit einer kraftvollen, kantigen Hochgebirgswelt zu einer harmonischen Einheit.

Aber nicht nur die Landschaft ist es, die diesen Abschnitt so reizvoll macht, auch die Ortschaften können mit einigen kulturellen Leckerbissen aufwarten, die in den beiden Königsschlössern Neuschwanstein und Hohenschwangau gipfeln. Mit knapp 100 Streckenkilometern ist der Abschnitt zwar wieder relativ lang, dafür bietet uns das eher wellige Streckenprofil mit Steigungen bis zu 8 Prozent keine allzu großen Schwierigkeiten, und auch die einzige Passauffahrt des Tages hinauf zum Oberjoch ist eher lang als schwer.

Oberammergau erlangte Weltberühmtheit durch seine alle zehn Jahre stattfindenden Passionsspiele. Sie gehen auf das Jahr 1633 zurück, als die Pest den Ort heimsuchte und man gelobte, alle zehn Jahre ein »Spiel vom Leiden, Sterben und Auferstehen unseres Herrn Jesus Christus« aufzuführen. Mehr als eine halbe Million Gäste besuchen dann den Ort, der sich blitzsauber und freundlich präsentiert und vor allem mit prächtig bemalten Häuserfassaden aufwarten kann. Diese als »Lüftlmalerei« bezeichnete Arbeitstechnik geht auf den hier früher ansässigen Maler Franz Seraph Zwinck zurück, der seine Werke in luftiger Höhe ausführen musste, worauf wohl die Namensgebung zurückzuführen ist. Besonders schöne Arbeiten finden sich am »Geroldshaus« und am »Pilatushaus« – beide Gebäude stammen

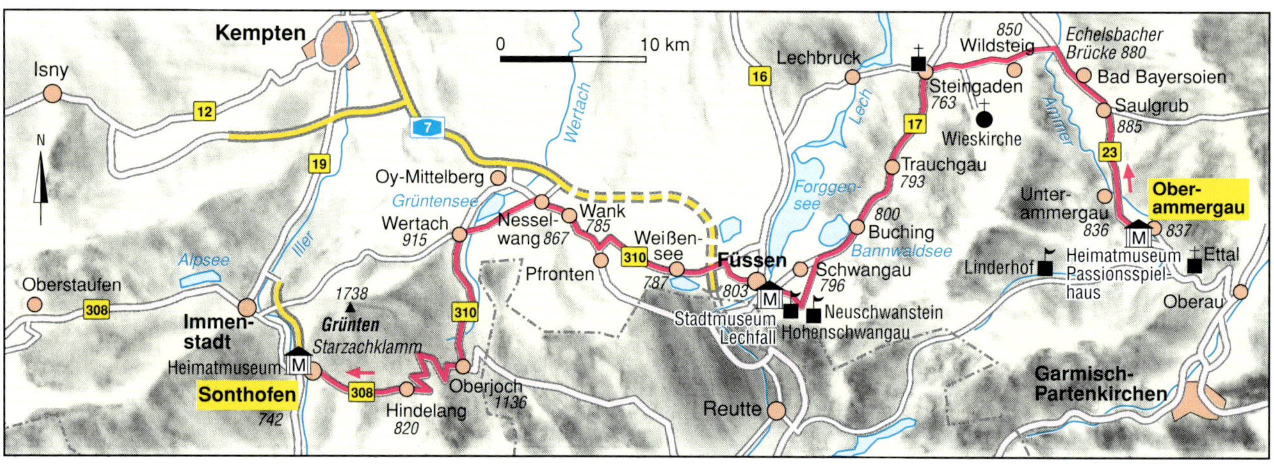

Schloss Hohenschwanstein, ein zu Stein gewordener Traum, den sich König Ludwig II, der Märchenkönig, erfüllt hat.

Gesamtlänge 97,5 km

Höhendifferenz 665 m

Höchststeigung Mittelschwere Radtour mit 8 % Höchststeigung beim Anstieg zum Oberjoch zwischen Wertach und Passhöhe sowie auf mehreren längeren Abschnitten zwischen Unterammergau und Saulgrub, Füssen und Weißensee sowie Nesselwang und Wertach

Dauer 5–7 Stunden

Ausgangspunkt Oberammergau (837 m)

Endpunkt Sonthofen (742 m)

Anfahrt Fortsetzung Tour 9 oder Autobahn München-Garmisch A95, Oberau – Ettal – Oberammergau

aus dem 18. Jahrhundert – sowie an den Häusern im Mühlgraben 5, der Ettaler Straße 10 sowie im Lüftlmalereck 1.

Nun aber hinaus aus dem Ort, der Beschilderung »Füssen« folgend, auf ebener Straße nach Unterammergau, wo man auch einige dieser bemalten Häuserfassaden bewundern kann. Im breiten Ammergauer Becken wechseln längere Steigungen bis 8 Prozent mit flacheren Abschnitten ab, bis die Straße bei Echelsbach einen Knick nach Westen macht. Auf der Echelsbacher Brücke überfahren wir die Am-

Große Schwierigkeiten hält diese Etappe in der hügeligen Landschaft des Allgäus nicht bereit.

mer, die sich fast 80 Meter tiefer ihr Flussbett gegraben hat. Mit Überqueren der Brücke sind wir im Pfaffenwinkel angelangt, wie dieses Gebiet zwischen Lech und Ammer genannt wird. Die Bezeichnung soll dabei aber keine Geringschätzung des geistlichen Standes zum Ausdruck bringen, sondern in leichter Ironie die Anerkennung der Leistungen der verschiedenen Mönchsorden, von den Benediktinern über die Augustiner und Prämonstratenser bis hin zu den Franziskanern, die diese seit dem Mittelalter hier vollbracht haben, ausdrücken.

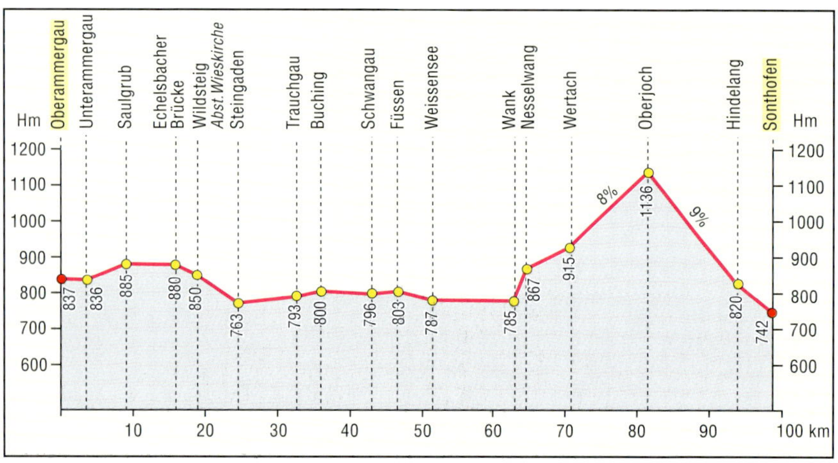

Beeindruckendstes Beispiel ist zweifellos die Wieskirche, zu der wir etwa 3 Kilometer nach Wildsteig einen allerdings 4,5 Kilometer langen Abstecher unternehmen müssen. Der aber lohnt sich, denn einen schöneren Rokokokirchenraum wird man wohl auf der ganzen Welt schwerlich finden. Niemand dürfte von dem festlichen Charakter, dem Deckengemälde und der schier überwältigenden Fülle von vergoldeten Stuckornamenten an Decken, Wänden und Säulen unbeeindruckt bleiben. Der wellige Streckenverlauf wird bis Steingaden beibehalten, wo die Kirche St. Johann Baptist aus dem Jahre 1176 als zweiter bedeutender Kirchenbau der Region gilt. Trotz des reizvollen Kontrasts zwischen dem romanischen Äußeren und dem Rokoko-Inneren kann die Kirche aber bei weitem nicht mit der Wieskirche konkurrieren.

Konkurrenzlos ist dafür wieder die Landschaft, in der hügelige Wiesen mit dunklen Wäldern und teils verschilften und vermoorten kleinen Seen abwechseln, aus denen die ausgedehnten Wasserflächen des künstlich geschaffenen Forggensees und des natürlichen Bannwaldsees herausragen. Und als scheint dies nicht zu genügen, erhebt sich im Süden fast übergangslos aus der weiten Ebene die gezackte Felskette der Allgäuer Alpen. Über Trauchgau und Buching haben wir zwischenzeitlich Schwangau erreicht und erkennen schon von weitem Neuschwanstein, das Traumschloss des Märchenkönigs Ludwig II., dessen schlanke Türme eine Verlängerung der spitzen Felsnadel zu sein scheinen, auf der es hoch über der Pöllathschlucht errichtet wurde. Wer geeignetes Schuhwerk dabei hat, kann zum Schloss hochwandern und in einer etwa 45-minütigen Führung die schönsten Räume besichtigen. Der König selbst erlebte die Fertigstellung seines Lebenswerkes 1886 nicht mehr, er ertrank im gleichen Jahr unter mysteriösen Umständen im Starnberger See. Leichter zu erreichen ist Schloss Hohenschwangau, das sich am Ufer des Alpsees versteckt. Kronprinz Maximilian ließ den romantischen Bau 1833 auf einem Felsvorsprung über dem See als Sommerresidenz errichten. Auch hier vermittelt eine 45-minütige Führung Einblick in das herrschaftliche Leben des 19. Jahrhunderts.

In Füssen folgt man nun der Beschilderung »Pfronten/Weißbach«, wo im weiteren Verlauf bis Wertach immer wieder Steigungen bis 8 Prozent von längeren Abfahrten und flacheren Abschnitten unterbrochen werden. In Wertach beginnt der fast 10 Kilometer lange Aufstieg zum Oberjoch, der jedoch mit maximal 8 Prozent keine übermäßige Steigungsverhältnisse aufweisen kann. Von der Passhöhe geht es über nicht enden wollende Kurven und Kehren mit Gefälle bis 9 Prozent hinunter nach Hindelang. Dort kann man dann zu Recht stolz sein, man hat soeben doch Deutschlands kurvenreichste Passstraße bewältigt. Mit diesem guten Gefühl sind die letzten flachen Kilometer dieser Etappe bis Sonthofen umso leichter zu bewältigen.

Die Ortschaft, die sich zwischen Iller und Ostrach erstreckt, gilt als südlichste Stadt Deutschlands, und wem der Sinn nach etwas Kultur steht, der sollte das Heimatmuseum mit bäuerlichen Gebrauchsgegenständen der zurückliegenden drei Jahrhunderte besuchen oder einen Blick in die Pfarrkirche St. Michael mit ihren bedeutenden Schnitzwerken werfen.

Streckenverlauf

Oberammergau (km 0,0)
Unterammergau (km 3,5)
Saulgrub (km 9,0)
Echelsbacher Brücke (km 16,0)
Wildsteig (km 19,0)
(Abstecher Wieskirche)
Steingaden (km 24,5)
Trauchgau (km 32,5)
Buching (km 36,0)
Schwangau (km 43,0)
Füssen (km 46,5)
Weißensee (km 51,5)
Wank (km 63,0)
Nesselwang (km 64,5)
Wertach (km 71,0)
Oberjoch (km 81,5)
Hindelang (km 94,0)
Sonthofen (km 97,5)

Passangaben

Oberjoch	Auffahrt von Wertach bis Passhöhe 10,5 km mit 8 % Höchststeigung Abfahrt von Passhöhe bis Hindelang 12,5 km mit Gefälle bis 9 %
Straßenzustand	gut ausgebaute Straßen, kurvenreiche Abfahrt vom Oberjoch
Passöffnungszeiten	ganzjährig befahrbar
Sehenswürdigkeiten	Oberammergau (Heimatmuseum, Wellenbad, Passionsspielhaus, Lüftlmalerei an Häuserfassaden); Echelsbach (Echelsbacher Brücke, 76 m hoch über der Ammer); Steingaden (Prämonstratenserkloster mit Stiftkirche St. Johann Baptist); Schwangau (Schloss Neuschwanstein und Schloss Hohenschwangau); Füssen (Stadtmuseum im Kloster St. Mang, Staatsgalerie im Hohen Schloss, Lechfall mit König-Max-Steig); Sonthofen (Starzachklamm, Heimatmuseum Hofmühle)
Karte	Generalkarte 1:200 000, Deutschland Blatt 19

11 Die Deutsche Alpenstraße, 5. Abschnitt

Vom Allgäu zum Bodensee

Der bayrische Löwe bewacht die Einfahrt in den Lindauer Hafen.

Den letzten Abschnitt auf unserer Fahrt über die Deutsche Alpenstraße können wir gemächlich angehen. Er misst nur bescheidene 63 Kilometer, und die dabei zu bewältigenden Höhenmeter, gut 130, sind eigentlich fast nicht der Rede wert. Allerdings nur fast, denn kurz vor Oberstaufen wartet ein, zum Glück sehr kurzer, 18-prozentiger Anstieg.

Trotz dieser kleinen Schikane bleibt genug Zeit, sich mit Sonthofen zu beschäftigen – wenn wir dies nicht bereits am Abend der vorigen Etappe getan haben –, das sich im breiten Tal der Iller ausbreitet und als Deutschlands südlichste Stadt gilt. Beachtung verdienen vor allem die spätgotische Stadtpfarrkirche St. Michael, aber auch das Alte und Neue Rathaus am Marktplatz sowie das Heimathaus in der Sonnenstraße 1, ein altes Bauernhaus, das als volkskundliches Museum hergerichtet wurde.

Nordöstlich der Stadt erhebt sich der 1738 Meter hohe Grünten, der auch als »Wächter des Allgäus« bezeichnet wird und mit seinem weithin sichtbaren Sendemast die Gegend dominiert. Auch nicht zu übersehen ist die Schnellstraße, die uns aus der Stadt führen würde. Da sie für uns Radfahrer allerdings nicht zu benutzen ist, wählen wir die Strecke über Blaichach, die uns genauso nach Immenstadt führt.

Der alte Salzhandelsstützpunkt liegt am Fuß des 1489 Meter hohen Immenstädter Horns und ist trotz seiner Industrieansiedlungen ein beliebter Fremdenverkehrsort. Sehenswert ist der Marienplatz im Stadtkern mit seinem repräsentativen Renaissanceschloss aus dem 17. Jahrhundert sowie dem Rathaus aus dem Jahre 1640, von dem vor allem das hübsche Türmchen mit der Zwiebelhaube ins Auge sticht. Einen Besuch wert ist auch die barocke Pfarrkirche St. Nikolaus mit ihren schönen Fresken und spätgotischen Plastiken.

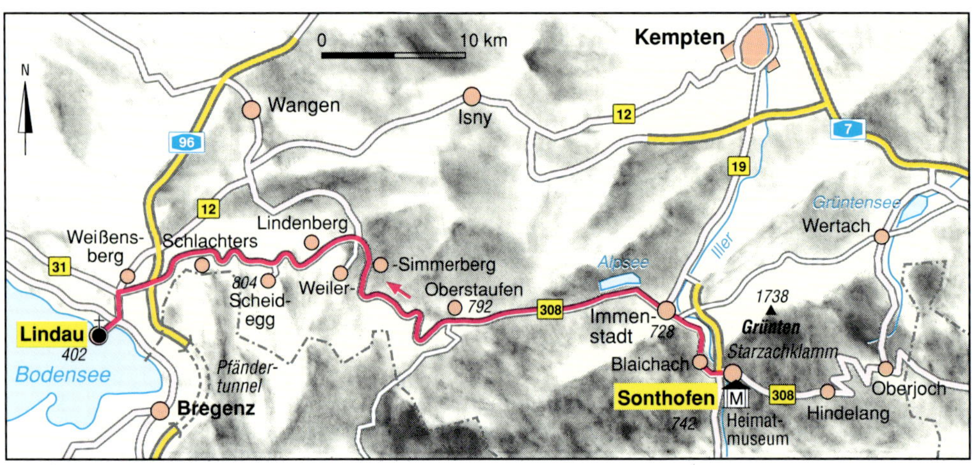

Der Beschilderung »Lindau/Oberstaufen« folgend, verlassen wir die Stadt, erklimmen durch Bühl eine kleine Anhöhe und erkennen vor uns den Alpsee, dessen Wasserspiegel an schönen Sommertagen von den bunten Dreiecken der Surfer und Segler fast vollständig bedeckt zu sein scheint. Dann radeln wir am südlichen Seeufer entlang und

Leider verläuft der letzte Streckenabschnitt über die Deutsche Alpenstraße nicht immer auf so ruhigen Nebenstraßen.

GESAMTLÄNGE 63,0 km

HÖHENDIFFERENZ 130 m

HÖCHSTSTEIGUNG Leichte Radtour mit 10 % Höchststeigung auf längeren Abschnitten entlang der Strecke zwischen Immenstadt und Scheidegg

DAUER 3 – 4 1/2 Stunden

AUSGANGSPUNKT Sonthofen (742 m)

ENDPUNKT Lindau am Bodensee (402 m)

ANFAHRT Fortsetzung Tour 10 oder Autobahn Ulm-Kempten A7, Ausfahrt Autobahndreieck Allgäu – Waltenhofen – Sonthofen

Das Allgäu ist eine harmonische Landschaft, die wie kaum eine zweite in Deutschland zum Radeln einlädt.

am kleinen Teufelssee vorbei in das Tal der Konstanzer Ache ein. Bei Wiedemannsdorf können wir die viel befahrene Bundesstraße 308 verlassen. Kleinere Anstiege stellen sich uns in den Weg, während wir die kleinen Ortschaften Salmas und Knechtenhofen schnell hinter uns lassen. Wir halten uns an die Beschilderung »Hinterstaufen«, folgen einem engen Sträßchen unter der Bundesstraße hindurch, dann wartet bei Bad Rain der eingangs erwähnte 18-Prozenter, der direkt beim Bahnhof Oberstaufen endet.

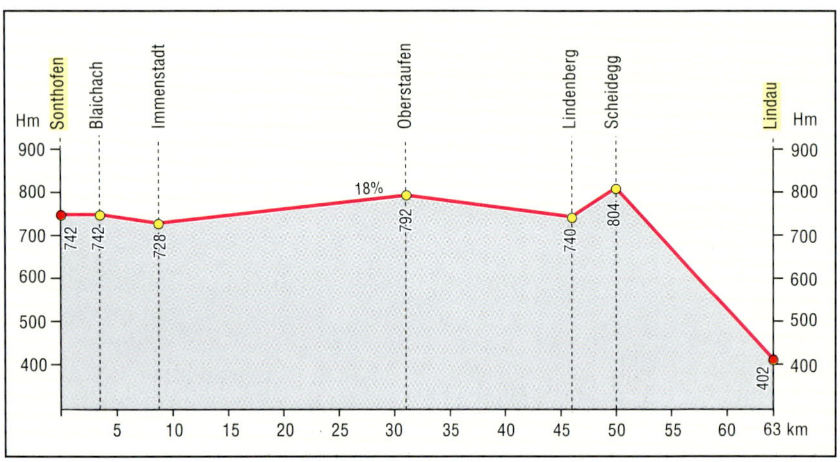

Ein guter Grund zum Atemholen und eine Gelegenheit, sich eine der Sehenswürdigkeiten des meistbesuchten Kurortes im Allgäu anzusehen. Das Heimatmuseum aus dem 19. Jahrhundert z. B. mit einer komplett eingerichteten Sennerei oder die Pfarrkirche St. Peter mit einer Kreuzigungsgruppe aus dem 15. Jahrhundert.

Auf der Weiterfahrt gelangen wir nun direkt ins Paradies. Allerdings nicht in das himmlische, sondern in ein irdisches.

Die nun mit bis zu 10 Prozent ansteigende Straße beschreibt nämlich bald eine weite Kehre, die durch eine Steinmauer unterteilt wird. Von diesem, als Paradies bezeichneten Ausgangspunkt nahe der deutsch-österreichischen

Landesgrenze genießt man einen besonders weiten Blick nach Süden auf die Berge des Bregenzer Waldes.
Wir radeln nun durch die Landschaft des Westallgäus, deren hügeligem Verlauf sich die Straße mit längeren Steigungen bis 10 Prozent anpasst. Da diese aber immer wieder von entsprechenden Abfahrten abgelöst werden, macht man hier zwar immer wieder Höhenmeter, gewinnt im Endeffekt aber keine Höhe. Vorbei an der Stadt Lindenberg, die es mit der gleichnamigen Käsesorte zu einiger Berühmtheit gebracht hat, wechseln bis Scheidegg nochmals solche Anstiege und Abfahrten ab, dann hat man das Schlimmste hinter sich.
Scheidegg wird in Fremdenverkehrsprospekten seiner »sonnigen Panorama-Höhenlage« gerühmt, und zweifellos könnte man sich vorstellen, hier länger zu verweilen als zu einem Besuch der Pfarrkirche St. Gallus, eines klassizistischen Saalbaus vom Ende des 18. Jahrhunderts, oder des Heimatmuseums im Schlossweg 3, das sich in erster Linie dem örtlichen Handwerk widmet.
Nach dem Ort geht es über sieben Kehren mit Gefälle bis zu 9 Prozent über den Rohrachberg abwärts. Um nicht auf die Schnellstraße zu kommen, biegt man Richtung Bösenreutin ab. Viel Krafteinsatz wird auch weiterhin nicht mehr gefordert, denn über Schlachters und Rothkreuz fällt die Strecke bis zum Ortsschild von Lindau meist leicht ab.
Wenn man nun am Lindauer Hafen mit dem bayerischen Löwen und dem Leuchtturm über den See blickt, könnte der Kontrast zum Beginn der Tour gar nicht größer ausfallen. Dominierte am Anfang eine großartige Bergwelt mit schroffen Felsszenerien und oftmals auch rauen klimatischen Verhältnissen, ist es hier eine Symbiose zwischen sanften Hügeln und mildem Klima, wo sich der größte See des nördlichen Alpenvorlandes eingebettet hat. In seiner ganzen Länge von 69 Kilometern kann man ihn von hier aus gar nicht überblicken, und auch in seiner Breite weist er mit durchschnittlich zehn Kilometern beachtliche Ausmaße auf. Sein Name geht übrigens auf die ehemalige Kaiserpfalz Bodman, am Westende des Sees gelegen, zurück, die im Jahr 1277 durch König Rudolf I. von Habsburg an den Ritter Johann von Boden verpfändet wurde. Zudem ist die Region um den See eine uralte Kulturlandschaft, deren Geschichte mit den Pfahlbauten des Sees bis in die Jungsteinzeit zurückreicht. Wem dabei in den Sinn kommen sollte, den See mit dem Fahrrad zu umrunden, dem sei gesagt, dass gut 260 Kilometer vor ihm liegen. Mit der auf dieser Tour erworbenen Kondition dürften diese jedoch kein größeres Hindernis darstellen.

Streckenverlauf

Sonthofen (km 0,0)
Blaichach (km 3,0)
Immenstadt (km 7,5)
Oberstaufen (km 31,0)
Lindenberg (km 46,0)
Scheidegg (km 50,0)
Lindau (km 63,0)

Passangaben

Straßenzustand	gut ausgebaute Straßen
Passöffnungszeiten	ganzjährig befahrbar
Sehenswürdigkeiten	Sonthofen (Starzachklamm, Heimatmuseum Hofmühle); Oberstaufen (Bauernhausmuseum im Ortsteil Knechtenhofen); Lindau (Hafenpromenade mit Mangturm, dem früheren Leuchtturm, Pfarrkirche St. Peter am Schrannenplatz, Spätgotische und barocke Häuser im Stadtkern)
Karte	Generalkarte 1:200 000, Deutschland Blatt 19

Touren in Österreich

12 Im Salzkammergut

Auf die Loser-Panoramastraße und um den Hallstätter See

Furchtlos stürzen sich die Drachenflieger von der Loser-Panoramastraße zu Tal.

Mehr als 4000 Jahre ist es her, dass sich die Menschen in die damals noch unwegsamen Täler zu Füßen des Dachstein-Gebirges aufmachten, um dort nach Salz zu suchen. In dem Gebiet um den Hallstätter See wurden sie fündig und begründeten damit den Reichtum dieser Region, der sich bis in die heutige Zeit erhalten hat. Jetzt ist es allerdings nicht mehr das »Weiße Gold«, wie das kostbare Salz damals auch genannt wurde, sondern der Fremdenverkehr, der den Wohlstand sichert.

Der Name »Salzkammergut« stammt dabei noch aus der Zeit, als die Gewinnungs- und Verarbeitungsstätten zur Salzerzeugung noch unmittelbar der Habsburgerischen Hofkammer unterstanden. Heute steht dieser Begriff für eine der schönsten Ferienlandschaften der Alpen, die eine Symbiose aus Wäldern, Seen und Bergen bildet, wie sie an ursprünglicher Schönheit kaum ein zweites Mal im Alpenraum anzutreffen ist.

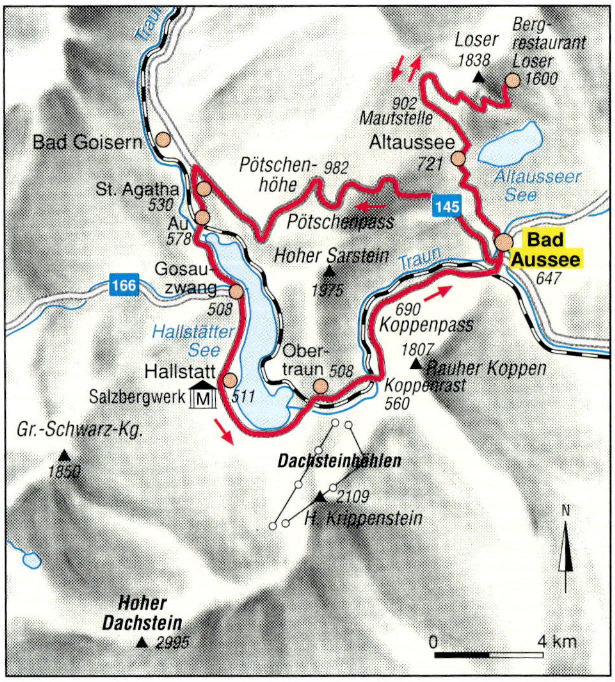

Einer der schönsten Aussichtspunkte im Salzburger Land ist der 1838 Meter hohe Loser, zu dem eine gut ausgebaute Panoramastraße hochführt, die beim Bergrestaurant Loser in 1600 Meter Höhe endet. Die weit reichende Aussicht über den Altausseer See, den Hallstätter See und die Talschaft der Traun bis hinüber zum Hohen Dachstein sollten die Mühen der Auffahrt rasch wettmachen, und wer dann noch nicht ausgelastet ist, kann in einer schönen Rundfahrt um den Hallstätter See die sehenswerte Landschaft auch von unten kennen lernen.

Im verwinkelten Ortskern von Bad Aussee folgen wir der Beschilderung »Loser-Panoramastraße«, die uns durch Altaussee erst einmal über ein enges, holpriges Sträßchen mit zwei kurzen Steigungen bis 12 Prozent bis zur Mautstelle leitet. Anfangs werden Steigungen bis 10 Prozent noch von längeren, flacheren Abschnitten unterbrochen, bevor über einen kurzen Aufschwung bis 15 Prozent die erste Kehre erreicht wird. 14 weitere folgen nunmehr bei einer gleich bleibenden Steigung von 10 Prozent in recht engem Verlauf und bringen

▲ *Vorhergehende Doppelseite: Großglockner-Hochalpenstraße, Nordseite. Die Schneefräse ist keine leere Drohung: Auch im Hochsommer kann es auf der Passhöhe schneien.*

◄ *Von dieser Seite präsentiert sich der Loser als unbezwingbarer Felsklotz.*

uns rasch nach oben. Bald beginnen Felsschichten den Wald zurückzudrängen, und tief unten erkennen wir den Altausseer See, in dessen blau-grünem Wasser sich die hellen Steilwände der Trisselwand spiegeln. Dann stehen wir auf einer verkarsteten Hochfläche, beim Loser Bergrestaurant, und genießen die weite Aussicht auf die sanft gewellte Hügellandschaft des Ausseer Landes tief unter uns. Nicht minder beeindruckend aber ist die Sicht auf die an schönen Sommertagen fast ungezählten Segel der Gleitschirm- und Drachenpiloten, die den Luftraum über uns bevölkern. Nicht selten kommt es übrigens vor, dass einige von ihnen

GESAMTLÄNGE 75,5 km

HÖHENDIFFERENZ 1245 m

HÖCHSTSTEIGUNG Mittelschwere Radtour mit 23 % Höchststeigung auf 500 m Länge beim Anstieg zum Koppenpass

DAUER 5 1/2 – 7 Stunden

AUSGANGSPUNKT Bad Aussee (647 m)

ENDPUNKT Bad Aussee

ANFAHRT Autobahn Salzburg-Linz A1, Ausfahrt Mondsee – St. Gilgen – Bad Ischl – Bad Goisern – Bad Aussee

Das Örtchen Hallstatt, am gleichnamigen See gelegen, soll von Alexander von Humboldt als schönster Seeort der Welt bezeichnet worden sein.

bei der Landung ein unfreiwilliges Bad im Altausseer See nehmen müssen.

Wir rollen die Kehren nun in entgegengesetzter Richtung wieder hinab nach Bad Aussee und verlassen den Ort gleich wieder auf einer mit 17 Prozent ansteigenden Straße, die diese Steigung auf 500 Meter Länge bis zum Gasthof Teichwirt auch beibehält. Der restliche Anstieg zur Pötschenhöhe auf der gut ausgebauten Salzkammergut-Bundesstraße vollzieht sich dann auf der maximal mit 7 Prozent ansteigenden Straße schon wesentlich angenehmer. Mit 9 Prozent Gefälle rollt es sich bequem ins obere Trauntal hinab, wo wir unmittelbar hinter dem Ortsschild von St. Agatha, der Beschilderung »Untersee« folgend, auf teilweise winzigen Sträßchen nach Au am Nordende des Hallstätter Sees gelangen.

Nun wieder auf der Bundesstraße 166, erreichen wir problemlos das Städtchen Hallstatt. Kein Geringerer als der berühmte Weltreisende und Forscher Alexander von Humboldt soll das Salzstädtchen als den schönsten Seeort der Welt bezeichnet haben, und wer das Fahrrad mit den schwankenden Planken eines Ruderbootes tauscht und etwas auf den See hinauspaddelt, wird dem angesichts der Perspektive von steilwandigen Uferböschungen mit über- und ineinandergeschachtelten Häusern wohl zustimmen.

Bekannter ist der Ort allerdings aus einem ganz anderen Grund. Hier vollzog sich nämlich in den Jahren 800 bis 400 vor Christus der Übergang von der Bronze- zur Eisenzeit, was als Epoche der »Hallstatt-Kultur« in die Geschichtsbücher einging. Unbedingt zu empfehlen ist somit der Besuch des Prähistorischen Museums und des Heimatmuseums in der Seestraße 56, in dem unter anderem auch die

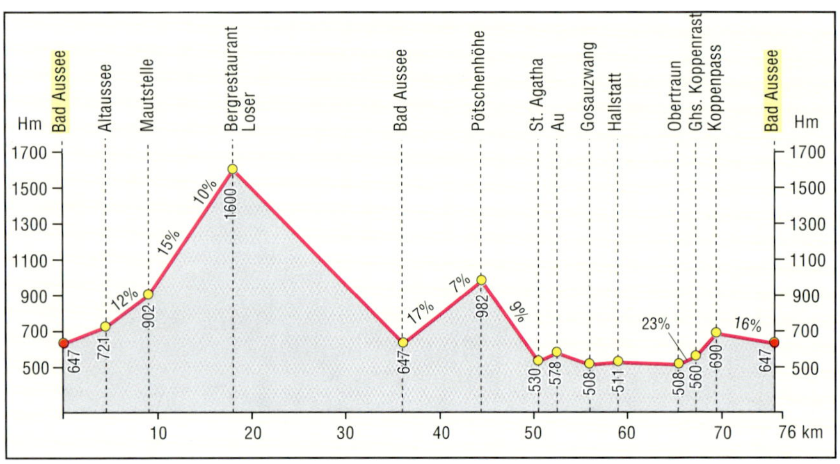

Nachbildung des im 18. Jahrhundert gefundenen »Mannes im Salz« zu besichtigen ist, der in den Salzbergwerken der Umgebung ums Leben kam und dort mehrere Tausend Jahre konserviert wurde. Wer sich mit den Arbeitsbedingungen dieses Mannes vertraut machen will, kann das Salzbergwerk mit seinen kilometerlangen Stollen, den Rutschen und dem beleuchteten Salzsee im Inneren besuchen. Bestimmt recht interessant, aber sicher nicht der angenehmste Arbeitsplatz, den man sich vorstellen kann.

Da ist man dann schon wieder froh, in freier, luftiger Natur Richtung Obertraun radeln zu können, nimmt die kurzen, leichten Anstiege klaglos in Kauf und folgt in Obertraun der scharf ins dicht bewaldete Koppental abbiegenden Straße. Hier würde sich ein zweiter Ausflug in die Unterwelt anbieten. Beim Gasthof »Koppenbrüller Höhle« weisen Schilder auf die »Koppenbrüller Höhle« hin. Wer kein geeignetes Schuhwerk dabei hat, wird auf den Besuch der zweifellos sehenswerten Höhle mit ihren Tropfsteinbildungen und unterirdischen Wasserfällen aber leider verzichten müssen, auch wenn sie im Rahmen einer Führung gut zugänglich wäre: Sie ist nämlich nur durch einen 20-minütigen Fußmarsch zu erreichen.

Auch nicht besonders gut tut der letzte Anstieg zum Koppenpass, der sich auf einer Länge von 500 Metern auf 23 Prozent aufsteilt und zusätzlich noch durch Kopfsteinpflaster erschwert wird. Dann erfordert nur noch eine von Eisenbahnschienen durchzogene Linkskurve mit 16 Prozent Gefälle vor dem Bahnhof von Bad Altaussee Vorsicht.

Streckenverlauf

- Bad Aussee (km 0,0)
- Altaussee (km 4,5)
- Mautstelle (km 9,0)
- Bergrestaurant Loser (km 18,0)
- Bad Aussee (km 36,0)
- Pötschenhöhe (km 44,5)
- St. Agatha (km 50,5)
- Au (km 52,5)
- Gosauzwang (km 56,0)
- Hallstatt (km 59,0)
- Obertraun (km 65,5)
- Gasthof Koppenrast (km 67,5)
- Koppenpass (km 69,5)
- Bad Aussee (km 75,5)

Passangaben

Loser-Panoramastraße	Auffahrt von Altaussee bis Berggasthof Loser 13,5 km mit 15 % Höchststeigung an einem kurzen Abschnitt. An zwei kurzen Abschnitten vor der Mautstelle 12 %, sonst längere Steigungen mit 10 %.
Pötschenpass	Auffahrt von Bad Aussee bis Passhöhe 8,5 km mit 17 % Höchststeigung auf 500 m Länge beim Gasthof Teichwirt, sonst 7 % Abfahrt von Passhöhe bis St. Agatha 6,0 km mit Gefälle bis 9 %
Koppenpass	Auffahrt von Obertraun bis Passhöhe 4,0 km mit 23 % Höchststeigung auf 500 m Länge, eine Kehre mit 12 % Steigung Abfahrt von Passhöhe bis Bad Aussee 6,0 km mit Gefälle bis 16 %
Straßenzustand	Die Auffahrt zum Koppenpass ist mit 23 % Steigung sehr steil. Am Steigungsstück auf 500 m Länge zudem Kopfsteinpflaster. Bei der Abfahrt leichte Belagschäden und Gefälle bis 16 %. Vorsicht bei der Überquerung der Eisenbahnschienen in einer Linkskurve vor Bad Aussee! Bei der Auffahrt zur Loser-Panoramastraße zwischen Altaussee und Mautstelle teilweise Engstellen und Belagschäden.
Passöffnungszeiten	ganzjährig befahrbar
Sehenswürdigkeiten	Hallstatt (Prähistorisches und historisches Museum im Salzbergwerk); Obertraun (Koppenbrüller Höhle)
Karte	Generalkarte 1:200 000, Österreich Blatt 4

13 Im Banne des Hohen Dachstein

Zur »alpinen Majestät« des Salzburger Landes

Hoffentlich ist der Besitzer des Rennrads nicht irgendwo im gigantischen Dachsteinstock verschollen.

Mehr als 4000 Jahre ist es her, dass sich die Menschen in die damals noch unwegsamen Täler zu Füßen des Dachstein-Gebirges aufmachten, um dort nach Salz zu suchen. Heute finden die Menschen dort kein Salz mehr, sondern vor allem Ruhe und Erholung. Geblieben ist aber der Name Salzkammergut aus der Zeit, als die Salzgewinnungs- und verarbeitungsstätten noch direkt der habsburgerischen Hofkammer in Wien unterstanden. Nun steht er für eine der schönsten Ferienlandschaften der Alpen, in der Erholungssuchende eine perfekte Mischung aus Wäldern, Seen und Bergen finden, wie sie sonst im Alpenraum kaum ein zweites Mal anzutreffen ist. Und was könnte die Beliebtheit dieses Touristengebietes besser verdeutlichen als die Zahl der jährlichen Übernachtungen, welche die fünf Millionen regelmäßig überschreitet.

Der alpine Höhepunkt des Salzkammerguts ist zweifellos der Hohe Dachstein, kein Einzelgipfel, sondern ein gigantischer Kalkstock mit ausgedehnten Gletschern, Karstflächen, Almen und Wäldern, der nicht von ungefähr als die »alpine Majestät« des Salzkammergutes bezeichnet wird. 1832 war es der Bauer Gappmayer aus Filzmoos, der als erster Mensch seinen Fuß auf den höchsten Punkt in 3004 Meter Höhe setzte, aber in den Annalen der Bergstei-

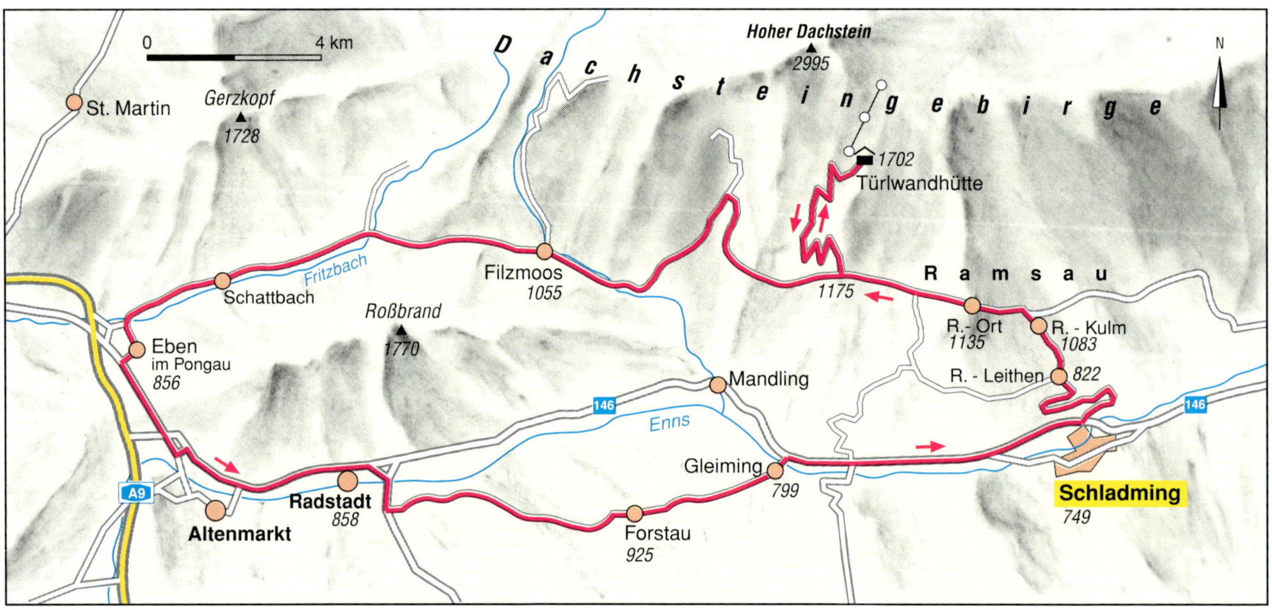

Trotz Weitwinkelobjektiv ist hier nur ein ganz kleiner Teil des Dachsteinmassivs, der »alpinen Majestät« des Salzkammerguts erfasst.

gerarchive wird der Salzburger Professor Thurwieser als Erstbesteiger genannt, der allerdings erst zwei Jahre später auf dem Gipfel stand. Bergsteigen war damals noch ein derart elitäres Unterfangen, dass man die Ersteigung von Gipfeln durch einfache Bauern nicht zur Kenntnis nahm.

In die Höhen von Gappmayer und Thurwieser kommen wir mit unserem Fahrrad auf dieser Tour unterhalb der Südwände des Hohen Dachsteins freilich nicht. Wir können höchstens bis 1702 Meter vorstoßen und dies nur, wenn wir die zusätzlichen 5 Kilometer und 527 Höhenmeter mit Steigungen bis zu 15 Prozent über die Dachstein-Höhenstraße zum Berghotel Türlwand nicht scheuen. Ansonsten sind die gestellten Anforderungen bei einer Gesamtstrecke von knapp 60 Kilometer und 620 Höhenmeter eher einfach, was der landschaftlichen Schönheit jedoch keinen Abbruch tut.

In Schladming, unserem Ausgangspunkt, fällt der Blick auf die bekannte Weltcupabfahrts-

Gesamtlänge
59,5 km (mit Abstecher Dachstein-Bergstraße 69,5 km)

Höhendifferenz
610 m (mit Abstecher Dachstein-Bergstraße 1140 m)

Höchststeigung
Leichte Radtour mit 14 % Höchststeigung auf längeren Abschnitten zwischen Ramsau und Ramsau-Kulm. Bei der Auffahrt zur Dachstein-Höhenstraße länger anhaltende Steigungsstücke bis 15 % (dann mittelschwer).

Dauer 4 – 6 Stunden (Abstecher Dachstein-Bergstraße +1 – 1 1/2 Std.)

Ausgangspunkt Schladming (749 m)

Endpunkt Schladming

Anfahrt Autobahn Salzburg-Villach A10, Ausfahrt Eben im Pongau – Radstadt – Schladming

Schladming im Ennstal. Das historische Städtchen verdankte seine erste Blüte dem Bergbau. Bereits im Mittelalter wurden hier Silber, Kupfer und Nickel abgebaut.

strecke der Planai, die sich hier im Sommer als grüne Schneise in den Ort hineinzieht. Über die 12 Prozent Steigung, über die wir uns, der Beschilderung »Ramsau« folgend, aus dem Ort mühen, können die Skirennläufer dabei nur lachen, haben sie doch ungleich steilere Abschnitte zu überwinden, diese allerdings bei der Abfahrt. Wir erreichen die so genannte Ramsau, ein Hochplateau zwischen dem Dachsteinmassiv im Norden und dem Ennstal im Süden, bei einer ständig zwischen 12 und 14 Prozent liegenden Steigung zwar langsamer, können dafür aber auch die Aussicht auf die mächtigen Felstürme des Ramsauer Gebirges, der östlichen Vorberge der Dachsteingruppe, gefahrlos genießen.

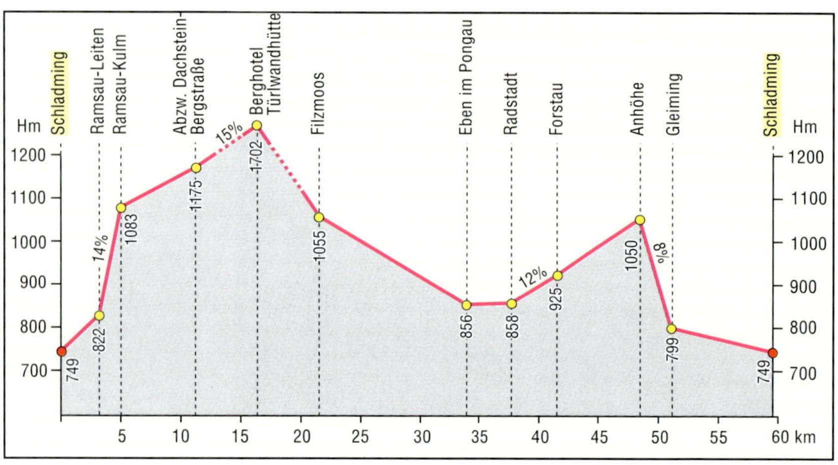

Immer prächtiger entwickeln sich vor uns die steil abfallenden, hellen Felswände des Dachstein, die aus grünen Bergwiesen heraus zu wachsen scheinen. Noch einige kurze Steigungsspitzen bis 14 Prozent, dann wechseln längere leichte Anstiege und Abfahrten bis zur Abzweigung zur Dachstein-Bergstraße ab. Hier gilt es gut zu überlegen, ob man dem Abstecher dorthinauf noch folgt. Leicht sind die eingangs erwähnten 5 Kilometer nicht. Vier mit Namensangaben versehene Kehren, deren Steigung auch über längere Abschnitte bis 15 Prozent anhält, müssen im unteren Teil überwunden werden. Dann rollt es bis zur Glosalm deutlich leichter, bevor es mit Steigungen bis 10 Prozent zu einer weiteren Kehrengruppe geht. Malerwinkel bezeichnet sich dabei die erste von dreien, deren beschaulicher Name so gar nicht zu der wieder 15 Prozent betragenden Steigung passen mag. Oben kann man sich dann aber beim Berghotel Türlwandhütte ausgiebig erholen und hat mit den Südabstürzen des Hohen Dachstein, die von Torstein, Mitterspitze, den Dirndln, Scheiblingstein bis zum Vorderen Türlspitz reichen, eines der schönsten Bergpanoramen Österreichs unmittelbar vor sich.

Wer auf den Abstecher verzichtet und gleich weiterfährt, kann sich aber ebenfalls nicht beklagen. Auf fallender Strecke eröffnet sich nach einer Kurve ebenfalls der Blick auf die mächtigen Südabstürze des Hohen Dachstein, und man kann von hier erst richtig die gigantischen Ausmaße dieses Felsstocks erkennen. Die gröbsten Schwierigkeiten liegen nun hinter uns. In einer weiten Linksschleife überqueren wir den Marbach, der von den Geröllfeldern des Bergstocks herabstürzt, und verlassen dabei das Bundesland Steiermark. Im Bundesland Salzburg geht es auf einer auf den ersten Kilometern noch leicht ansteigenden Straße dann lange nach Filzmoos hinab. Dort wird unsere ganze Aufmerksamkeit von der 2459 Meter hohen Bischofsmütze im Norden gefesselt, deren doppelgipfelige Spitze tatsächlich in ihrer Form an eine Bischofsmütze erinnert.

Die Bergwelt haben wir hinter uns, Bergwiesen und bewaldete Hügel bestimmen das Landschaftsbild, und von einem kurzen 10-prozentigen Gegenanstieg abgesehen, rollen wir bis Eben im Pongau rasant hinab. Wir sind im breiten Ennstal angelangt, wo wir leider für einen kurzen Abschnitt auf die viel befahrene Bundesstraße 99 nach Radstadt angewiesen sind. Dort dürfen wir dann die unmittelbar nach dem Ortsende abzweigende Straße nach Forstau nicht übersehen. Nur so können wir nämlich die Bundesstraße verlassen und auf die wenig befahrenen Hänge der südlichen Talseite ausweichen. Die 10 bis 12 Prozent Steigung, mit der die Straße auf den ersten 2,5 Kilometern ansteigt, müssen wir dabei aber in Kauf nehmen. Gut 200 Höhenmeter sind es, die wir hier inmitten von Bergwiesen und Wäldern noch bewältigen müssen, bevor wir den höchsten Punkt erreicht haben. Hinter Forstau verengt sich dann das Tal, die steilen Schuttreißen des Scheiblingpalfens zeigen sich, eng drängt sich das Sträßchen in Gleiming zusammen, dann überqueren wir auf einer alten Holzbrücke die Enns. Wir sind wieder auf einer Bundesstraße, die diesmal die Nummer 146 trägt, folgen dieser noch 5 Kilometer, bevor wir über eine Seitenstraße mit Schladming wieder unseren Ausgangspunkt erreichen.

Streckenverlauf

Schladming (km 0,0)
Ramsau-Leiten (km 3,0)
Ramsau-Kulm (km 5,0)
Abzweigung Dachstein-Bergstraße (km 11,0)
Filzmoos (km 21,5)
Eben im Pongau (km 34,0)
Radstadt (km 37,5)
Forstau (km 41,5)
Anhöhe (km 48,5)
Gleiming (km 51,5)
Schladming (km 59,5)

Passangaben

Dachstein-Bergstraße	Von der Abzweigung bis Berghotel Türlwandhütte 5,0 km mit 15 % Höchststeigung auf längeren Abschnitten
Auffahrt Dachstein-Höhenstraße	Von Schladming bis Abzweigung Dachstein-Bergstraße 11,0 km mit 14 % Höchststeigung auf längeren Abschnitten
Anhöhe Forstau	Von Abzweigung hinter Radstadt bis Anhöhe 3,5 km mit 12 % Höchststeigung auf den ersten 2,5 km, dann 6 – 8 %
	Abfahrt Anhöhe bis Gleiming 6,5 km mit Gefälle bis 8 %
Straßenzustand	enge Ortsdurchfahrt in Gleiming
Passöffnungszeiten	ganzjährig befahrbar
Karte	Generalkarte 1:200 000, Österreich Blatt 4

14 Über die Nockalm-Höhenstraße

Vom Millstätter See in den Nationalpark Nockberge

Recht kurvenreich gestaltet sich die Auffahrt über die Nockalm-Höhenstraße.

Mitten im Herzen Kärntens, eingebettet zwischen den Hohen Tauern im Nordwesten und den Karawanken im Südosten, liegt eine Gebirgskette, deren eigentliche Bezeichnung »Gurktaler Alpen« nur wenigen geläufig ist. Bekannter ist sie schon unter ihrem volkstümlichen Namen »Nockberge«, den diese Gruppe ihrer charakteristischen Formen wegen – runde Hügel und weite Täler, die nur hin und wieder von felsigen Abbrüchen aufgelockert werden – erhalten hat.

Der zentrale Teil der Nockberge, der im Jahre 1987 in einen Nationalpark umgewandelt wurde, wird von einer 34 km langen Panoramastraße durchquert, welche diese herrliche Landschaft auch für Radler zugänglich macht. Als Ausgangspunkt unserer Tour wählen wir den kleinen Fremdenverkehrsort Seeboden an der Westspitze des Millstätter Sees, unweit der alten Stauferstadt Spittal an der Drau. Am nördlichen Ufer des drittgrößten Kärntner Sees, der von herrlichen Buchen- und Tannenwäldern umgeben ist und an seiner tiefsten Stelle immerhin 150 Meter misst, kommen wir auf meist ebener Straße gut voran. Hinter Dellach verlassen wir den See, ein breites, bewaldetes Tal nimmt uns auf, und auch die ersten Steigungen bis 8 Prozent, allerdings immer wieder von längeren Abfahrten abgelöst, stellen sich ein. Hinter Radenthein, der einzigen Stadt in der Umgebung des Millstätter Sees, wo es dem Fremdenverkehr noch nicht vollständig gelungen ist, die Industrie zu vertreiben, erschweren uns dann schon längere Anstiege bis 10 Prozent durch einen schluchtartigen Talabschnitt bis Bad Kleinkirchheim das Vorwärtskommen. Der Ort verstreut sich auf einer weiten Hochfläche, die von dicht bewaldeten Bergkuppen abgeschlossen wird, von welcher uns eine längere Abfahrt in den Talboden der Gurk hinabführt, welche dieser Berggruppe ihren Namen gegeben hat.

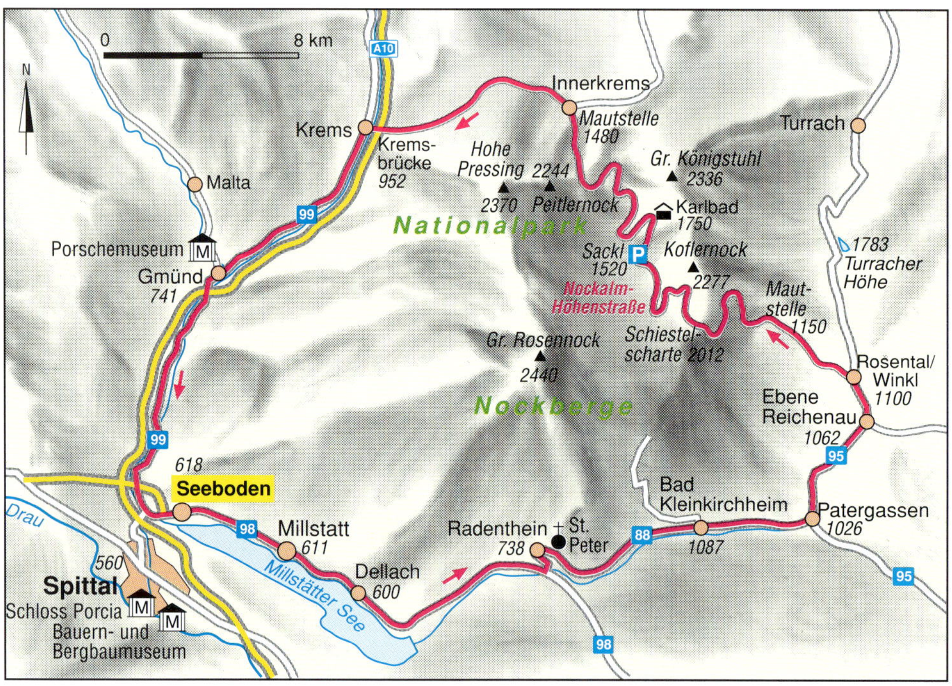

»Adria Kärntens« wird die Region um den Millstätter See ihres milden Klimas wegen genannt.

Ein kurzer 12-prozentiger Anstieg bringt uns zur Abzweigung Nockalm-Straße/Turracher Höhe, und wer einmal seine Grenzen ausloten möchte, sollte der geradeaus zur Turracher Höhe führenden Straße folgen. Diese hat auf den 7 Kilometern bis zur Passhöhe nämlich Steigungen zwischen 10 und 23 Prozent zu bieten, wobei sich diese meist im oberen und weniger im unteren Teil ansiedeln. Die Höchststeigung von 23 Prozent wird, verteilt auf

GESAMTLÄNGE 103,5 km

HÖHENDIFFERENZ 1695 m

HÖCHSTSTEIGUNG Mittelschwere Radtour mit 12 % Höchststeigung auf längeren Abschnitten auf der Nockalm-Höhenstraße zwischen Ebene Reichenau und Eisentalhöhe

DAUER 5 1/2 – 8 Stunden

AUSGANGSPUNKT Seeboden am Millstätter See (618 m), ca. 5 km nördlich von Spittal an der Drau

ENDPUNKT Seeboden

ANFAHRT Autobahn Salzburg–Villach A10 (Tauernautobahn), Ausfahrt Spittal/Millstätter See

Wie hier beim Anstieg zur Schiestelscharte passen sich die Kurven der runden Form der Bergkuppe an.

drei Abschnitte, auf insgesamt gut 2,2 km beibehalten.

Da biegen wir doch lieber links zur Nockalmstraße ab und begnügen uns mit Steigungen bis 12 Prozent, die einem im Übrigen auch ganz schön zusetzen können. Anfangs ist es noch nicht ganz so schlimm, nach der Mautstelle geht die Steigung zurück, Anstiege bis 10 Prozent werden von längeren, flacheren Stücken abgelöst, aber bald sind es 12 Prozent, die uns über die Baumgrenze führen, und bis zur Schiestelscharte, einer Einkerbung zwischen Klomnock und Schiestelnock, sind es immer noch beständige 10 Prozent. Die herrliche Aussicht, die nicht nur fast die gesamten Nockberge umfasst, sondern im Westen und Osten auch Teile des Kärntner Berglandes, von den Radstädter Tauern bis zu den Gurktaler Alpen, einbezieht, gibt jeden Grund für eine Rast, und wer diese verlängern möchte, kann die Naturkundliche Informationsstelle hier oben aufsuchen. Erholen kann man sich allerdings auch auf der folgenden, 7 Kilometer langen Abfahrt mit Gefälle bis 12 Prozent hinunter ins Grundltal, bevor nach Überquerung des Standbachs die Straße unvermittelt wieder auf 10 Prozent ansteigt. Schon nach kurzer Fahrzeit würde sich die Häusergruppe von Karlbad nochmals zu einem Halt anbieten. Hier finden wir das vielleicht letzte noch in Betrieb befindliche Bauernbad, wo heute noch wie vor Hunderten von Jahren das Wasser mittels erhitzter Steine erwärmt und über hölzerne Rinnen in alte Holzwannen geleitet wird. Dem radium-, schwefel- und eisenhaltigen Wasser wird eine heilende Wirkung gegen rheumatische Erkrankungen nachgesagt. Wer gleich weiterfährt,

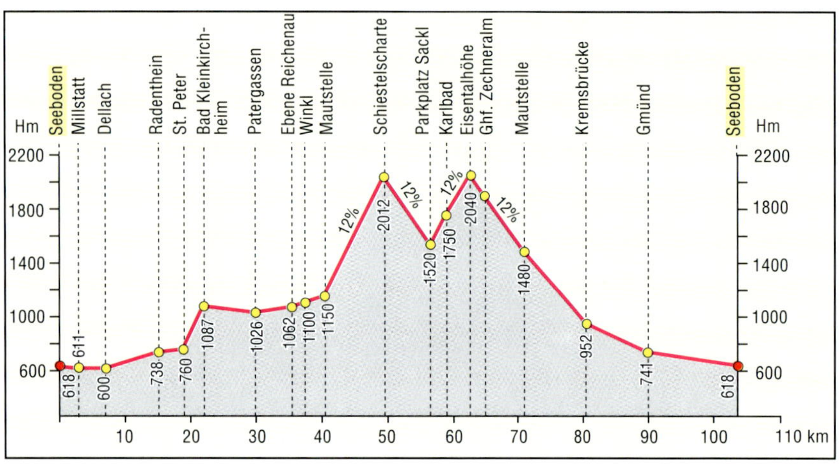

kommt auf den folgenden gut 3 Kilometern bis zur Eisentalhöhe mit Steigungen zwischen 10 und 12 Prozent aber ebenfalls gehörig ins Schwitzen.

Mit der Eisentalhöhe haben wir den höchsten Punkt des Tages erreicht und auch die Hauptschwierigkeiten hinter uns gelassen und können so beruhigt die behäbigen Wald- und Wiesenkuppen vor uns überblicken. Kurvenreich geht es mit Gefälle bis 12 Prozent lange abwärts, bis wir bei der Mautstelle in Innerkrems, dem höchsten Dorf Kärntens, die Nockalm-Höhenstraße verlassen.

Kurvig schlängelt sich die schmale, nur knapp zweispurige, wenig Aussicht bietende Straße am Kremsbach entlang, ständig fallend bis Kremsbrücke, deren Häuser sich dicht um die Betonpfeiler der Tauernautobahn hoch über uns scharen. Diese ist es dann auch, die den größten Teil des Verkehrsaufkommens durch das Drautal über den Katschberg auf sich zieht und uns so eine recht ungestörte Rückfahrt entlang der Lieser gestattet. Die leicht abfallende Straße führt uns nach Gmünd, wo die Freunde schneller Autos in jedem Fall noch einen Halt einlegen sollten. Ferdinand Porsche, an den ein Denkmal und das Porschemuseum erinnert, konstruierte hier 1948 den ersten seiner weltberühmten Sportwagen. Die anderen sollten es der alten Stadtmauern wegen tun, die bereits den Türken getrotzt haben und der Stadt den Beinamen Rothenburg Kärntens eingebracht haben. Unseren Ausgangspunkt erreichen wir auf ebener Straße.

Wer allerdings vorher noch eine zusätzliche Fleißaufgabe bewältigen will, dem sei die Auffahrt über die Malta-Hochalmstraße empfohlen. Sie nimmt in Gmünd ihren Ausgangspunkt und endet 28,5 Kilometer weiter und 1190 Meter höher beim Bergrestaurant Malta in 1920 Meter Höhe, wobei Steigungen bis zu 13 Prozent zu überwinden sind. Keine leichte Aufgabe also, dafür eine lohnende, denn die Landschaft um den Kölnbreinstaussee, in dem sich die Gletscher der Ankogel-Gruppe spiegeln, zählt zu den schönsten Österreichs.

Passangaben

Nockalm-Höhenstraße	Abzweigung Rosental/Winkl bis Schiestelscharte 12,0 km mit 12 % Höchststeigung an längeren Abschnitten Abfahrt Schiestelscharte bis Parkplatz Sackl im Grundtal 7,0 km mit Gefälle bis 12 % Auffahrt Parkplatz Sackl bis Eisentalhöhe 6,0 km mit 12 % Höchststeigung an längeren Abschnitten Abfahrt Eisentalhöhe bis Innerkrems 7,5 km mit Gefälle bis 12 %
Straßenzustand	Zwischen Mautstelle Innerkrems und Kremsbrücke teilweise enge, kurvenreiche Straße.
Passöffnungszeiten	Nockalm-Höhenstraße, offen Pfingsten bis 31. Oktober
Sehenswürdigkeiten	Spittal an der Drau (Schloss Porcia mit Heimatmuseum, Bauern- und Bergbaumuseum im Rathaus); Gmünd (Porschemuseum, mittelalterliches Stadtbild); Schiestelscharte (naturkundliche Informationsstelle)
Karte	Generalkarte 1:200 000, Österreich Blatt 6

Streckenverlauf

- Seeboden (km 0,0)
- Millstätt (km 3,0)
- Dellach (km 7,0)
- Radenthein (km 15,0)
- St. Peter (km 19,0)
- Bad Kleinkirchheim (km 22,0)
- Patergassen (km 30,0)
- Ebene Reichenau (km 35,5)
- Winkl (km 37,5)
- Mautstelle (km 40,5)
- Schiestelscharte (km 49,5)
- Parkplatz Sackl (km 56,5)
- Karlbad (km 59,0)
- Eisentalhöhe (km 62,5)
- Gasthof Zechneralm (km 65,0)
- Mautstelle (km 71,0)
- Kremsbrücke (km 80,5)
- Gmünd (km 90,0)
- Seeboden (km 103,5)

15 Über die Großglockner-Hochalpenstraße

Traumstraße der Ostalpen

Traumstraße der Ostalpen wird diese Nord-Süd-Verbindung zwischen Zell am See im Salzburger Land und Heiligenblut in Kärnten oft genannt, und wenn man mit der Vergabe solcher Attribute auch vorsichtig umgehen sollte, in diesem Fall trifft die Bezeichnung zu.

Mitten durch die Hohen Tauern, dort wo die Berge Österreichs mit dem 3797 Meter hohen Großglockner am höchsten sind, verläuft die Großglockner-Hochalpenstraße, eine der höchsten, bekanntesten und landschaftlich gesehen schönsten Passstraßen des gesamten Alpenraums. Für Radfahrer sei noch hinzuzufügen, dass sie auch eine der schwersten ist. Eigentlich sind es drei Passstraßen, die hier befahren werden können, denn von der direkten Passroute von Fusch über das Hochtor hinunter nach Heiligenblut zweigen noch die Edelweißstraße unterhalb des Fuscher Törls zur 2571 Meter hohen Edelweißspitze sowie die Gletscherstraße zur 2369 Meter hohen Franz-Joseph-Höhe, direkt am Fuße des Großglockners gelegen, ab und bieten als Stichstraßen imponierende Einblicke in die Bergwelt der Hohen Tauern.

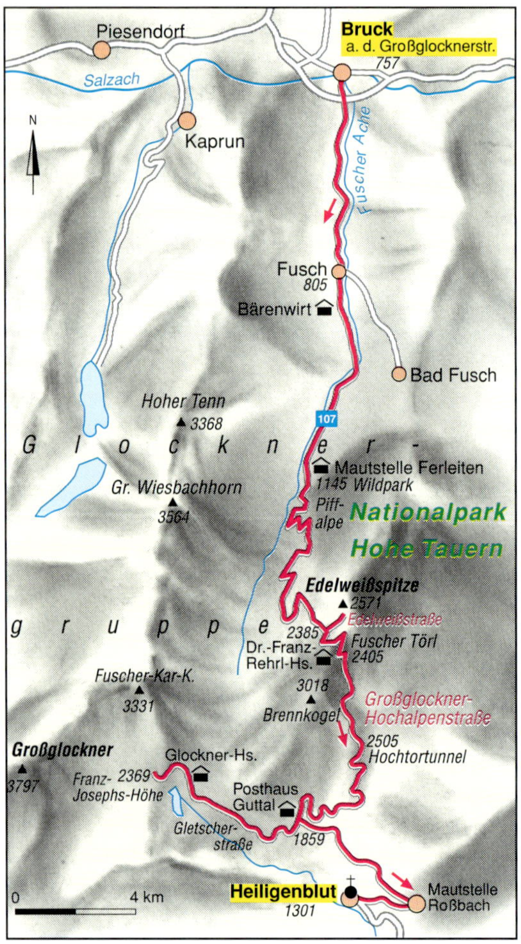

▲ *Die Pfarrkirche St. Vinzenz in Heiligenblut.*

Auf den ersten Kilometern von Bruck an der Glocknerstraße, dem nördlichen Ausgangspunkt, bleiben uns die landschaftlichen Höhepunkte noch weitgehend verborgen, dafür können wir auf der recht geradlinig und kaum ansteigenden Straße an der Fuscher Ache entlang streckenweise einen Radweg benutzen. Bei der Embachkapelle nimmt die Steigung schon auf deutliche 10 Prozent bis zur Mautstelle Ferleiten zu, über der die beherrschende Berggestalt auf der Nordseite, die pyramidenförmige Spitze des 3564 Meter hohen Großen Wiesbachhorns, einen beeindruckenden Blickfang bietet. Und noch etwas gibt es hier zu sehen, nämlich einen Alpenwildpark, direkt bei der Mautstelle gelegen, mit mehr als 200 Tieren, darunter auch Braunbären, Luchse, Wölfe und Wisente.

Ist dieser gegen eine geringe Eintrittsgebühr recht einfach zu besichtigen, muss man sich das Eintrittstor in die folgende Hochgebirgswelt der Hohen Tauern hart erkämpfen. Die Straße zieht nämlich auf 12 Prozent Steigung an und behält diese auf den folgenden fast 13 Kilometern bis zum Fuscher Törl bei. Vorbei

Der Radler befindet sich schon im oberen Teil der Nordauffahrt, kurz unterhalb des Fuscher Törls.

am Schleierwasserfall, wird die erste Kehrengruppe bei der Piffalpe erreicht. Beim Hinweisschild »Hochmais« lassen wir die letzten sturm- und windgebeugten Wetterlärchen am Straßenrand hinter uns und erreichen das schaurig schöne Bergsturzgebiet der He-

Gesamtlänge
- Bruck – Heiligenblut mit Abstecher zur Edelweißspitze und zur Franz-Josephs-Höhe 70,0 km.
- Bruck – Hochtortunnel 37,5 km. Abfahrt Hochtortunnel – Heiligenblut 32,5 km.
- Fuscher Törl – Edelweißspitze und zurück 5,0 km.
- Abstecher Gletscherstraße von Abzweigung Guttal – Franz-Josephs-Höhe und zurück 15,0 km.

Höhendifferenz
Bruck bis Hochtor 1881 m
- Abstecher Fuscher Törl bis Edelweißspitze 166 m
- Abstecher Abzweigung Guttal bis Franz-Josephs-Höhe 510 m

Höchststeigung
Schwere Radtour: von der Mautstelle Ferleiten bis Fuscher Törl auf 13 km fast durchgehend 12 % Steigung
- Abzweigung Edelweißspitze 14 % Steigung auf ca. 1,5 km Länge
- Abstecher Franz-Josephs-Höhe kurzfristig max. 12 % Steigung

Dauer
- Auffahrt Bruck bis Hochtortunnel 4–6 Stunden
- Abzweigung Edelweißspitze, Auffahrt ca. 20 Minuten
- Abzweigung Franz-Josephs-Höhe, Auffahrt 1 1/2–2 1/2 Stunden

Ausgangspunkt
Bruck an der Glocknerstraße (757 m)

Endpunkt
Heiligenblut (1301 m)

Anfahrt Autobahn München-Salzburg A8, Ausfahrt Traunstein/Siegsdorf – Inzell – Unken – Lofer – Saalfelden – Zell am See – Bruck an der Glocknerstraße oder Tauernautobahn A 10, Ausfahrt Werfen oder Bischofshofen – St. Johann im Pongau – Schwarzach – Lend – Bruck an der Glocknerstraße

Die Auffahrt über die so genannte Gletscherstraße zur Franz-Josephs-Höhe verläuft im oberen Teil durch eine Galerie.

xenküche. Schaurig deshalb, weil hier bei Bauarbeiten im Jahre 1977 Häftlingsketten aus dem 17. Jahrhundert gefunden wurden, mit denen die Gefangenen, an Halseisen gekettet, auf diesem Weg nach Venedig getrieben wurden, um dort als Galeerensträflinge ihre Strafe zu verbüßen.

Wenig später ist das Fuscher Törl erreicht und die schlimmste Steigungsstrecke geschafft. Es sei denn, man folgt der knapp 2 Kilometer langen Stichstraße mit 6 Kehren und 14 Prozent Steigung zur Edelweißspitze, mit 2571 Meter höchster und aussichtsreicher Punkt der an beeindruckenden Panoramen wahrlich nicht armen Glocknerstraße.

Vorbei an der steinernen Gedenkstätte, die zu Ehren der Menschen errichtet wurde, die beim Bau der Straße zwischen 1930 und 1935 hier ums Leben kamen, fällt die Straße etwa 1,5 Kilometer zur Fuscher Lacke ab, bevor es mit Steigungen zwischen 8 und 10 Prozent durch den 117 m langen Mittertörltunnel in die öde, unwirkliche Geröllregion zu Füßen des Brennkogels wieder aufwärts geht. »Elendboden« wird dieser Abschnitt von den Einheimischen auch genannt, in Gedenken an eine Pilgergruppe, die sich hier im Jahre 1683 in einem Schneesturm verirrte und über eine Felswand ins Beinkar abstürzte. Abstürzen können wir auf der gut ausgebauten Trasse nirgends, aber vor einem Schneesturm ist man hier oben auch im Hochsommer nicht sicher, liegt die mittlere Jahrestemperatur auf der Scheitelstrecke doch nur um drei Grad unter Null und entspricht damit bereits grönländischen oder sibirischen Verhältnissen.

Die Scheitelstrecke bildet dann der 311 m lange Hochtortunnel in 2503 Meter Höhe. Wer aufpasst, erkennt über den Tunnelportalen die Aufschrift »IN TE DOMINE SPERAVI« (Auf dich, oh Herr, habe ich gehofft), die hier in den Fels gemeißelt wurde. Sie geht auf eine Münze aus der Zeit Maria Theresias zurück, die bei Bauarbeiten am nördlichen Tunnelausgang gefunden wurde. Eigentlich haben wir hier oben den Großglockner nunmehr bezwungen, aber mit der Auffahrt zur Franz-Josephs-Höhe wartet noch der landschaftlich großartigste Abschnitt auf uns.

Dazu müssen wir aber erst einmal knapp 7 Kilometer bis zur Abzweigung Guttal abwärts

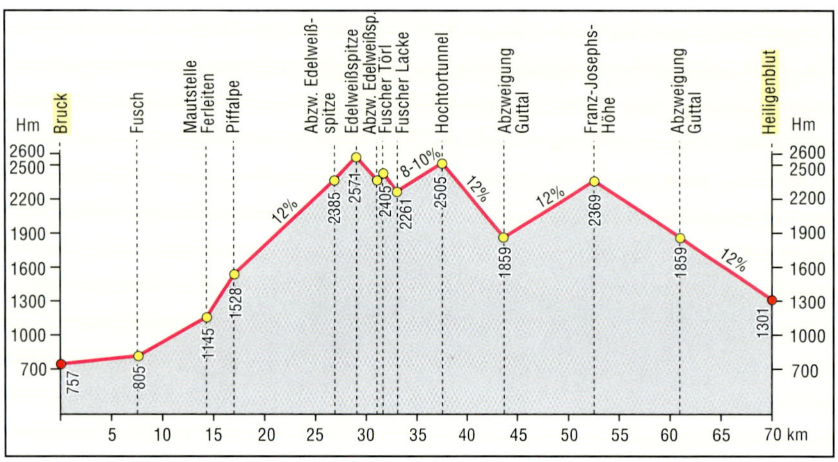

fahren. Die hier beginnende Gletscherstraße ist 8,5 Kilometer lang und überwindet dabei 510 Höhenmeter, wobei die Steigungsspitzen bis 12 Prozent allerdings nur kurz erreicht werden und meist deutlich darunter liegen. Die Straße endet am Parkplatz Freiwandeck, wo man von der weißen Pracht der Gletscher und Schneefelder der Bergriesen ringsum schier geblendet ist. Fast zum Greifen nah erscheint dabei der gewaltigste von allen, der 3797 Meter hohe Großglockner, dessen Spitze aber doch gut 5 Kilometer von uns entfernt ist. Keine Chance also, dort hinauf zu gelangen. Aber etwas anderes bietet sich an: Ein 274 Meter langer Schrägaufzug führt von hier auf den Gletscherboden der Pasterze hinunter, mit 10 Kilometern Länge immerhin der größte Gletscher der Ostalpen.

Mit unserer Radausrüstung stehen wir dort unten zwar etwas verloren herum, aber die vielen Touristen in Straßen- und Stöckelschuhen machen auf dem bis zu 100 Meter tiefen und von zahllosen Spalten durchzogenen Eis auch keine bessere Figur. Wer ganz genau hinhört, kann vielleicht das »Glocken« hören, wie hier das Geräusch des Steinschlags von den Bergwänden genannt wird, von dem der Berg seinen Namen hat. Gefährlich ist es allerdings nur dann nicht, wenn man sich an die Absperrungen hält.

Zurück zur Abzweigung Guttal, sind es nicht einmal mehr 9 Kilometer mit Gefälle bis 12 Prozent und 11 Kehren hinunter nach Heiligenblut, dem schön gelegenen Fremdenverkehrsort am südlichen Ende der Großglockner-Hochalpenstraße.

Hinweis: Wegen des 117 m langen Mittertortunnels und des 311 m langen Hochtortunnels ist beim Befahren des Streckenabschnitts zur Fuscher Lacke Beleuchtung ratsam.

Streckenverlauf

- Bruck (km 0,0)
- Fusch (km 7,5)
- Mautstelle Ferleiten (km 14,5)
- Piffalpe (km 17,0)
- Abzweigung Edelweißspitze (km 27,0)
- Edelweißspitze (km 29,0)
- Abzweigung Edelweißspitze (km 31,0)
- Fuscher Törl (km 31,5)
- Fuscher Lacke (km 33,0)
- Hochtortunnel (km 37,5)
- Abzweigung Guttal (km 44,0)
- Franz-Josephs-Höhe (km 52,5)
- Abzweigung Guttal (km 61,0)
- Heiligenblut (km 70,0)

Passangaben

Glocknerstraße	Auffahrt Mautstelle Ferleiten bis Fuscher Törl 13,0 km mit fast durchgehend 12 % Steigung Abfahrt Fuscher Törl bis Fuscherlacke 1,5 km mit Gefälle bis 9 % Auffahrt Fuscher Lacke bis Hochtortunnel 4,5 km mit fast durchgehender Steigung zwischen 8 und 10 % Abfahrt Hochtortunnel bis Heiligenblut 15 km mit Gefälle bis 12 %
Abstecher Edelweißspitze	vom Fuscher Törl bis Edelweißspitze 2,0 km mit 14 % Höchststeigung auf ca. 1,5 km
Abstecher Franz-Josephs-Höhe	von Abzweigung Guttal bis Franz-Josephs-Höhe 8,5 km mit 12 % Höchststeigung an kurzen Abschnitten
Straßenzustand	Gut ausgebaute Straßen. Bei der Auffahrt zur Edelweißspitze einige kopfsteingepflasterte Kehren.
Passöffnungszeiten	1. Mai bis 1. November
Sehenswürdigkeiten	Mautstelle Ferleiten (Wildpark), Edelweißspitze (Panoramablick); Franz-Josephs-Höhe (Glocknerblick, Abfahrt mit Schrägaufzug auf Pasterzegletscher); Heiligenblut (Pfarrkirche St. Vinzenz)
Karte	Generalkarte 1:200 000, Österreich Blatt 6

16 Rund um das Karwendelgebirge

Aus dem Inntal durch das Leutasch zum Achensee

Blick auf Pertisau am Achensee.

Die Bergwelt des Karwendel bietet wahrlich keine Bilderbuchidylle. Der vorherrschende, in seiner Konsistenz eher spröde Wettersteinkalk zeigt sich überwiegend mit riesigen Karen und Schuttreißen, gegen die es die Vegetation schwer hat, sich durchzusetzen. Die Waldgrenze liegt hier durchschnittlich niedriger als in vergleichbaren Klimazone und Almen gibt es somit nur recht wenige. Fast die Hälfte der Fläche dieses mit 900 km² recht großen Gebirges ist deshalb reines Ödland, damit gilt das Karwendel als das größte unbesiedelte Gebiet der Nördlichen Kalkalpen, und es gibt nicht einmal eine durchgehende Straße durch diese Gebirgslandschaft. Von der Stichstraße in die Eng, zum Großen Ahornboden (siehe Tour 5), einmal abgesehen, gibt es für uns somit keinen Grund und auch keine Möglichkeit, in dieses Gebirge vorzudringen. Deshalb werden wir auf dieser Tour eine Umrundung des Massivs vornehmen, die im Gegensatz zu den geologischen Gegebenheiten überhaupt nicht spröde oder öde, sondern sich ganz im Gegenteil als äußerst reizvoll und abwechslungsreich gestaltet.

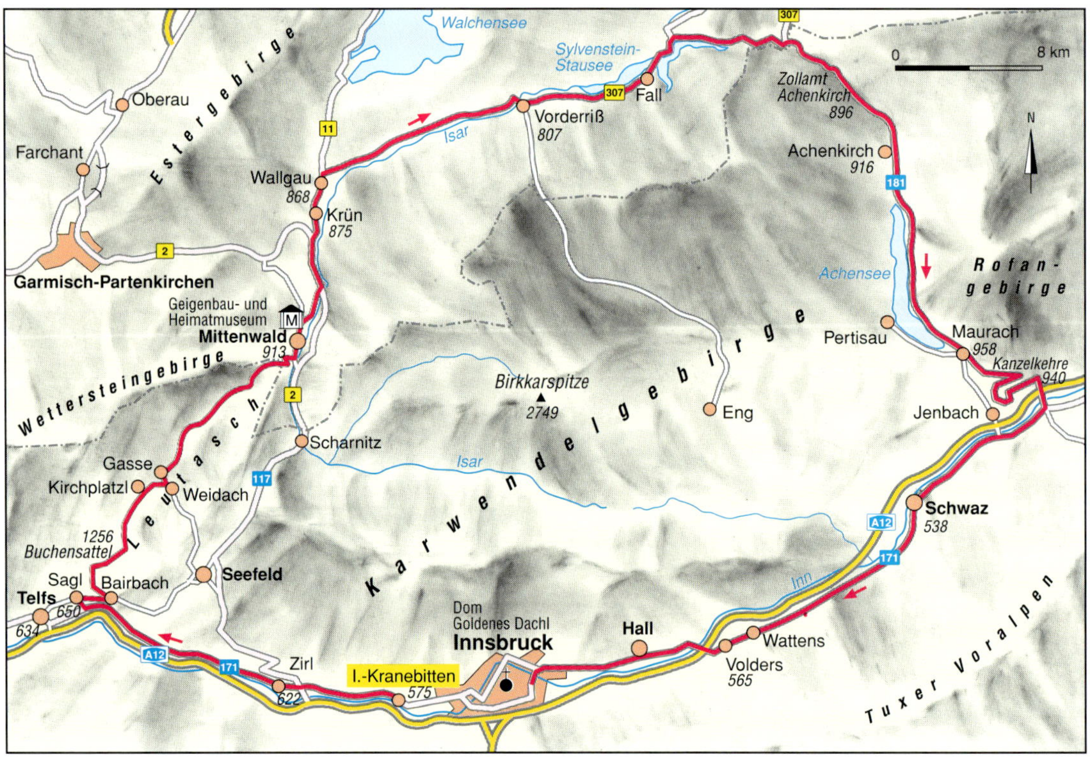

Innsbruck verlassen wir über den Ortsteil Kranebitten, dort, wo auch der Flughafen ist, und folgen dem Hinweisschild nach Zirl. Am Gasthaus Kranebitten vorbei, steigt die Straße leicht an, und wir radeln an dichtem Gebüsch entlang, welches uns die Sicht auf die Felsabstürze der Martinswand verdeckt. Der Legende nach soll sich dort der Kaiser Maximilian I. bei der Gemsenjagd verstiegen und drei Tage ausgeharrt

Während die Spitzen des Karwendels noch schneebedeckt sind, breitet sich im Tal bereits der Frühling aus. Zirl im Inntal mit Blick auf die Stubaier Alpen.

haben, bevor er endlich gefunden und befreit werden konnte. Auch heute kann es vorkommen, dass sich Menschen hier versteigen, allerdings sind es nunmehr Sportkletterer, welche die Felswände verschiedenster Schwierigkeitsgrade als ideales Trainingsgelände benutzen. Für uns ist der Weiterweg im breiten Inntal klar vorgezeichnet, und auf meist ebener Straße erreichen wir Telfs, wo es dann auch für uns Klettern heißt. Allerdings mit dem Fahrrad aus dem Inntal hinauf zum Buchensattel, und zwar gleich hinter Sagl, wo die Straße sich wie eine Rampe mit 14 Prozent Steigung nach oben zieht und diese Steigung auch gleich 2 Kilometer beibehält. Die erste Kehre bei Bairbach liegt bereits hoch über dem Inntal. Nur unwesentlich geht die Steigung auf 12 Prozent zurück und behält diese auf den folgenden 5 Kilometern zum Interalpen-Hotel bei.

Dort oben können wir ruhig erst einmal verschnaufen, denn das Schlimmste liegt hinter uns. Vor uns liegt das lang gestreckte Hochgebirgstal der Leutasch, dessen herrliche Lage unterhalb der Südseite des Wettersteingebirges sich schon der Schriftsteller Ludwig Ganghofer als Romanschauplatz ausgesucht hat. In den

GESAMTLÄNGE 157,5 km

HÖHENDIFFERENZ 900 m

HÖCHSTSTEIGUNG Mittelschwere Radtour mit 14 % Höchststeigung auf 2 km Länge im unteren Teil der Auffahrt zum Buchensattel

DAUER 7 – 10 Stunden

AUSGANGSPUNKT Innsbruck (575 m)

ENDPUNKT Innsbruck

ANFAHRT Autobahn München-Kufstein-Innsbruck A12 oder Autobahn München-Garmisch A95, Garmisch – Krün – Mittenwald – Scharnitz – Zirl – Innsbruck

Recht flott sind diese beiden hier im Leutaschtal, zu Füßen der Südseite des Wettersteinmassivs, unterwegs.

modernen Zeiten hat sich das Leutaschtal vor allem als Eldorado für Skilangläufer einen Ruf erworben, die sich genauso wie wir über den weiterhin ebenen Streckenverlauf freuen. Wir verlassen die Leutasch nach dem ehemaligen Zollamt durch die Leutaschklamm, dann kündigen uns die Felswände der westlichen Karwendelspitze mit Mittenwald einen Glanzpunkt der Bayerischen Alpen an. Der Ort besticht nicht nur durch seine einzigartig schöne Lage unterhalb der fast dramatisch steil aufragenden Karwendelberge, sondern auch durch sein reizvolles Ortsbild mit staffelförmig angeordneten Häusern, an denen vor allem die vielen Fassaden mit »Lüftlmalerei« ins Auge fallen. Auch in den schmucken Erholungsorten Krün und Wallgau, die wir, der Beschilderung »München/Kochel« folgend, im flachen Werdenfelser Land bald erreichen, treffen wir auf diese Form der Wandmalerei.

In Wallgau werfen wir einen letzten Blick auf das Wettersteinmassiv mit der 2963 Meter hohen Zugspitze im Westen, dann folgen wir dem Mautsträßchen Richtung Sylvensteinstausee/Hinterriß. Es verläuft zwischen den Walchenseebergen im Norden und dem Karwendel im Süden in einem ursprünglich gebliebenen Landschaftsschutzgebiet entlang der Isarauen. Nicht so sehr die wenigen kurzen, kaum einmal 9 Prozent erreichenden Steigungen sind es, die unseren Tatendrang bremsen, vielmehr erfordert der schlechte Fahrbahnzustand bei den Abfahrten eine erhebliche Verminderung der Geschwindigkeit. Der Straßenzustand bessert sich erst wieder nach der Mautstelle bei Vorderriß, wo wir über die kleine Holzbrücke auch die Isar überqueren. Die hier zum Großen

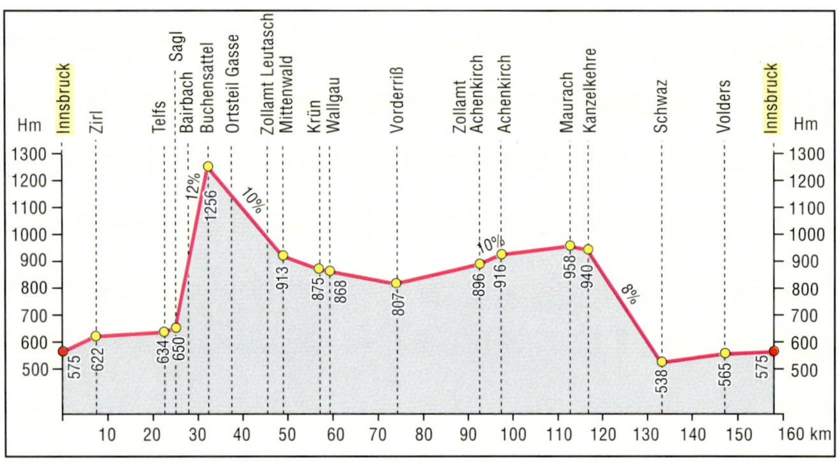

Ahornboden abzweigende Straße sollten wir unbeachtet lassen, für heute wären die zusätzlichen 46 Kilometer hin und zurück dann doch zu viel (siehe Beschreibung Tour 5, Seite 34ff.).
Unser Weiterweg hält sich unterhalb der dicht bewaldeten Berghänge des Scharfreiters, von einigen kurzen 8-Prozent-Anstiegen und -Abfahrten abgesehen, eben bis Fall. Der Vollständigkeit halber sei auch hier erklärt, dass der alte Ort Fall, Schauplatz des Ganghofer-Romans »Der Jäger von Fall«, in den Fluten des Sylvensteinstausees verschwunden ist, den wir auf der weit gespannten Fallerklammbrücke überqueren.
Leicht steigt die Straße nun zur Kaiserwacht an, wo von der alten Grenzstation, die zu Kaisers Zeiten hier die Grenzen sicherte, jedoch nichts mehr zu sehen ist. Die Gebäude des Zollamts Hohenkirch sind zwar noch vorhanden, aufgrund der derzeitigen politischen Verhältnisse in einem vereinigten Europa erfüllen sie aber keinerlei Funktion mehr, so dass wir ohne Formalitäten wieder nach Österreich zurückkehren können. Eine kleine Schikane erwartet uns allerdings noch in Form einer von hier bis zum knapp 3 Kilometer entfernten Gasthaus Marie anhaltenden Steigungsstückes mit 10 Prozent. Dies war dann aber der letzte nennenswerte Anstieg dieser Tour, was anhand der noch vor uns liegenden gut 67 Kilometer aber auch beruhigend ist. Am Ende des Achensees, der allgemein als schönster See Tirols bezeichnet wird, sind es noch knapp 40 Kilometer, von denen wir einen Teil recht mühelos auf der folgenden Abfahrt über den Achenpass hinunter ins Inntal hinter uns bringen können. Die restlichen 33 Kilometer ziehen sich doch etwas in die Länge, und wer will, kann dem Städtchen Schwaz noch einen Besuch abstatten.
Hinter Volders wechseln wir auf die rechte Innseite, und bald darauf kündigt sich mit dem Ortsschild von Innsbruck auch das Ende unserer Tour rund um das Karwendelgebirge an.

Streckenverlauf

Innsbruck/Kranebitten (km 0,0)
Zirl (km 7,5)
Telfs (km 22,0)
Sagl (km 24,0)
Bairbach (km 27,0)
Buchensattel (km 31,0)
Leutasch-Kirchplatzl (km 36,0)
Ortsteil Gasse (km 37,5)
Zollamt Leutasch (km 46,5)
Mittenwald (km 49,5)
Krün (km 57,5)
Wallgau (km 59,5)
Vorderriß (km 74,0)
Zollamt Achenkirch (km 92,5)
Achenkirch (km 98,5)
Maurach (km 112,5)
Kanzelkehre (km 117,5)
Schwaz (km 133,0)
Volders (km 147,5)
Innsbruck (km 157,5)

Passangaben

Buchensattel	Auffahrt von Telfs bis Passhöhe 9,5 km mit 14 % Höchststeigung auf 2 km Länge im unteren Teil, dann lange Abschnitte mit 12 % Abfahrt Passhöhe bis Leutasch-Gasse 6,5 km mit Gefälle bis 10 %
Achenpass	Auffahrt Zollamt Achenkirch bis Passhöhe ca. 3 km langer Anstieg mit 10 %, sonst eben Abfahrt Passhöhe bis Inntal 6,5 km mit 8 % Gefälle
Straßenzustand	Bei der Abfahrt vom Buchensattel bis Leutasch-Gasse teilweise Engstellen mit Belagschäden. Zwischen Wallgau und Vorderriß Engstellen mit Belagschäden. Bei der Abfahrt vom Achenpass in der Kanzelkehre Kopfsteinpflaster.
Passöffnungszeiten	ganzjährig befahrbar
Sehenswürdigkeiten	Innsbruck (Goldenes Dachl, Triumphpforte, Dom); Mittenwald (schönes Ortsbild – Häuserfassaden mit »Lüftmalerei«, Geigenbau- und Heimatmuseum)
Karte	Generalkarte 1:200 000, Österreich Blatt 7

17 Rund um die Stubaier Alpen

Kühtaisattel, Timmelsjoch, Jaufenpass und Brennerpass

Die Haarnadelkehren auf der Südseite der Timmelsjoch-Hochalpenstraße erfordern vor allem bei der Abfahrt schon einiges an Steuerkunst.

In Bergsteigerkreisen genießen die Stubaier Alpen, südwestlich von Innsbruck gelegen, mit ihrem höchsten Gipfel, dem 3507 Meter hohen Zuckerhütl, das Prädikat »super«. Da Radfahrer an Gletscherbergen naturgemäß weniger interessiert sind, müssen sie andere Wege suchen, um die Schönheit dieser Bergwelt für sich zu erschließen. Und diese finden sie auch in Form von vier Passstraßen, welche die Stubaier Alpen wie einen Ring umschließen und Kühtai, Timmelsjoch, Jaufen und Brenner heißen.

Fahrerisch und landschaftlich lässt diese Strecke keine Wünsche offen, dafür sind allerdings zwei Dinge unerlässlich, nämlich Kondition und Stehvermögen, sind neben knapp 230 Streckenkilometern doch nicht weniger als 5075 Höhenmeter zu bewältigen. Ein früher Aufbruch ist also angesagt, und so wird man

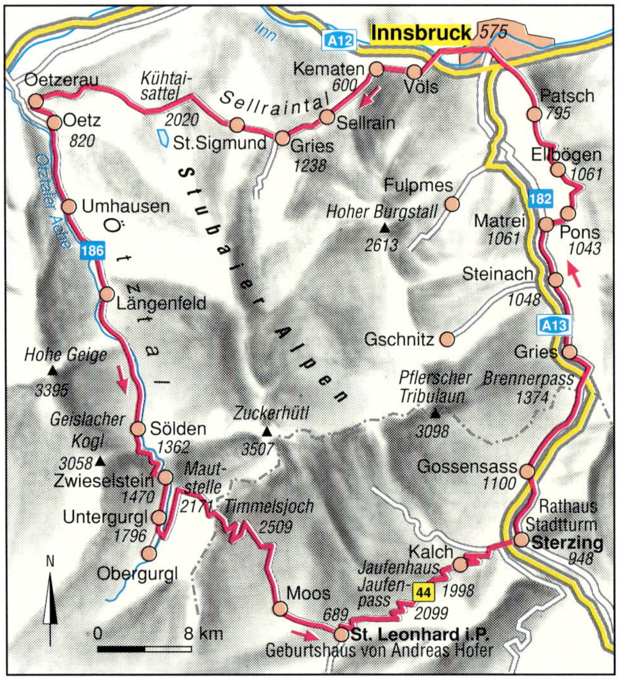

Innsbruck noch in der Morgendämmerung verlassen, wenn sich die Kalkwände der Karwendelkette nur schemenhaft über der Stadt abzeichnen.

Meist lässt die Morgenkühle dabei nicht allzu viel an Fahrfreude aufkommen, der Tritt ist noch nicht rund, und die Finger sind klamm. Auf den ersten 20 Kilometern bis Gries am Sellrain kann man sich auf ebener Strecke einrollen, bevor es am Ortsende zum ersten Mal gleich richtig zur Sache geht – auf einer Länge von 500 Metern nimmt die Steigung nämlich auf 16 Prozent zu. So warm gefahren, erscheint der Weiterweg in die Passregion der urwüchsigen Mittelgebirgslandschaft um den Wintersportort Kühtai dann fast einfach, erreicht die Steigung doch nicht mehr als 10 Prozent und hält sich auf längeren Abschnitten auch deutlich darunter.

Oben ein Blick auf den Tacho: 32 Kilometer sind zwar recht ansehnlich, im Verhältnis zur Gesamtstrecke allerdings nicht allzu viel, und so wird der Aufenthalt eher kurz ausfallen. Die Abfahrt über die Westseite präsentiert sich zwar in ausnehmend gutem Zustand, allerdings verlangen die vielen Kurven, Kehren,

Im unteren Teil der Südseite der Timmelsjoch-Hochalpenstraße bieten S-Kurven einen flüssigen Fahrverlauf.

Weideroste und Gefällstrecken bis 16 Prozent ständige Vorsicht und Konzentration.
In Oetz angekommen, biegt man in das gleichnamige Tal ein, eines der höchsten Seitentäler des gesamten Alpenraums, das die Ötztaler Alpen im Westen von den Stubaier Alpen im Osten trennt. Zum Glück verläuft der weitaus größte Teil der Strecke eben oder nur leicht ansteigend, wobei allerdings hinter Zwieselstein ein fast drei Kilometer langes Steilstück mit Steigungen bis 12 Prozent zu verzeichnen ist. Wer hier noch Kraft für einen kleinen Abste-

GESAMTLÄNGE 227,0 km

HÖHENDIFFERENZ 5075 m

HÖCHSTSTEIGUNG Schwere Radtour mit 16 % Höchststeigung auf 500 m Länge bei der Auffahrt zum Kühtaisattel am Ortsende von Gries am Sellrain

DAUER 12 – 16 Stunden (2 Tage)

AUSGANGSPUNKT Innsbruck (574 m)

ENDPUNKT Innsbruck

ANFAHRT Autobahn München-Kufstein-Innsbruck A12 oder Autobahn München-Garmisch A95, Garmisch – Krün – Mittenwald – Scharnitz – Zirl – Innsbruck

Kurz unter der Jaufenpasshöhe auf der Westseite erkennt man im Hintergrund die Texelgruppe.

cher hat, kann nach Obergurgl hinaufradeln, um dem »höchstgelegenen Kirchdorf Österreichs« einen Besuch abzustatten. Die gotische Pfarrkirche zum hl. Johannes Nepumuk nimmt sich unter den großen Hotelbauten aber recht klein aus. Bekanntheit errang der Ort zudem im Jahre 1931, als auf dem nahen Gurgler Gletscher der Schweizer Flugpionier Auguste Piccard mit seinem Heißluftballon notlanden musste. Übrigens gelang seinem Sohn Bertrand Piccard zusammen mit dem Briten Brian Jones im Jahre 1999 die erste Weltumfahrung mit einem Heißluftballon.

Günstiger Rückenwind käme uns Radlern nun auch sehr gelegen, denn in Untergurgl beginnt der eigentliche Aufstieg zum Timmelsjoch gleich einmal mit vier Kehren und 12 Prozent Steigung zur Mautstelle. Eine etwa zwei Kilometer lange Abfahrt ist zwar recht angenehm, raubt allerdings auch wertvolle Höhenmeter, die wir uns auf den folgenden fünf Kilometern mit Steigungen bis 10 Prozent zur Passhöhe wieder zurückholen müssen.

Die Abfahrt über die Südrampe kann man dann getrost als hochalpin bezeichnen. Steil bricht die Trasse ab, enge, kaum randgesicherte Kehren erfordern neben etwas Schwindelfreiheit auch viel Bremskraft. Die Straße ist schmal, und der Autoverkehr trägt zusammen mit vielen unbeleuchteten Felstunneln nicht gerade zu allzu großer Fahrfreude bei. Nach gut 180 Höhenmeter und 27 Streckenkilometer findet man sich in St. Leonhard im Passeiertal wieder, wo so mancher das Nachtquartier aufschlagen dürfte. Vielleicht etwas außerhalb im Gasthof Sandwirt, dem Geburtshaus des legendären Freiheitskämpfers Andreas Hofer.

Ausgeruht kann man dann am nächsten Tag den Jaufenpass angehen, dessen Passhöhe immerhin 21 Kilometer entfernt ist, und dessen 1410 Höhenmeter man sich über eine fast ständig zwischen 8 und 10 Prozent liegende Steigung erarbeiten muss. Auf der Abfahrt in die Ortschaft Kalch trifft man übrigens nochmals auf Andreas Hofer. Im Gasthof Jägerhof weist eine Gedenktafel darauf hin, dass er hier mit seinen Getreuen Kriegsrat hielt, bevor er am 9. Mai 1808 bei Sterzing die bayrisch-französischen Besatzer besiegte.

Wir folgen in Sterzing, einer hübschen Ortschaft mit einer sehenswerten Altstadt mit Fassaden aus dem 15. und 16. Jahrhundert, den blauen Wegweisern, die uns auf die Staatsstraße zum Brennerpass leiten. Bei Gossensaß sind drei schwach beleuchtete Tunnels zu überwinden, dann folgt eine letzte Kraftanstrengung, denn auf 600 Metern Länge nimmt

Hinweis: Wegen der Tunnels bei der Abfahrt vom Timmelsjoch und am Brennerpass hinter Gossensaß ist Beleuchtung notwendig. Die Strecke ist nunmehr auch in umgekehrter Richtung befahrbar, da die Sperrung der Südseite des Timmelsjochs für Radfahrer von St. Leonhard im Passeiertal aus im Jahr 2000 aufgehoben wurde.

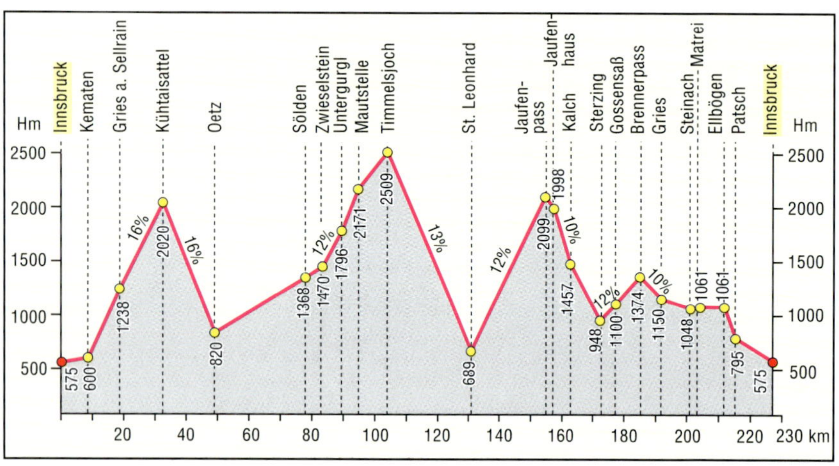

die Steigung bis auf 12 Prozent zu. Die 6-prozentige Steigung bis zur Passhöhe fällt anschließend kaum noch ins Gewicht.
Nun wäre nur noch Abfahrt angesagt, wenn man es nicht vorzieht, in Matrei auf die so genannte Römerstraße abzubiegen. Diese hat den Vorteil, verkehrsärmer als die Staatsstraße zu sein; der Nachteil liegt bei einigen Steigungsstücken mit bis zu 10 Prozent zwischen den Ortschaften Pons und Ellbögen. Für welche Variante man sich auch entscheidet, zurück in Innsbruck, liegt eine der schönsten, aber auch anspruchsvollsten Alpentouren hinter uns.
Hinweis: Einmal im Jahr wird im August über diese Strecke eine Radtouristikfahrt, der »Ötztaler-Radmarathon«, durchgeführt. Es ist kaum zu glauben, dass die schnellsten Teilnehmer für deren Bewältigung weniger als 8 Stunden benötigen. Interessierte Radsportler erhalten Hinweismaterial vom Veranstalter RRC Innsbruck, Siedlung 51, A-6152 Trins, Tel. und Fax 0043/52 75 53 86,
E-mail p-knauseder@tirol.com

Streckenverlauf

Innsbruck (km 0,0)
Völs (km 5,0)
Kematen (km 9,0)
Gries am Sellrain (km 19,5)
Kühtaisattel (km 32,0)
Oetzerau (km 47,5)
Oetz (km 49,0)
Sölden (km 77,5)
Zwieselstein (km 82,5)
Untergurgl (km 89,5)
Mautstelle (km 94,0)
Abfahrt (km 96,0)
Timmelsjoch (km 104,0)
St. Leonhard im Passeiertal (km 131,0)
Jaufenpass (km 154,0)
Jaufenhaus (km 155,5)
Kalch (km 163,5)
Gasteig (km 169,5)
Sterzing (km 172,5)
Gossensaß (km 178,5)
Brennerpass (km 186,0)
Gries (km 191,5)
Steinach (km 195,0)
Matrei (km 204,0)
Pons (km 205,0)
Ellbögen (km 212,5)
Patsch (km 214,5)
Innsbruck (km 227,0)

Passangaben

Kühtaisattel	Auffahrt Kematen bis Passhöhe 23,5 km mit 16 % Höchststeigung auf 500 m Länge am Ortsende von Gries am Sellrain Abfahrt Passhöhe bis Oetz 18,5 km mit Gefälle bis 16 %
Timmelsjoch	Auffahrt Oetz bis Passhöhe 54,0 km 12 % Höchststeigung an kurzen Abschnitten Abfahrt von Passhöhe bis St. Leonhard im Passeiertal 29,5 km mit Gefälle bis 13 %
Jaufenpass	Auffahrt St. Leonhard im Passeiertal bis Passhöhe 19 km mit 12 % Höchststeigung Abfahrt von Passhöhe bis Sterzing 11,5 km mit Gefälle bis 10 %
Brennerpass	Auffahrt Sterzing bis Passhöhe 14,5 km mit 12 % Höchststeigung auf 600 m Länge Abfahrt Passhöhe bis Innsbruck 43 km mit Gefälle bis 10 %
Straßenzustand	Bei der Abfahrt vom Kühtaisattel Vorsicht vor Weiderosten! Bei der Abfahrt vom Timmelsjoch viele, teils unbeleuchtete Tunnels sowie enge Haarnadelkehren, zudem Belagschäden. Bei der Auffahrt zum Jaufenpass im unteren Teil Engstellen mit Ausweichen.
Passöffnungszeiten	Timmelsjoch offen 15. Juni bis 15. Oktober, der Grenzübergang ist von 20.00 Uhr bis 07.00 Uhr geschlossen. Jaufenpass offen 1. Mai bis 15. November
Sehenswürdigkeiten	Innsbruck (Goldenes Dachl, Triumphpforte, Dom); St. Leonhard im Passeiertal (Gasthof Sandwirt, Geburtshaus von Andreas Hofer); Kalch (ehem. Andreas-Hofer-Quartier im Gasthof Jägerhof); Sterzing (Altstadt, Rathaus und Stadtturm)
Karte	Generalkarte 1:200 000, Österreich Blatt 8

18 Silvretta-Hochalpenstraße und Arlbergpass

Über Bieler Höhe und Arlberg

Die Silvrettapasshöhe wird vom gleichnamigen Stausee gebildet.

Sie gilt nach der Großglockner-Hochalpenstraße als die zweitschönste, technisch interessanteste und landschaftlich abwechslungsreichste Höhenstraße Österreichs: die Silvretta-Hochalpenstraße, die das Tiroler Paznauntal und das Vorarlberger Montafon miteinander verbindet. Sie führt mitten hinein in eine Landschaft, wo weder Fels noch Gletscher dominieren, sondern ein harmonisches Bild wie selten im Alpenraum abgeben.

Die Silvretta-Hochalpenstraße war ursprünglich als reine Versorgungsstraße für die Wasserkraftwerke um den Silvrettastausee gedacht. Heute stellt sie dagegen eine äußerst reizvolle Panorama-Verbindungsstraße zwischen dem Nordtiroler Paznauntal und dem Voralberger Montafon dar. Dafür sorgt neben dem guten Ausbauzustand vor allem die herrliche Landschaft am Fuße der Silvretta, einer stark vergletscherten Berggruppe an der Grenze zum schweizerischen Unterengadin, die im 3312 m hohen Piz Buin gipfelt. Der nördlich gelegene Arlbergpass hatte dagegen schon immer verkehrstechnische Bedeutung zwischen Österreich und der Schweiz, wenn er heute auch hauptsächlich im Zusammenhang mit den bekannten Skiorten wie etwa St. Anton oder St. Johann genannt wird. Da der Hauptverkehr hier jedoch von einem 14 Kilometer langen Straßentunnel abgezogen wird, können wir diesen recht unbesorgt für die Rückfahrt benutzen und die hübschen Ortschaften und landschaftlichen Schönheiten entlang der Strecke genießen.

In Pians, unweit von Landeck, wo sich die Straße Richtung Silvretta und Arlbergpass gabelt, rollen wir auf den ersten Kilometern erst einmal ins Paznauntal abwärts. Anfangs geht es ohne nennenswerte Steigungen das enge, dicht bewaldete Tal einwärts, bevor es hinter Nederle mit einem

Hübsche Häuserfassaden wären im Klostertal bei der Anfahrt zum Arlbergpass beachtenswert, wenn es nicht gerade so schön abwärts rollen würde.

10-prozentigen Anstieg auf 2 Kilometer Länge erstmals zur Sache geht. Mit Ischgl, dem bekannten Wintersportort, wird der Hauptort dieser Passseite erreicht, und bis Galtür nimmt die Länge der Steigungsstücke zwar zu, 8 Prozent werden dabei jedoch kaum einmal überschritten. Bei der Mautstelle Ost liegen dann auch schon 35 Kilometer hinter uns, und auch die restlichen 7 Kilometer bis zur Passhöhe sollten uns vor keine allzu großen Probleme stellen, wenngleich uns hier Steigungen bis 11 Prozent erwarten.

GESAMTLÄNGE 148,0 km

HÖHENDIFFERENZ 2390 m

HÖCHSTSTEIGUNG Schwere Radtour mit 11 % Höchststeigung beim Anstieg zum Silvrettapass auf den letzten Kilometern zur Passhöhe

DAUER 6 – 9 Stunden

AUSGANGSPUNKT Pians (859 m), ca. 6 km westlich von Landeck

ENDPUNKT Pians

ANFAHRT Autobahn Innsbruck-Bludenz A12, Ausfahrt Zams/Landeck-Ost – Landeck – Pians

Die gewaltige Staumauer des Vermunt-Stausees auf der Westseite der Silvretta-Hochalpenstraße zeigt an, dass noch knapp sechs Kilometer bis zur Passhöhe zu überwinden sind.

Hinweis: Wegen der Tunnels bei der Auffahrt zum Arlbergpass ist Beleuchtung ratsam.

Beeindruckend dehnt sich dann auf der Passhöhe, auch Bieler Höhe genannt, der Silvretta-Stausee aus, der von den Gletschern um das Silvrettahorn gespeist wird und am südlichen Ende von der Schattenspitze und dem Hohen Rad begrenzt wird. Noch beeindruckender ist allerdings, dass ein ziemlich großes Motorboot zu einer Rundfahrt auf dem See einlädt. Etwas ungewöhnlich mutet dies schon an, immerhin befindet man sich hier in einer von Gletscherbergen umgebenen Hochgebirgslandschaft in 2023 Meter Höhe.

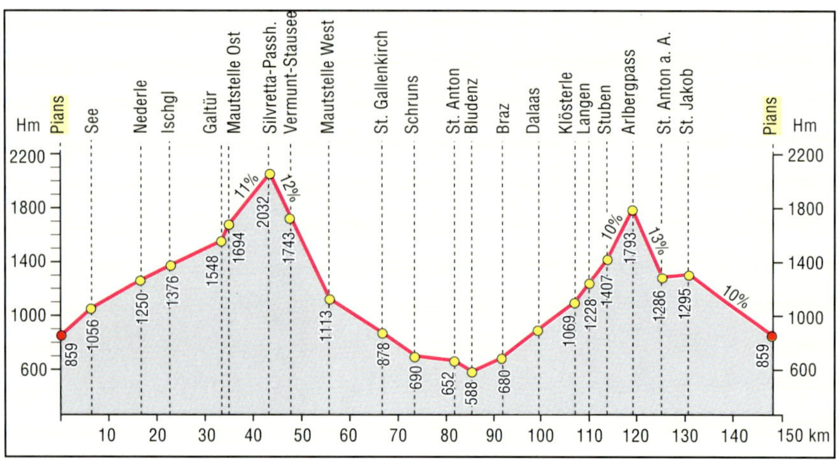

Mit der Passhöhe überqueren wir nicht nur die Landesgrenze von Tirol nach Vorarlberg, sondern auch die Wasserscheide zwischen Donau und Rhein, und – wem dies noch nicht genügt – auch die Sprachgrenze zwischen dem tirolerischen und dem alemannischen Dialekt wird überfahren. Dies hat zur Folge, dass die Gletscher, die wir nach einer Abfahrt über 5 Kehren mit Gefälle bis 11 Prozent um den Vermunt-Stausee herum erkennen, auch als solche bezeichnet werden und nicht mehr als Ferner wie auf der Auffahrtstrecke.

Der, zumindest von der Abfahrt her gesehen, anspruchvollste Streckenteil liegt nun in Form von 23 Kehren mit Gefälle bis 12 Prozent vor uns, die, teilweise leicht überhöht und in enger Folge auf den folgenden 9 Kilometern bis zur Mautstelle West, einen Höhenunterschied von fast 800 Meter überwinden. Da bleibt auf der restlichen Abfahrtstrecke durch das Montafon, wie das obere Tal der Ill genannt wird, nicht mehr viel übrig, was für uns zur Folge hat, dass ab hier auf der nur noch mäßig fallenden Straße wieder Mittreten angesagt ist. Dicht besiedelt ist das Tal, dessen Dörfer und Weiler sich mit schmucken Bauernhäusern, im unteren Teil weiß gekalkt, im oberen aus dunklem Balkenwerk bestehend, über die sanft ansteigenden Wiesen entlang der Talflanken verstreuen. Von dieser Landschaft ließ sich schon der amerikanische Schriftsteller Ernest Hemingway inspirieren, als er in Schruns, dem Hauptort des Tales, 1925/26 den Winter im renommierten Hotel Traube verbrachte.

So viel Zeit haben wir nicht, denn vor uns liegt die Rückfahrt über den Arlberg, die wir, der Beschilderung »Innsbruck/Arlberg« folgend, durch das Klostertal in Angriff nehmen. Dies präsentiert sich dann aber mit seiner Schnellstraße und dem Tunnel nicht unbedingt radlerfreundlich. Aber zum einen halten sich die Steigungen in Grenzen, zum anderen kann man die Schnellstraße immer wieder verlassen, und auch der Tunnel bei Braz kann durch die Ortschaft umfahren werden. Der 670 Meter langen Großtobel-Galerie können wir leider nicht ausweichen, zumal dahinter in Langen der eigentliche Passanstieg beginnt. 10 Prozent sind es, die im weiteren Verlauf nur hin und wieder von flacheren Abschnitten unterbrochen werden. Noch 6 Kilometer sind es von Stuben, das auch das heimeligste Dorf am Arlberg genannt wird, bis zur Passhöhe am Fuße der mächtigen Valluga, wo der Blick weit zurück nach Westen zu den Bergzügen des Rätikon, mit der Schesaplana als höchster Erhebung, reicht. Der Name Arlberg leitet sich, wie eigentlich gar nicht so schwer zu erraten wäre, vom Wort »Arle« für »Legföhre« ab, mit der die Umgebung des Passes früher bewachsen war. Heute ist es damit nicht mehr allzu weit her, die Hänge rundherum sind abgeholzt und mussten Skiliften und Skipisten weichen.

Nach vorne fällt die Straße nun ab, erreicht hinter St. Christoph, wo eine lang gezogene Kurve beim Kalten Eck schöne Ausblicke nach Süden in das Ferwalltal gestattet, dann bis zu 13 Prozent, und eine 500 Meter lange unbeleuchtete Lawinengalerie erfordert zusätzlich Vorsicht. Hinter St. Jakob wird es flacher, auch der Verkehr wird teilweise von der Schnellstraße abgezogen, auf die wir erst einige Kilometer vor Pians wieder treffen.

Streckenverlauf

Pians (km 0,0)
See (km 6,0)
Nederle (km 17,0)
Ischgl (km 22,5)
Galtür (km 32,0)
Mautstelle Ost (km 35,0)
Silvretta-Passhöhe (km 42,5)
Vermunt-Stausee (km 48,0)
Mautstelle West (km 56,5)
St. Gallenkirch (km 67,0)
Schruns/Tschagguns (km 73,0)
St. Anton (km 81,0)
Loruns (km 84,0)
Bludenz (km 85,5)
Bings (km 88,5)
Braz (km 91,5)
Dalaas (km 98,5)
Klösterle (km 107,5)
Langen (km 109,5)
Stuben (km 113,5)
Arlbergpass (km 119,5)
St. Anton am Arlberg (km 125,5)
St. Jakob (km 130,5)
Pians (km 148,0)

Passangaben

Silvrettapass	Auffahrt von Pians bis Passhöhe 42,5 km mit 11 % Höchststeigung Abfahrt Passhöhe bis Bludenz 42,0 km mit Gefälle bis 12 %
Arlbergpass	Auffahrt von Bludenz bis Passhöhe 34,0 km 10 % Höchststeigung an längeren Abschnitten im oberen Bereich Abfahrt von Passhöhe bis Pians 28,5 km mit Gefälle bis 13 % auf einem kurzen Abschnitt im oberen Bereich, sonst 10 %
Straßenzustand	Gut ausgebaute Straßen. Bei der Abfahrt von der Arlbergpasshöhe bis St. Jakob bei Nässe Vorsicht, da sehr glatter Belag!
Passöffnungszeiten	Silvrettapass offen 1. Juni bis 15. November
Sehenswürdigkeiten	Bludenz (Altstadt mit Stadtmuseum, Schloss Gayenhofen); Schruns (schönes Ortsbild mit Montafoner Bauernhäuser, Montafoner Heimatmuseum, Pfarrkirche St. Laurentius)
Karte	Generalkarte 1:200 000, Österreich Blatt 8

Touren in Italien

19 Um den Monte Cristallo und zu den Drei Zinnen

Über Tre-Croci-Pass, Col Sant'Angelo und Gemärkpass

Der Misurinasee zu Füßen der Drei Zinnen, die sich hier von ihrer Südseite zeigen.

Wer die Schönheiten der Dolomiten mit dem Fahrrad kennen lernen möchte, es dabei aber gemächlich angehen will, der sollte diese Tour um die Cristallogruppe einmal ins Kalkül ziehen. 37,5 Streckenkilometer und 930 Höhenmeter sind auch für Radler zu bewältigen, die noch anderes zu tun haben, als ihre Freizeit zu Trainingszwecken auf dem Fahrradsattel zu verbringen. Auf den Abstecher hinauf zur Drei-Zinnen-Bergstraße müssen diese dann aber verzichten, denn mit einer Höchststeigung von 16 Prozent, die auf fast vier Kilometer Länge beibehalten wird, haben selbst gut trainierte Radler zu kämpfen.

Die Cristallogruppe, die den anderen Berggruppen der Dolomiten an Schönheit in nichts nachsteht, erhebt sich nordwestlich von Cortina d`Ampezzo als scharf gezackter Berggrat, der im 3216 Meter hohen Monte Cristallo gipfelt. Sie wird von drei Passstraßen, dem Tre-Croci-Pass, dem Sant'Angelo-Pass und dem Gemärkpass (ital. Passo di Cimabanche), umrundet, von denen eigentlich nur der Tre Croci als richtiger Pass angesehen werden kann.

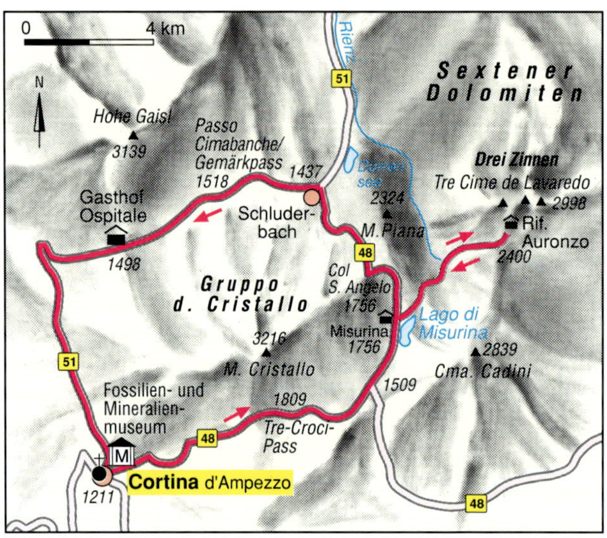

Die 600 Höhenmeter, verteilt auf 6 Streckenkilometer, nimmt man dann auch von Cortina d'Ampezzo, der Beschilderung »Misurina/Anronzo« folgend, gleich als erstes in Angriff. Steigungsspitzen bis 11 Prozent werden immer wieder von längeren flacheren Abschnitten unterbrochen und halten die Kraftanstrengung somit in erträglichen Grenzen. Bald hat man rückblickend eine schöne Aussicht auf die Bergwelt südwestlich des Ampezzer Tales, deren bekannteste Vertreter wohl die Tofanen, Col di Lana, der Nuvolao, die Zacken der Croda da Lago und der Riesenturm des Monte Palmo sind. Ganz oben kann man weit hinten sogar die Firnfelder der Marmolada in der Sonne glänzen sehen. Und Sonne hat man hoffentlich, denn dass es hier auch rauer zugehen kann, zeigen die drei Kreuze auf der Passhöhe, die man zur Erinnerung an eine Ampezzanerin und ihre beiden Kinder aufgestellt hat, die hier im Jahre 1709 während eines Schneesturms erfroren sind.

Wenn die Passhöhe erklommen ist, liegt der anstrengendste Teil der Tour schon hinter uns, es sei denn, man entscheidet sich doch noch,

▲ *Vorhergehende Doppelseite: Die Westwand der Pordoispitze ist beherrschende Berggestalt auf der Südseite des Sellajochs.*

◄ *Ein Bild von beeindruckender Wildheit bietet die Nordseite der Cristallogruppe hier kurz vor Schluderbach.*

GESAMTLÄNGE 37,5 km (mit Abstecher Drei-Zinnen-Bergstraße 52,5 km)

HÖHENDIFFERENZ 930 m (mit Abstecher 1600 m)

HÖCHSTSTEIGUNG Mittelschwere (bei Auffahrt zur Drei-Zinnen-Bergstraße schwere) Radtour mit 12 % Höchststeigung auf wenigen 100 m Länge bei der Auffahrt von der Straßenkreuzung Misurina/Auronzo nach Misurina. Beim Abstecher zur Drei-Zinnen-Bergstraße 16 % Steigung auf ca. 3,5 km Länge.

DAUER 2 1/2 – 4 Stunden (Abstecher zusätzlich 3/4 bis 1 1/2 Std.)

AUSGANGSPUNKT Cortina d'Ampezzo (1211 m)

ENDPUNKT Cortina d'Ampezzo

ANFAHRT Brennerautobahn A22, Ausfahrt Bressanone/Brixen – Bruneck – Toblach – Schluderbach – Gemärkpass – Cortina d'Ampezzo

die Drei-Zinnen-Bergstraße mitzunehmen. Dazu rollt man erst einmal auf teilweise holpriger Straße 4 Kilometer zur Straßenkreuzung Misurina/Auronzo ab. Der 12-prozentige Anstieg, mit dem die Trasse Richtung Misurina ansteigt, hält nur wenige 100 Meter an, bevor sich die Straße bis zum Misurinasee wieder auf 8 Prozent und weiter absenkt. Mit seinem hell-

Bei der Auffahrt zu den Drei Zinnen kommt man am Lago di Antorno, zu Füßen der Südseite der Drei Zinnen, vorbei.

grünen Wasser, in dem sich die Spitzen der Cadinigruppe spiegeln, ist der knapp ein Kilometer lange, an seiner breitesten Stelle 325 Meter messende und knapp 4 Meter tiefe See zweifellos ein landschaftliches Kleinod in den Dolomiten. Genießen kann man dies aber nur außerhalb der Hauptreisezeiten, ansonsten scharen sich hier die Touristen.

Viele trifft man dann auch auf der Mautstraße hinauf zum Rifugio Auronzo am Fuße der Drei Zinnen wieder, wo sie sich allerdings mit dem Auto hochquälen. Quälen deshalb, weil 16 Prozent Steigung auch guten Automotoren einiges abverlangt. Der Radler wird bezüglich Kondition und Stehvermögen ähnlich gefordert, was anhand einiger Zahlen recht schnell zu belegen ist.

Die gleich am Seeende abzweigende Straße ist 7,5 km lang und überwindet 669 Höhenmeter. Und dies tut sie mit Steigungen, die meistens zwischen 14 und 16 Prozent liegen. Man sollte es sich also reiflich überlegen, ob man sich diese Tortur antut. Zwar wird man oben mit einem prächtigen Rundblick, der von Dürrenstein im Nordwesten über die Hohe Gaisl, Fanes- und Cristallgruppe im Westen, die Cadini- und Marmarolegruppe im Süden bis zum Zwölferkogel im Osten reicht, belohnt, die berühmten Nordwände der Drei Zinnen bleiben dabei allerdings verborgen. Hier müsste man nochmals einen knapp 20-minütigen Fußmarsch hoch zum Paternsattel einlegen, der zwar völlig problemlos zu bewältigen wäre, für den Radschuhe allerdings das absolut ungeeignete Schuhwerk sind.

Nun, wie auch immer, zurück in Misurina radelt man auf einem ebenen Hochplateau ein

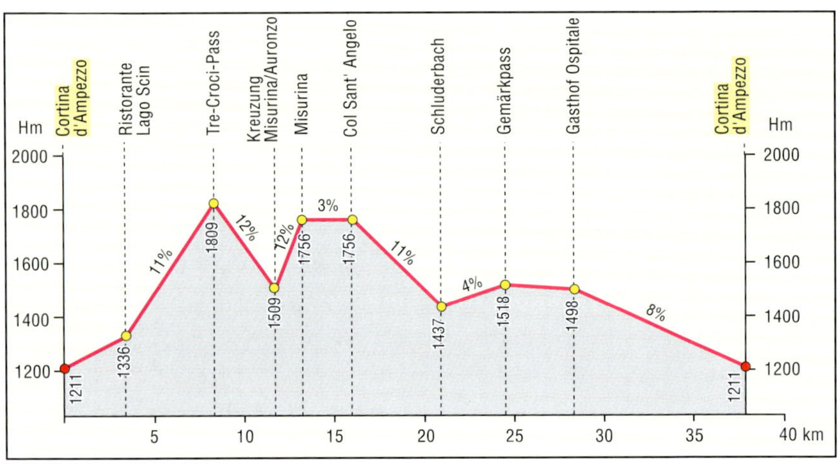

kurzes Stück weiter, bevor dieses am Col Sant'Angelo unvermittelt abbricht und man sich 5 Kilometer weiter und gut 300 Höhenmeter tiefer in Schluderbach wiederfindet. Hier zeigt die Cristallogruppe ihre Ostseite mit der markanten Eisrinne, der allerdings die 3139 Meter hohe Hohe Gaisl im Westen mit gewaltigen Felsabstürzen Konkurrenz zu machen versucht.

Erreicht wird nun der dritte und letzte Pass dieser Tour, aber wenn etwa 3,5 Kilometer später nicht ein Schild mit der Aufschrift »Passo Cimabanche/Gemärkpass« darauf aufmerksam machen würde, hätte man wahrscheinlich gar nicht bemerkt, dass es sich hier um einen Passübergang handelt, so moderat fällt die Steigung aus. Erst hinter dem Gasthof Ospitale, einem ehemaligen Hospiz aus dem 13. Jahrhundert, fällt die Straße etwas stärker ab. Man ist wieder im Ampezzaner Tal, das sich bald nach Süden wendet und zwischen dem steinigen Ufer des Boite zur Rechten und der lang gestreckten Felsmauer des Pomagagnonzuges zur Linken auf ebener Trasse nach Cortina d'Ampezzo zurückführt.

Das Städtchen soll im frühen Mittelalter unter der Herrschaft des Stifts Innichen gestanden haben, das zum Bistum Freising, einer Ortschaft nördlich von München, gehört. Bayerische Einflüsse erkennt man hier allerdings keine mehr, sieht man einmal von den Autos der Urlauber aus diesem Raum ab. Ansonsten ist Cortina ein typisch italienisches, rühriges Städtchen, dessen Preisniveau allerdings noch stark von den Olympischen Winterspielen beeinflusst ist, die hier im Jahre 1956 stattgefunden haben. An die Winterspiele erinnert hier, abgesehen vom Olympischen Stadion, nicht mehr viel, aber wer hier nach etwas Abwechslung sucht, sollte die Pfarrkirche mit ihrem Glockenturm oder das Fossilien- und Mineralienmuseum im Ortsmuseum aufsuchen.

Streckenverlauf

Cortina d'Ampezzo (km 0,0)
Ristorante Lago Scin (km 3,5)
Tre-Croci-Pass (km 8,0)
Kreuzung Misurina/Auronzo (km 12,0)
Misurina (km 13,5)
Col Sant'Angelo (Km 16,0)
Schluderbach (km 21,0)
Passo Cimabanche/Gemärkpass (km 24,5)
Gasthof Ospitale (km 28,0)
Cortina d'Ampezzo (km 37,5)

Passangaben

Tre-Croci-Pass	Auffahrt von Cortina d'Ampezzo bis Passhöhe 8,0 km mit 11 % Höchststeigung Abfahrt Passhöhe bis Straßenkreuzung Misurna/Auronzo 4,0 km mit Gefälle bis 12 %
Sant'Angelo-Pass	Auffahrt von Misurina bis Passhöhe 2,5 km Länge mit 3 % Höchststeigung Abfahrt von Passhöhe bis Schluderbach 3,5 km mit Gefälle bis 11 %
Gemärkpass	Auffahrt von Schluderbach bis Passhöhe 3,5 km mit 4 % Höchststeigung Abfahrt von Passhöhe bis Cortina d'Ampezzo 13,0 km mit Gefälle bis 8 %
Abstecher Drei-Zinnen-Bergstraße	Auffahrt von Misurina bis Rifugio Auronzo 7,5 km mit 16 % Höchststeigung auf ca. 3,5 km Länge
Straßenzustand	leichte Belagschäden auf der gesamten Stecke
Passöffnungszeiten	ganzjährig befahrbar mit Ausnahme der Drei-Zinnen-Bergstraße, offen 1. Juni bis 30. September
Sehenswürdigkeiten	Cortina d'Ampezzo (Pfarrkirche und Glockenturm, Fossilien- und Mineralienmuseum im Ortsmuseum); Misurinasee
Karte	Generalkarte 1:200 000, Blatt Südtirol/Dolomiten

20 Sella-Ronda: die Sella-Umrundung

Um das Herz der Dolomiten

Bei der Abfahrt über die Ostseite des Pordoijochs erkennt man im Hintergrund die Ampezzaner Dolomiten.

Mitten im Herzen des ladindischen Teils der Dolomiten thront, mit seinen auf allen Seiten schroff und senkrecht abfallenden Wänden einer Felsburg gleichend, der mächtige Gebirgsstock der Sella. Von vier Passstraßen, dem Grödner Joch, dem Campolongopass, dem Pordoijoch und dem Sellajoch, verkehrsmäßig außergewöhnlich gut umschlossen, bietet sich eine Umrundung fast zwangsläufig an, und so ist es kein Wunder, dass sie schon fast zum Pflichtprogramm eines jeden Dolomiten-Besuchers gehört.

Einige bewältigen diese Umrundung zu Fuß – auf guten Wanderwegen ist diese Tour für geübte Bergwanderer in einer Tagestour ohne weiteres möglich – und nicht wenige tun dies mit dem Fahrrad. Auf besagten Passstraßen hat man dabei 57 Streckenkilometer und knapp 2000 Höhenmeter zu überwinden, wofür, guter Trainingszustand vorausgesetzt, ein Tag ebenfalls leicht ausreicht. Die allermeisten, und dies muss hier deutlich gesagt werden, fahren jedoch mit dem Auto oder dem Motorrad, und da sie zwangsläufig die gleichen Straßen benutzen wie die Radfahrer, hängt der Spaß, den man an dieser Unternehmung hat, ganz entscheidend vom gewählten Zeitpunkt ab. Und diesen sollte der Radler nach Möglichkeit keinesfalls in die Hauptreisezeit im August oder September legen. Davor und danach sind die Straßen relativ frei, die Ortsdurchfahrten nicht verstopft und, wie die Hinweisschilder an den Pensionen und Gasthäusern zeigen, Unterkünfte auch ohne Voranmeldungen zu bekommen.

Als Ausgangspunkt wählt man mit Wolkenstein (Selva di V. G.) die oberste Ortschaft des Grödnertals (Val Gardena). Mit der Gemeinde Plan zusammengewachsen, liegt sie auf Wiesenhängen äußerst reizvoll ausgebreitet, umgeben von einem Kranz von Bergwiesen, die sich von den Geislerspitzen über das Sellamassiv bis zum Langkofel ziehen. Wer noch Zeit für einen Blick in die Schaufenster der zahlreichen Geschäfte hat, dem fallen die vielen Holzschnitzer und Holzbildhauer auf, deren handwerkliche Tradition hier bis auf das 17. Jahrhundert zurückgeht und deren Arbeiten neben dem

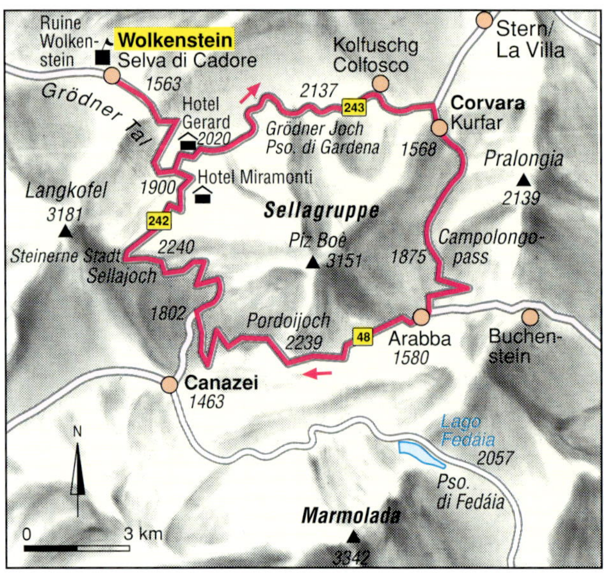

Trotz einiger kopfsteingepflasterter Kehren und leichter Belagschäden ist die Südseite des Sellajochs recht flüssig zu befahren.

Fremdenverkehr die Haupteinnahmequelle der Einheimischen ist.
Über eine Kehre mit 10 Prozent Steigung verlässt man den Ort, und schon bald dominieren die Berge. Prächtig rückt das Langkofelmassiv ins Blickfeld, eine der gewaltigsten Wände der Dolomiten, mehr als zwei Kilometer lang und beinahe 1000 Meter hoch. Schon nach weni-

GESAMTLÄNGE 57,5 km

HÖHENDIFFERENZ 1980 m

HÖCHSTSTEIGUNG Mittelschwere Radtour mit 11 % Höchststeigung auf längeren Abschnitten bei der Auffahrt zum Sellajoch

DAUER 5 – 7 Stunden

AUSGANGSPUNKT Wolkenstein (1563 m)

ENDPUNKT Wolkenstein

ANFAHRT Brennerautobahn A22, Ausfahrt Chiusa/Val Gardena – St. Ulrich – St. Christina – Wolkenstein

Die Langkofelgruppe mit Grohmannspitze, Fünffingerspitze und Langkofeleck über der Ostseite des Grödner Jochs.

gen Kilometern hat man beim Hotel Miramonti eine Straßenkreuzung erreicht und folgt der nach links zum Grödner Joch hinaufziehenden Straße. Nach einem Steigungsstück mit 8 Prozent bis zum Hotel Gerard kann man auf einem fast zwei Kilometer langen Flachstück unterhalb der Sella-Nordseite Geschwindigkeit machen, bevor man sich die Passhöhe über eine Kehrengruppe mit 8 Prozent Steigung wieder erarbeiten muss.

Von dem stattlichen Grödner-Joch-Hospiz hat man dann eine prächtige Aussicht auf Langkofel und Schlern im Westen, die Tschierspitzen im Norden und Teile des Sellastocks im Süden. Es folgt eine lange Abfahrt mit Gefälle bis 12 Prozent hinab in die vor allem als Wintersportort bekannte Ortschaft Corvara, über der sich der mächtige graue Turm des Saß Songher erhebt. Die Schwierigkeiten, so weit man hier überhaupt von solchen sprechen kann, liegen beim Campolongopass auf der etwa zwei Kilometer langen ersten Kehrengruppe mit 10 Prozent Steigung, dann flacht die Straße merklich ab und führt nun recht kurvenarm zur Passhöhe mit dem ganzjährig geöffneten Hotel Bóe inmitten eines weiten Wiesensattels, auf dem nicht nur die Grenze zwischen Südtirol und den Dolomiten verläuft, sondern auch die Sprachgrenze zwischen dem Deutschen und dem Italienischen. Wem die folgenden fünf Kehren mit 10 Prozent Gefälle hinunter nach Arabba im obersten Tal des Cordevole, auch Buchenstein genannt, etwas wenig vorkommen, braucht keine Sorgen zu machen: Auf ihn warten nunmehr exakt 33 Kehren bei der Auffahrt zum Pordoijoch.

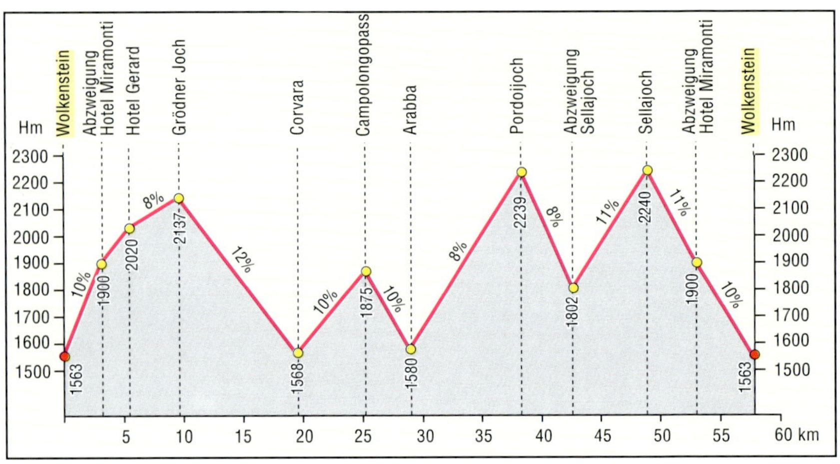

Die erste liegt noch im Ort, dann folgt eine fast

unmittelbar nach der anderen, und da sich die Steigung bei recht gleichmäßigen 8 Prozent hält, bewältigt man die 9 Kilometer hoch zur Passhöhe eigentlich schneller, als es die große Anzahl der Kehren vorher vermuten ließ. Wem die 2239 Meter dort oben noch nicht ausreichen, der kann in die Kabine der Drahtseilbahn umsteigen, die hier zum Saß Pordoi hochschwebt und an klaren Tagen eine Aussicht eröffnet, die bis zum Ortler und zu den Julischen Alpen reicht. Die Aussicht bei der Abfahrt über die Westseite des Pordoijochs mit Blick auf die gleißenden Firnfelder der 3342 Meter hohen Marmolada und das sich wieder ins Blickfeld schiebende Massiv des Langkofels, von dieser Seite als reich gegliederter Bergstock mit tiefen Scharten, breiten Türmen und spitzen Pfeilern kaum wiederzuerkennen, ist aber nicht minder schön.

Die Abfahrt endet allerdings schon nach 4,5 Kilometern bei der Abzweigung zum Sellajoch, wobei es die letzten sechs Kilometer des Tages mit Steigungsspitzen bis 11 Prozent dann nochmals in sich haben. Oben wird man aber mit einer grandiosen Aussicht für die Mühen der Tour entlohnt, die man etwa im Rifugio Sella bei einer Tasse Cappuccino entspannt genießen kann, denn die folgenden 9 Kilometer zurück zum Ausgangspunkt geht es nur noch abwärts.

Hinweis: Konditionsstarke Radler, denen die zu fahrenden Streckenkilometer und Höhenmeter nicht genug sind, können die Tour verlängern, indem sie diese entweder bei der Autobahnausfahrt Chiusa/Val Gardena oder einige Kilometer weiter im Eisacktal bei Waidbruck beginnen. Diese Anfahrt ist allerdings auch kein reines Zuckerschlecken: Von dort durch das Grödner Tal hinauf nach Wolkenstein sind zusätzlich 23 Kilometer mit Steigungen bis zu 14 Prozent sowie 1095 Höhenmeter zu überwinden.

Streckenverlauf

Wolkenstein (km 0,0)
Abzweigung Hotel Miramonti (km 3,5)
Hotel Gerard (km 5,5)
Grödner Joch (km 9,5)
Corvara (km 19,5)
Campolongopass (km 25,5)
Arabba (km 29,0)
Pordoijoch (km 38,0)
Abzweigung Sellajoch (km 42,5)
Sellajoch (km 48,5)
Abzweigung Hotel Miramonti (km 53,5)
Wolkenstein (km 57,5)

Passangaben

Grödner Joch	Auffahrt von Abzweigung Hotel Miramonti bis Passhöhe 6,0 km mit 9 % Höchststeigung Abfahrt von Passhöhe bis Corvara 10,0 km mit Gefälle bis 12 %
Campolongopass	Auffahrt von Corvara bis Passhöhe 6,0 km mit 10 % Höchststeigung Abfahrt von Passhöhe bis Arabba 3,5 km mit Gefälle bis 10 %
Pordoijoch	Auffahrt von Arabba bis Passhöhe 9,0 km mit 8 % Höchststeigung Abfahrt von Passhöhe bis Abzweigung Sellajoch 4,5 km mit Gefälle bis 8 %
Sellajoch	Auffahrt von Abzweigung bis Passhöhe 6,0 km mit 11 % Höchststeigung Abfahrt von Passhöhe bis Wolkenstein 8,5 km mit Gefälle bis 11 %
Straßenzustand	Leichtere Belagschäden auf der ganzen Strecke und vor allem im Scheitelbereich der Pässe. Bei der Abfahrt vom Sellajoch teilweise erhebliche Belagschäden. Bei der Auffahrt drei kopfsteingepflasterte Kehren.
Passöffnungszeiten	ganzjährig befahrbar
Sehenswürdigkeiten	Wolkenstein (Burgruine Wolkenstein); Sellajoch (Bergsturzgebiet »Steinerne Stadt« bei der Abfahrt kurz unterhalb der Passhöhe)
Karte	Generalkarte 1:200 000, Blatt Südtirol/Dolomiten

21 Die große Dolomitenfahrt

Über die bekanntesten Pässe der Dolomiten

Die Trümmerlandschaft auf der Valparolapasshöhe stammt von einem Felssturz am Kleinen Lagazuoi.

Wem etwa die Runde um die Sella (siehe Tour 20, Seite 98ff.) Lust auf mehr gemacht hat, der sollte diese Tour ins Auge fassen. Im Zentrum der Dolomiten liegen bekannte Pässe wie Falzárego, Campolongo, Grödner Joch, Sellajoch, Fedáia und Giau, markante Berge wie Langkofel, Sella, Marmolada, Tofanen und idyllische Orte wie Wolkenstein, Canazei und Cortina d'Ampezzo.

Allerdings sind neben zwei Tagen Zeit auch ausreichend Trainingskilometer vonnöten, denn auf 136 Streckenkilometer sind immerhin sechs Pässe und gut 3850 Höhenmeter zu überwinden, deren Bewältigung sich dann doch recht eindrucksvoll in den Beinen des Radlers niederschlägt. Zur groben Orientierung: Die Route verläuft von Cortina d'Ampezzo hinauf zum Falzáregopass und durch das Buchenstein nach Arabba. Von dort geht es dann über die bereits von der Sella-Umrundung bekannten Passstraßen Campolongo, Grödner Joch und Sellajoch, allerdings im Gegenuhrzeigersinn, hinüber nach Canazei, wo wir als Rückfahrt die landschaftlich schönere und vom Streckenprofil her anspruchsvollere Variante über Fedáia- und Giaupass nach Cortina d'Ampezzo wählen. Danach dürften die Dolomiten eigentlich keinerlei Geheimnisse mehr bieten.

Cortina d'Ampezzo verlässt man auf kehrenreich mit 11 Prozent ansteigender Straße, die sich auch nach Durchfahrung eines kurzen Felstunnels nach gut drei Kilometern kaum zurücklegt. Hinter Pocol erkennt man vor sich die mauerglatten, himmelhoch aufragenden Pfeiler der Tofanen, und ein gut zwei Kilometer langes Flachstück lässt wieder einen etwas ruhigeren Tret- und Atemrhythmus zu, bevor zwar der lichte Lärchenwald langsam zurückgeht, die Steigung dafür wieder

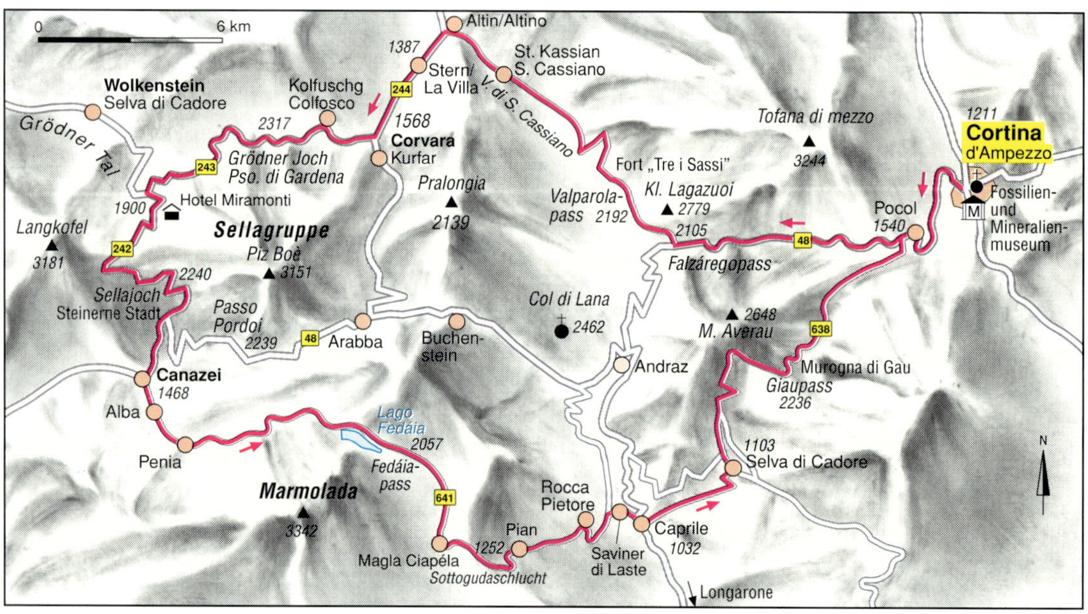

Auf der Ostseite des Grödner Jochs zieht sich die Val di Mesdi, das Mittagstal, tief in den Sellastock hinein.

auf 11 Prozent zunimmt und man sich der Passhöhe doch recht mühsam nähern. Oben zeigt der Tacho dann 16,5 Kilometer an, aber warme Bekleidung für die Abfahrt kann man sich hier noch nicht überstreifen. Man folgt nämlich der hier in nördlicher Richtung hinaufziehenden Straße, die auf 1,5 Kilometer Länge nochmals knappe 100 Meter höher zum Valparolapass hinaufführt. Erst dort oben, inmitten einer Trümmerlandschaft aus riesigen Felsbrocken, die von einem Bergsturz am Kleinen Lagzuoi herrühren, beginnt die Abfahrt,

Gesamtlänge 136,0 km

Höhendifferenz
3865 m

Höchststeigung
Schwere Radtour mit 12 % Höchststeigung auf längeren Abschnitten zum Grödner Joch sowie auf ca. 4,5 km Länge am Beginn der Auffahrt zum Giaupass

Dauer
10 – 15 Stunden (2 Tage)

Ausgangspunkt
Cortina d'Ampezzo (1211 m)

Endpunkt
Cortina d'Ampezzo

Anfahrt Brennerautobahn A22, Ausfahrt Bressanone/Brixen – Bruneck – Toblach – Schluderbach – Gemärkpass – Cortina d'Ampezzo

Der Giaupass ist erstaunlich gut ausgebaut, landschaftlich außerordentlich reizvoll und dennoch nur schwach frequentiert.

Hinweis: Wegen der Galerien und der Tunnels bei der Auffahrt zum Fedáiapass ist Beleuchtung ratsam.

die erst 15,5 Kilometer weiter und gut 700 Höhenmeter tiefer in der Ortschaft Stern/La Villa im Gadertal endet.

An der Einmündung in die Staatsstraße dann sicherheitshalber ein Blick in die Karte: Es geht links ab Richtung Corvara, das man dann auf leicht ansteigender Straße drei Kilometer weiter erreicht. Wärmende Bekleidung braucht man nun nicht mehr, denn es wird wieder schweißtreibend. Zwar erscheinen gut 550 Höhenmeter, verteilt auf 10 Streckenkilometer, nicht allzu viel, allerdings hat man ja bereits den Falzáregopass hinter sich (und mit dem Valparolapass genau genommen einen zweiten), und zudem wartet das Grödner Joch von dieser Seite mit Steigungsspitzen bis 12 Prozent auf. Man dürfte deshalb recht froh sein, wenn man auf der Passhöhe dann nicht nur die gewaltige Wandflucht des Langkofels vor sich hat, sondern auch die, allerdings weniger gewaltige Abfahrt hinunter zur Straßenkreuzung beim Hotel Miramonti.

Wer will, kann noch einen etwa 3,5 Kilometer langen Abstecher hinab nach Wolkenstein unternehmen, aber die meisten werden wohl gleich die Auffahrt zum Sellajoch beginnen. Die 6 Kilometer und 340 Höhenmeter dort hinauf müssen schließlich auch erst einmal bewältigt werden, wobei die Steigung moderate 9 Prozent nicht übersteigt und zudem das Felssturzgebiet der »Steinernen Stadt« panoramamäßig für Abwechslung sorgt. Auf der Passhöhe, eingezwängt zwischen dem Langkofelmassiv zur Rechten und dem Sellastock zur Linken, öffnet sich eine Aussicht vom Feinsten, die rückblickend bis zu den Geislerspitzen reicht, während voraus die Gletscherfelder der Marmolada dominieren. Diese ist dann auch das nächste Ziel, das man aber wohl erst am nächsten Tag erreichen wird, denn in Canazei sollte eine wohlverdiente Übernachtung eingelegt werden.

Hoffentlich sind am nächsten Morgen die Beine nicht allzu schwer, denn 66 Kilometer und 1810 Höhenmeter liegen vor einem, wenn man, der Beschilderung »Pso. Fedáia« folgend, auf anfangs noch ebener Straße über die malerischen Ortschaften Alba und Penia in das Hochtal von Pian Trevisan einradelt. Ein großartiger Felszirkus tut sich unterhalb der Felswände von Vernel, Punta di Cornate und der Roda di Mulon auf. Lawinengalerien zeugen von der Gefahr des Hochgebirges, ein 300 Meter langer, unbeleuchteter Tunnel, dann öffnet sich ein weites Talbecken mit dem Fedáiasee zu Füßen des Marmoladagletschers.

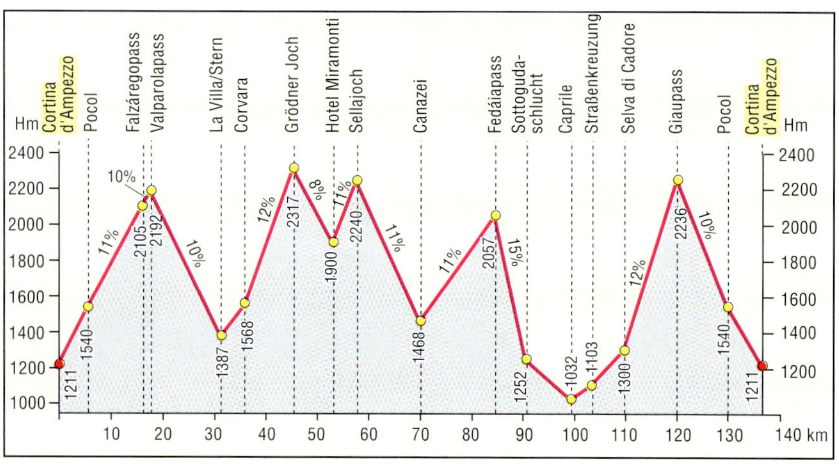

Die lange Abfahrt wird von einem kurzen Gegenanstieg hinter Malga Ciapéla und einem Pflichtstopp auf der Brücke über die Sottogudaschlucht unterbrochen, bevor man im Talboden bei Saviner di Laste der Beschilderung »Cortina/Pso. Staulanza« folgt. In Selva di Cadore ist der Giaupass dann ausgeschildert, allerdings fehlt der Hinweis, dass auf den folgenden 1200 Höhenmeter Steigungen bis 12 Prozent zu überwinden sind.

Landschaftlich ist der wenig befahrene und zudem gut ausgebaute Giaupass, der nach Cortina d'Ampezzo zurückführt, dafür ein rechter Leckerbissen.

Passangaben

Falzáregopass	Auffahrt von Cortina d'Ampezzo bis Passhöhe 16,5 km mit 11 % Höchststeigung
Valparolapass	Auffahrt von Falzáregopasshöhe bis Passhöhe 1,5 km Länge mit 10 % Höchststeigung
	Abfahrt von Passhöhe bis Stern/La Villa 13,0 km mit Gefälle bis 10 %
Grödner Joch	Auffahrt von Corvara bis Passhöhe 10,0 km mit 12 % Höchststeigung
	Abfahrt von Passhöhe bis Straßenkreuzung Hotel Miramonti 6,0 km mit Gefälle bis 8 %
Sellajoch	Auffahrt Straßenkreuzung Hotel Miramonti bis Passhöhe 5,5 km mit 11 % Höchststeigung
	Abfahrt Passhöhe Canazei 12,0 km mit Gefälle bis 11 %
Fedáiapass	Auffahrt von Abzweigung vor Caprile bis Passhöhe 11,0 km mit 11 % Höchststeigung
	Abfahrt Passhöhe bis vor Caprile 17,5 km mit Gefälle bis 15 %
Giaupass	Auffahrt von Abzweigung vor Caprile bis Passhöhe 31,5 km mit 12 % Höchststeigung
	Abfahrt Passhöhe bis Cortina d'Ampezzo 16,0 km mit 10 % Gefälle
Straßenzustand	Bei der Auffahrt zum Fedáiapass viele Galerien mit schlechten Lichtverhältnissen und ein 400 m langer, unbeleuchteter Tunnel. Bei der Abfahrt im oberen Teil Gefälle bis 15 % sowie einige Engstellen, teilweise mit Ausweichen.
Passöffnungszeiten	Fedáiapass offen 15. April bis 15. Oktober
	Giaupass offen 1. Mai bis 30. November
Sehenswürdigkeiten	Cortina d'Ampezzo (Pfarrkirche und Glockenturm, Fossilien- und Mineralienmuseum im Ortsmuseum); Valparolapass (Felssturzgebiet am Kleinen Lagazoi, Fort »Tre i Sassi«); Sellajoch (Bergsturzgebiet »Steinerne Stadt« bei der Auffahrt kurz unterhalb der Passhöhe); Fedáiapass (Sottogudaschlucht bei der Abfahrt, Seilbahn von Malga Ciapéla zur Marmolada); Giaupass (»Murogna di Giau«, sagenhafte Steinmauer bei der Abfahrt)
Karte	Generalkarte 1:200 000, Blatt Südtirol/Dolomiten

Streckenverlauf

Cortina d'Ampezzo (km 0,0)
Pocol (km 5,5)
Falzáregopass (km 16,5)
Valparolapass (km 18,0)
La Villa/Stern (km 31,0)
Corvara (km 36,5)
Colfuschg (km 38,5)
Grödner Joch (km 46,0)
Kreuzung beim Hotel Miramonti (km 52,5)
Sellajoch (km 58,0)
Canazei (km 70,0)
Fedáiapass (km 84,0)
Malga Ciapela (km 89,0)
Sottogudaschlucht (km 91,0)
Pian (km 93,0)
Straßenkreuzung Alleghe /Agordo (km 97,5)
Saviner di Laste (km 98,0)
Caprile (km 99,5)
Straßenkreuzung Longarone/Selva di Cadore (km 103,5)
Aussichtspunkt Belvedere (km 106,0)
Selva di Cadore (km 110,0)
Giaupass (km 120,0)
Pocol (km 130,0)
Cortina d'Ampezzo (km 136,0)

22 Zwischen Sella und Marmolada

Zu den schönsten Bergen der Dolomiten

Die Marmolada wird ihrer Vergletscherung und ihrer Höhe von 3342 Meter wegen auch »Königin der Dolomiten« genannt.

Wenn von den schönsten Bergen der Dolomiten die Rede ist, fallen eigentlich zwei Namen am häufigsten: die Sellagruppe und die Marmolada. Während die Sella als reiner Felsberg im 3151 Meter hohen Piz Bóe gipfelt, ist die Marmolada mit 3342 Meter Höhe nicht nur der höchste Berg der Dolomiten, sondern auch der einzige, der mit einer nennenswerten Vergletscherung aufwarten kann.

Dies beantwortet freilich noch nicht die Frage, welcher von diesen Bergen schöner ist, so weit man in dieser an Naturschönheiten ohnehin reich gesegneten Region überhaupt einen schönsten Gipfel oder eine schönste Berggruppe herausnehmen kann. Wer dies dennoch tun möchte, sollte einfach die beiden Gebiete besuchen. Wenn man dabei mit dem Fahrrad unterwegs ist und mit seinen Kräften somit recht ökonomisch umgehen muss, bietet sich die nachfolgende Rundtour an, auf der ausreichend Einblicke in diese landschaftlich doch recht verschiedenen Gegenden gewährleistet sind, so dass man am Ende sicher seine Entscheidung treffen kann.

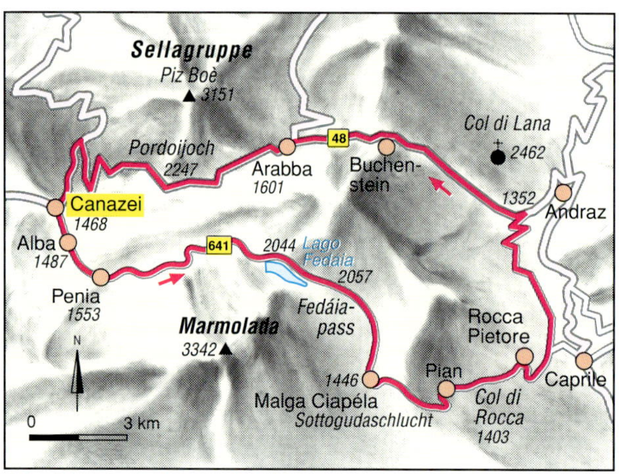

Zu diesem Zweck begibt man sich nach Canazei, einem bekannten Wintersportort im obersten Fassatal. Von den beiden hier zur Verfügung stehenden Passstraßen wählt man die Auffahrt zum Fedáiapass und hebt sich die ebenfalls hier beginnende Pordoijochstrecke für die Rückfahrt auf.

Auf ebener Straße radelt man durch die kleinen Ortschaften Alba und Penia, und vor allem Letztere ist ein malerisches Gewinkel aus alten Bauernhäusern mit einem gotischen Kirchlein am Fuße der bewaldeten Doleda. Über eine kleine Talstufe radelt man auf 8-prozentiger Steigung in das lang gestreckte Hochtal von Pian Trevisan ein, und auf der gegenüberliegenden Talseite tun sich mit Vernel, Punta di Cornate und der mächtigen Kuppe der Roda di Mulon die westlichen Eckpfeiler der Marmolada auf. Hier unter den düsteren Nordwänden des Gran Vernel und der Roda di Mulon soll einer alten Fassaner Sage nach Prinz Lidsanel den Tod gefunden haben. Beim Versuch, seine Geliebte zu rächen, die von den Trusanern getötet worden war, wurde er selbst von diesen niedergestreckt, während es seinen Freunden, den Arimannen, dafür gelang, die Trusaner unter einer Steinlawine verschwinden zu lassen. Eine reichlich verworrene Sache also, die man

Bei einer Steigung von recht gleichmäßigen 9 % kommt man auf der Ostseite des Pordoijochs recht gut voran.

Gesamtlänge 69,0 km

Höhendifferenz 1720 m

Höchststeigung Mittelschwere Radtour mit 11 % Höchststeigung auf längeren Abschnitten bei der Auffahrt zum Fedáiapass

Dauer 4 1/2 – 7 Stunden

Ausgangspunkt Canazei (1468 m)

Endpunkt Canazei

Anfahrt Brennerautobahn A22, Ausfahrt Chiusa/Val Gardena, dann durch das Grödner Tal und das Sellajoch nach Canazei, oder über die Ausfahrt Bozen-Nord und den Karerpass sowie das Fassatal nach Canazei

Noch schnell ein Erinnerungsfoto, bevor es wieder hinab geht nach Canazei.

Hinweis: Wegen der Galerien und der Tunnels bei der Auffahrt zum Fedáiapass sowie der Tunnels bei der Weiterfahrt ins Buchenstein ist Beleuchtung ratsam.

wohl nur versteht, wenn man in dieser Bergwelt und mit den dazugehörigen Sagen und Sagengestalten aufgewachsen ist.

Am Talschluss bringt eine Kehrengruppe mit 10 Prozent Steigung an den Beginn einer Reihe von Lawinengalerien, durch welche die Straße bei gleichbleibender Steigung an den Hängen der Cima Crode Larice ansteigt. Langsam tauchen die ersten Gletscherfelder, noch in große Kare eingebettet, auf, und nach einem 300 Meter langen, unbeleuchteten Tunnel erreicht man die Hochfläche von Fedáia, ausgefüllt vom gleichnamigen Stausee, in dem sich die Schmelzwasser der Marmolada sammeln. Über die Staumauer radelt man am südlichen Seeende entlang zur Passhöhe, direkt am Fuße der Marmolada, die sich hier mit ihrer vergletscherten Nordseite in Szene setzt. Wenn man hier am Rifugio Fedáia steht und nach oben blickt, kann man durchaus verstehen, wieso dieser Berg auch als »Königin der Dolomiten« bezeichnet wird. Bei so viel landschaftlicher Schönheit wird es die Sella schon einmal schwer haben, so viel ist sicher.

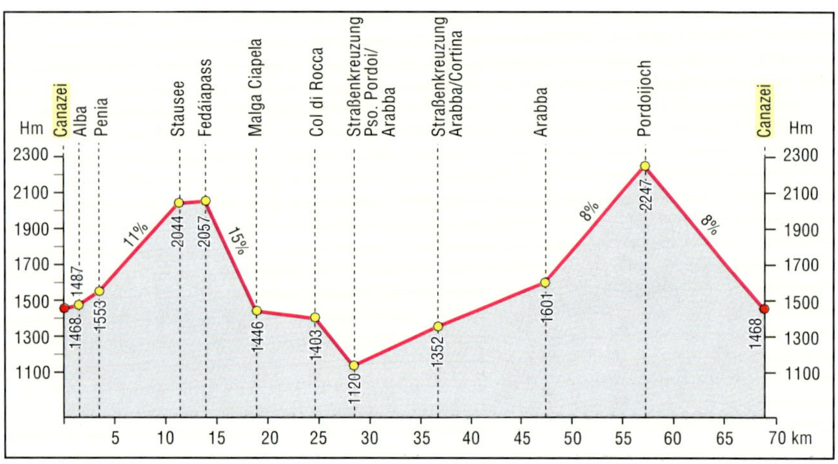

Anfangs mit 15 Prozent Gefälle senkt sich die Ostrampe über mehrere Talstufen windungsreich nach unten. Weit im Osten erkennt man die gewaltige Civetta-Nordwestwand, dann fesselt die schwindelerregend tiefe Sottogudaschlucht die Aufmerksamkeit, und mit Rocca Piétore erreicht man wieder eine größere Ortschaft. Ein Blick in die Pfarrkirche ist lohnend, gilt der Flügelaltar von 1516 doch als

Prachtwerk spätgotischer Schnitzkunst. Hinter dem Ort hält man sich von der nächsten Straßenkreuzung an immer an die Beschilderung »Pso. Pordoi/Arabba« und gelangt so über die immer wieder bis auf 10 Prozent ansteigende Trasse hinüber ins Buchensteintal. Ein gewaltiges rundes Bauwerk, das sich auf dem Weg ins Blickfeld schiebt, ist ein Ossarium, das an die Gefallenen des Ersten Weltkrieges erinnern soll. Man nähert sich nun auf mäßig ansteigender Straße durch das Buchenstein, ital. Livinallongo, wie das Tal im Oberlauf des Cordevoleflusses genannt wird, Arabba und damit dem Anstieg zum Pordoijoch. Anfangs zeigt sich zur Linken noch die Marmolada, dann aber dominiert der wuchtige Sellastock. Leider zeigt er nur seine Süd- und Ostseite, aber es ist doch deutlich zu erkennen, dass es sich hier um einen Tafelberg handelt, dessen gleichmäßig senkrecht abfallenden Felswände im oberen Drittel von einem Felsband durchzogen werden, welches den Schlerndolomit vom Hauptdolomit trennt.

Die Steigung hinauf zum Pordoijoch ist – zumindest in der Beschreibung – schnell abgehandelt, sie beginnt im Ort bei einem Kilometerstein mit der Aufschrift »1« mit 9 Prozent und behält diese bis oben bei. Dabei passiert man insgesamt 33 solcher Steine, die sich in den auf den nächsten zehn Kilometern folgenden dazugehörenden Kehren verteilen.

Hinunter nach Canazei sind es dann 27 solcher Kehren, die schön und flüssig angelegt und ebenfalls mit Nummern versehen sind. Bei Kehre 18 sollte man kurz anhalten, um über einen kleinen See inmitten grüner Almmatten hinüber auf das eindrucksvolle Massiv des Langkofels zu blicken, das sich mit Langkofeleck, Fünffingerspitze und Grohmannspitze in atemberaubender Schönheit präsentiert.

Unten in Canazei wird man dann allerdings ein Problem mehr haben: Wollte man sich bisher zwischen der Sella und der Marmolada als schönstem Dolomitenberg entscheiden, kommt mit dem Langkofel zweifellos noch ein Bewerber hinzu.

Streckenverlauf

Canazei (km 0,0)
Alba (km 1,5)
Penia (km 3,0)
Stausee (km 11,5)
Fedáiapass (km 14,0)
Malga Ciapela (km 19,0)
Col di Rocca (km 24,5)
Straßenkreuzung Passo Pordoi/Arabba (km 27,5)
Straßenkreuzung Arabba/Cortina (km 36,5)
Arabba (km 47,5)
Pordoijoch (km 57,0)
Canazei (km 69,0)

Passangaben

Fedáiapass	Auffahrt von Canazei bis Passhöhe 11,0 km mit 11 % Höchststeigung Abfahrt von Passhöhe bis Abzweigung Pso. Pordoi/Arabba 13,5 km mit Gefälle bis 15 %
Pordoijoch	Auffahrt von Arabba bis Passhöhe 9,5 km mit 8 % Höchststeigung Abfahrt von Passhöhe bis Canazei 12,0 km mit Gefälle bis 8 %
Straßenzustand	Bei der Auffahrt zum Fedáiapass viele Galerien mit schlechten Lichtverhältnissen sowie ein 400 m langer unbeleuchteter Tunnel. Bei der Abfahrt im oberen Teil Gefälle bis 15 % sowie einige Engstellen mit Ausweichen. Leichtere Belagschäden vor allem im Scheitelbereich der Pässe.
Passöffnungszeiten	Fedáiapass offen 15. April bis 15. Oktober
Sehenswürdigkeiten	Fedáiapass (Sottogudaschlucht bei der Abfahrt, Seilbahn von Malga Ciapéla zur Marmolada); Pordoijoch (Ehrenmal für die Opfer des Gebirgskrieges, ca. 1,5 km südlich der Passhöhe)
Karte	Generalkarte 1:200 000, Blatt Südtirol/Dolomiten

23 Um das Felsenreich der Pala-Gruppe

Im wildesten Teil der Dolomiten

Pfarrkirche und Palazzo delle Minere in Fiera di Primiero, dem Hauptort auf der Südseite der Pala.

Wer in den Dolomiten bereits die Sella-Ronda (siehe Tour 20) gefahren ist, wird es schwer haben, eine Tour zu finden, die diese an landschaftlicher Schönheit noch übertreffen kann. Aber vielleicht könnte es der Runde um die Pala-Gruppe gelingen, wo sich die Dolomiten weit im Südosten, schon fast an deren Ende, noch einmal zu kühnsten Gipfelformen aufschwingen.

Hier, zwischen den Flussgebieten des Cismone und des Cordevole, liegt der wohl eindrucksvollste und wildeste Teil der Dolomiten, und niemandem wird es gelingen, von den kühnen Gipfelformen und fantastischen Felsgestalten aus Schlerndolomit unbeeindruckt zu bleiben. Beeindruckend ist allerdings auch die Länge dieser Tour mit 124 Kilometer und der zu überwindende Höhenunterschied von 3040 Meter, die entweder eine ganz außergewöhnliche Kondition oder mindestens zwei Radeltage erfordern. Am besten wäre beides zusammen, um die landschaftlichen Schönheiten dieser Tour auch richtig genießen zu können.

Blickt man von Predazzo, dem Ausgangspunkt, nach Osten, kann man über einen Gürtel dunkelgrüner Bergwälder bereits die Spitze des hoch aufstrebenden Horns des Cimone della Pala, eines der formschönsten Gipfel in den Dolomiten, erkennen. Er entstrebt dem Fuß des Rollepasses, und dort hinauf führt auch der erste Anstieg. Mit 9 Prozent Steigung radelt man das Travignolatal aufwärts, überwindet beim Gasthof Saluna einen weiten Wiesenhang über vier Kehren und erreicht bei gleich bleibender Steigung Bellamonte. Der Ort hat seinen Namen der schönen Umgebung wegen nicht von ungefähr, und auch die Steigung geht zurück, so dass man auf den nächsten Kilometern entlang des klaren Paneveggio-Stausees fast eben dahinradelt. Hinter der Hotel-

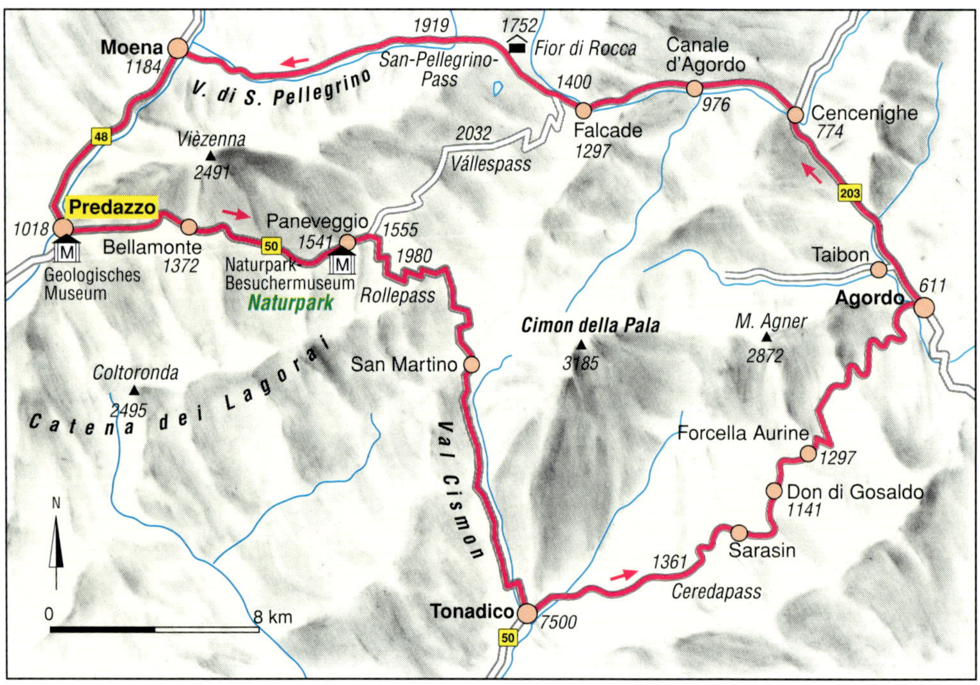

Das gewaltige Massiv des Cimone della Pala zählt mit seinen 3185 Meter Höhe zu den gewaltigsten Anblicken der gesamten Dolomiten.

siedlung von Paneveggio, bei der Abzweigung zum Vállespass, nimmt die Steigung wieder auf 9 Prozent zu, dann zieht die Trasse, anfangs durch herrlichen alten Hochwald, später über aussichtsreiche weite Wiesen, zur Passhöhe. Man steht direkt unterhalb der Felsabstürze der Pala, die mit ihrer außergewöhnlich kühn geformten, von Zinnen und Türmen zerrissenen Silhouette, die im wuchtigen Riesenbau des 3185 Meter hohen Cimone della Pala gipfelt,

GESAMTLÄNGE 124,0 km

HÖHENDIFFERENZ 3040 m

HÖCHSTSTEIGUNG Schwere Radtour mit 18 % Höchststeigung auf ca. 600 m Länge am San-Pellegrino-Pass nach der Abzweigung zum Vállespass sowie 14 % auf 2,5 km Länge.

DAUER 8 – 12 Stunden (1 – 2 Tage)

AUSGANGSPUNKT Predazzo (1018 m)

ENDPUNKT Predazzo

ANFAHRT Brennerautobahn A22, Ausfahrt Egna/Ora und über Cavalese nach Predazzo

Bei der Abfahrt über die Ostseite des Rollepasses begleiten uns die Felsabstürze der Pala.

wohl zu den beeindruckensten Panoramen der gesamten Dolomiten zu zählen ist.

Auf der langen Abfahrt hinunter nach Tonadico bleibt die Sicht auf diesen Bergzug erhalten, der sich wie eine riesige Kette gewaltigster Felszinnen und Türme langsam in den Talboden absenkt. Die Vegetation zeigt bereits deutlich südliche Züge, Kastanien-, Maulbeer- und Nussbäume gedeihen hier, und auf den Feldern ringsum wird Mais angebaut. Im Ort folgt man dann der Beschilderung zum Pso. Cerada, und wenn er den meisten unbekannt sein dürfte, wird er sich nach seiner Bewältigung wohl nachhaltig ins Gedächtnis eingeprägt haben. Schon am Ortsende nimmt die Steigung nämlich bis auf 15 Prozent zu, und ist dieses Steilstück auch bald überwunden, so bleibt die Auffahrt doch weiterhin anstrengend, denn die Straße legt sich nur selten unter 8 Prozent zurück, erreicht stattdessen öfter die 10-Prozent-Marke und behält auch 12 Prozent über längere Strecken bei. Knapp 9 Kilometer sind es, die man so bis zur Passhöhe zurücklegen muss, um oben auf einem weiten Wiesensattel gut 600 Höhenmeter gewonnen zu haben. Etwas mehr, nämlich 750 davon, verliert man wieder auf der folgenden langen Abfahrt hinunter nach Agordo, wobei man bei Don di Gosaldo allerdings noch einen Gegenanstieg hinauf nach Forcella Aurine mit 150 Höhenmeter und Steigungsspitzen bis 12 Prozent in Kauf nehmen muss.

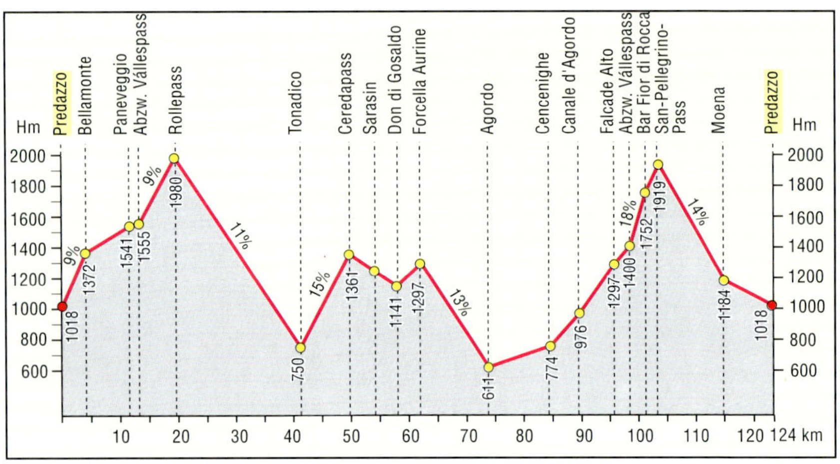

Von der kargen Hochgebirgswelt geht es in die geschützte Lage von Agordo mit einem milden Klima, in dem neben Kastanien und Mais auch Weinreben und Pfirsiche gedeihen. Der hübsch gelegene Ort lädt zu einer Übernachtung oder zumindest zu einer Rast ein. Dazu bietet sich der Palazzo De Manzoni nahe der doppeltürmigen Kirche St. Peter an, in dessen Cafés unter schattigen Arkadenvorbauten man sich von den bisherigen Anstrengungen zumindest teilweise wieder erholen kann.

Und Erholung wird nötig sein, denn seine Kräfte wird man noch brauchen. Zwar nicht unbedingt auf den nächsten zehn Kilometern, das Cordevoletal aufwärts nach Cencenighe, denn hier hält sich die Trasse meist weit unter 6 Prozent und ermöglicht so ein angenehmes Vorwärtskommen. Dies ändert sich nach der Durchfahrt eines 400 Meter langen, schwach beleuchteten Tunnels in das Val Canale, das hier zum San-Pellegrino-Pass hochzieht. Mit seinen knapp 1150 Höhenmeter und den 18,5 Kilometer wäre er alleine schon ein ganz hübscher Brocken. Was die Sache allerdings zusätzlich erschwert, sind seine Steigungsverhältnisse. Bis Falcade sind bereits teilweise 12 Prozent geboten, hinter Falcade Alto, wo man auf die vom Vállespass herabziehende Straße trifft, nimmt sie dann aber bis auf 14 Prozent zu, hält diese auf eine Länge von 2,5 Kilometer, um sich danach sogar noch auf eine Länge von 600 Meter auf 18 Prozent aufzuschwingen. Hat man dies geschafft, ist man wohl geschafft und wird sich über die kleine »Bar Fior di Roccia« am Straßenrand freuen, wo man bei 10 Prozent und darunter liegender Steigung nur noch 2 Kilometer zur Passhöhe vor sich hat. Neben den Gasthäusern dort oben wäre auch das kleine Passkirchlein einen Besuch wert, zeigt es doch schöne Altarbilder der italienischen Schule aus der Mitte des 17. Jahrhunderts.

Es folgt nun eine 12 Kilometer lange Abfahrt hinunter nach Moena mit 3 Kehren, vielen Kurven, einem Gefälle bis 14 Prozent – und einer herrlichen Aussicht auf die Dolomitengipfel über dem Fleimstal im Westen. Den Langläufern wird Moena womöglich als Startort des berühmten Marcialonga-Volksskilanglaufs bekannt sein. Aber während diese im Winter das hier beginnende Fleimstal aufwärts ziehen, radelt man, auf ständig leicht fallender Straße, das Fassatal abwärts zum Ausgangspunkt Predazzo.

Streckenverlauf

Predazzo (km 0,0)
Bellamonte (km 4,5)
Paneveggio (km 12,0)
Abzweigung Vállespass (km 13,0)
Rollepass (km 19,5)
Tonadico (km 41,5)
Ceredapass (km 50,0)
Sarasin (km 54,5)
Don di Gosaldo (km 58,0)
San Andrea (km 60,0)
Forcella Aurine (km 62,0)
Agordo (km 74,0)
Cencenighe (km 84,5)
Canale d'Agordo (km 89,5)
Falcade (km 91,5)
Falcade Alto (km 95,5)
Abzweigung Vállespass (km 97,5)
Bar Fior di Rocca (km 101,0)
San-Pellegrino-Pass (km 103,0)
Moena (km 115,0)
Predazzo (km 124,0)

Passangaben

Rollepass	Auffahrt von Predazzo bis Passhöhe 19,5 km mit 9 % Höchststeigung Abfahrt Passhöhe bis Tonadico 22,0 km mit Gefälle bis 11 %
Ceredapass	Auffahrt von Tonadico bis Passhöhe 8,5 km mit 15 % Höchststeigung im unteren Teil, sonst kürzere Steigungsabschnitte bis 12 % Abfahrt Passhöhe bis Agordo 24,0 km mit Gefälle bis 13 %
San-Pellegrino-Pass	Auffahrt von Cencenighe bis Passhöhe 18,5 km mit 18 % Höchststeigung auf ca. 600 m Länge sowie 14 % auf ca. 2,5 km Länge Abfahrt Passhöhe bis Moena 12,0 km mit Gefälle bis 14 %
Straßenzustand	leichte Belagschäden am Ceredapass
Passöffnungszeiten	ganzjährig befahrbar
Sehenswürdigkeiten	Predazzo (Museo Geologico an der Südseite des Hauptplatzes); Bellamonte (Kapelle Maria Schnee); Paneveggio (Naturpark-Besuchermuseum)
Karte	Generalkarte 1:200 000, Blatt Südtirol/Dolomiten

24 Um die Sarntaler Alpen

Über Jaufenpass und Penser Joch

Den Geschichtsbewussten unter den Radfahrern sei vorab gesagt, dass diese Radtour auch den Spuren von Andreas Hofer folgt, dem legendären Tiroler Freiheitskämpfer, der Anfang des 19. Jahrhunderts so heldenhaft wie vergeblich gegen die bayrisch-französischen Besatzungstruppen gekämpft hat. Seine Spuren finden wir am Jaufenpass in der Ortschaft Kalch sowie in St. Leonhard am Ende der Passstrecke. Vielleicht achtet der eine oder andere etwas genauer auf die im Text angegebenen Hinweise und besichtigt diese historischen Stätten, wenn er nicht allzu sehr mit sich selbst beim Bewältigen der Steigungsstrecken beschäftigt ist, von denen es auf dieser Tour reichlich genug gibt.

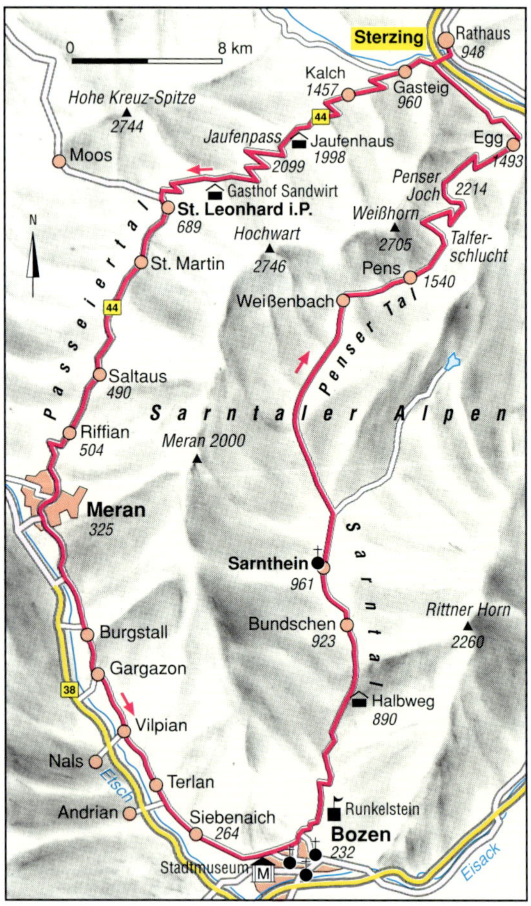

Nordwestlich von Sterzing dehnt sich eine Berggruppe aus, an der man auf dem Weg in den Süden über den Brenner meist achtlos vorbeirauscht. Dies liegt wohl daran, dass die Sarntaler Alpen, von denen hier die Rede ist, sich nach Nordosten zum Eisacktal hin, mit ihren dicht bewaldeten, steil abfallenden Berghängen, nur wenig einladend zeigen. Es hat aber sicherlich auch damit zu tun, dass sie im Gegensatz zu ihren wesentlich bekannteren Nachbargebirgen, den Dolomiten im Osten, der vergletscherten Kette des Alpenhauptkamms im Nordwesten und der Ortlergruppe im Westen, über keinerlei landschaftlich herausragende Glanzpunkte verfügen. Mit keinem einzigen Gletscher kann diese Gruppe aufwarten, ja nicht einmal ein Dreitausender ist darunter. Und dennoch oder gerade deshalb lohnt es sich, diese über weite Teile noch ursprünglich gebliebene Landschaft mit ihren sanften, fast bis obenhin bewaldeten Bergkuppen, die sich über weiten Alm- und Wiesenböden erstrecken, und dem fast fließend anmutenden Übergang vom rauen nördlichen zum milden südlichen, im Bozener Becken und dem Meraner Passeiertal schon fast mediterranen Klima, zu erkunden. Ermöglicht wird dies durch zwei Passstraßen, den Jaufenpass und das Penser Joch, die dieses Gebiet hervorragend erschließen, insgesamt aber neben 150 Streckenkilometern auch 3210 Höhenmeter aufzuweisen haben.

Gute Kondition und zwei Tage Zeit sollte man also mindestens haben, wenn man Sterzing,

▲ *Das Jaufenhaus auf der Nordseite des Jaufenpasses.*

Ein recht ursprünglich gebliebenes Landschaftsbild können die Sarntaler Alpen, die sich zwischen Sterzing im Norden und Bozen im Süden erstrecken, dem Radler bieten. Hier der Tafernhof.

der Beschilderung »Jaufenpass« folgend, verlässt. Hinter Gasteig beginnt die Straße auf 10 Prozent anzusteigen, was sie, dies sei vorweggenommen, bis zur Passhöhe auch im Wesentlichen beibehält. Anfangs geht es durch dichten Mischwald kehrenreich nach oben, dann gestattet der lichter werdende Wald Ausblicke auf die Gletscher um die Östlichen und Westlichen Feuersteine sowie die Gipfel von Weißwandspitze und Pflerscher Tribulaun in den Stubaier Alpen.

Eine weitere Kehrengruppe führt zu der an einem grünen Wiesenhang gelegenen Häusergruppe von Kalch, wo sich im Jahre 1809 das

GESAMTLÄNGE 150,5 km

HÖHENDIFFERENZ 3150 m

HÖCHSTSTEIGUNG Schwere Radtour mit 12 % Höchststeigungen auf längeren Abschnitten im oberen Bereich des Penser Joch

DAUER 8 1/2 – 12 1/2 Stunden (1 – 2 Tage)

AUSGANGSPUNKT Sterzing (948 m)

ENDPUNKT Sterzing

ANFAHRT Brennerautobahn A22, Ausfahrt Vipiteno/Sterzing

Nur noch wenige Meter hat dieser Radler auf der Südseite des Jaufenpasses bis zur Passhöhe vor sich.

Hauptquartier des Tiroler Freiheitskämpfers Andreas Hofer bei seinem Kampf gegen Franzosen und Bayern befand. Eine Tafel am Gasthof Jägerhof erinnert noch daran. Die folgende Kehrengruppe führt über die Baumgrenze hinaus, und zunehmend erweitert sich die Aussicht auf die vergletscherten Spitzen der Stubaier- und Zillertaler Alpen im Norden.

Hinweis: Wegen der Tunnels bei der Auffahrt zum Penser Joch ist Beleuchtung unbedingt notwendig.

Vorbei am Gasthof Jaufenhaus, sind noch zwei großzügig angelegte Kehren mit 8 bis 10 Prozent Steigung zu überwinden, dann kann man bei der Panoramahütte, neben der ein Rad den Wind aus dem Passeiertal zur Stromerzeugung nutzt, die Aussicht, die sich im Wesentlichen aber auf die Texelgruppe im Süden erstreckt, genießen. Steil fällt die Trasse nun mit Gefälle bis 12 Prozent über die Westseite ab. Die sechs Haarnadelkehren, die den bautechnisch schwierigen Abschnitt im oberen Bereich überwinden, erfordern Konzentration und Steuerkunst, und auch der durch Frostschäden verursachte schlechte Straßenzustand der oftmals nur knapp zweispurigen Straße erfordert ständige Aufmerksamkeit. Erst im unteren Teil wird der Zustand der Straße besser, bis diese scharfwinkelig in St. Leonhard einmündet.

Stattlich breitet sich der Hauptort des Passeiertales in einem weiten Talbecken, am Zusammenfluss der vom Timmelsjoch herabfließenden Passer und dem vom Jaufenpass kommenden Waltenbach aus. Auf dem Weiterweg befindet sich etwas außerhalb des Ortes, unter hohen Bäumen auf der linken Straßenseite, das Wirtshaus Sandhof. Es war nicht nur das Geburtshaus von Andreas Hofer, er war lange Jahre selbst Wirt dieses Gasthofs. Dem Lauf der Passer folgend, ist auf der gut ausge-

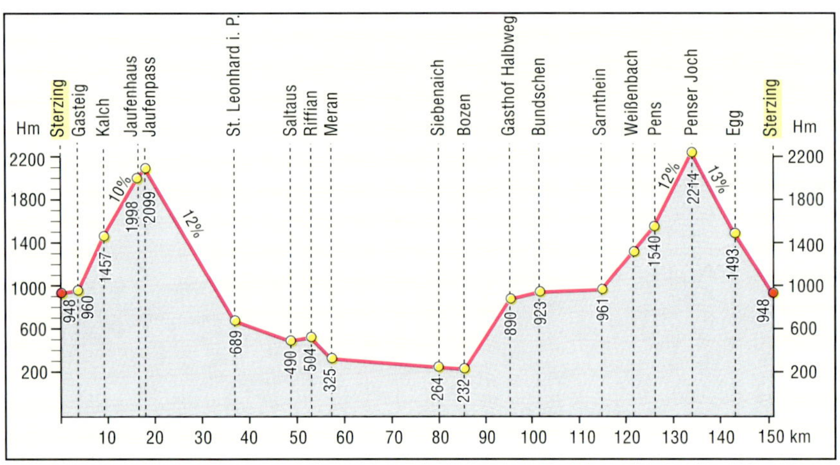

bauten Straße nichts zu vermelden, außer einem landschaftlichen Wechsel von Ackerbau hin zu Obstkulturen und Kastanienhainen.

In Meran vermitteln Palmen dann schon fast südländische Stimmung, und auf dem Weiterweg nach Bozen sollte man sich nach einem Nachtquartier umsehen, denn der Rückweg über das Penser Joch wird sich länger und anstrengender hinziehen als man vermuten möchte. 50 Kilometer und fast 2000 Höhenmeter sind von Bozen bis zur Passhöhe zu überwinden – wahrlich schon in ausgeruhtem Zustand keine leichte Aufgabe.

Hat man die mit ihren unansehnlichen Wohnblocks verbaute Peripherie der Hauptstadt Südtirols, der Beschilderung »Sarnthein« folgend, verlassen, wartet, in spektakulärer Lage auf einem Felsen über der Talfer errichtet, mit Burg Runkelstein eine absolute Überraschung. Die nächste Überraschung, allerdings unangenehmer Art, sind insgesamt 22, zwischen 20 und 300 Meter lange Tunnels, durch welche man die enge Talferschlucht überwinden muss. Beim Gasthof Halbweg, wo früher die Pferde der Postkutschen auf halbem Weg nach Sarnthein gewechselt wurden, ist dieser Abschnitt endlich überwunden.

Von Sarnthein sind es aber noch gut 30 Kilometer bis zur Passhöhe, die trotz längerer flacher Abschnitte kaum näher rücken mag. Hinter Pens, wo eine Höhenangabe »1500 m« andeutet, warten dann nochmals 700 schwere Höhenmeter mit meist bei 10 Prozent liegender Steigung, die kurz aber auch auf 12 Prozent zunimmt. Der Gasthof Alpenrose auf der Passhöhe wird dann mehr als willkommen sein, genau wie die Tatsache, dass es bis Sterzing nur noch rasant abwärts geht.

Streckenverlauf

Sterzing (km 0,0)
Gasteig (km 3,0)
Kalch (km 9,0)
Jaufenhaus (km 17,0)
Jaufenpass (km 18,5)
St. Leonhard im Passeier (km 37,5)
Saltaus (km 49,0)
Riffian (km 52,5)
Meran (km 57,0)
Siebenaich (km 80,0)
Bozen (km 84,5)
Gasthof Halbweg (km 95,5)
Bundschen (km 101,0)
Sarnthein (km 104,5)
Weißenbach (km 121,0)
Pens (km 126,0)
Penser Joch (km 134,5)
Egg (km 142,5)
Sterzing (km 150,5)

Passangaben

Jaufenpass	Auffahrt von Sterzing bis Passhöhe 18,5 km mit 10 % Höchststeigung Abfahrt von Passhöhe bis St. Leonhard im Passeier 19,0 km mit Gefälle bis 12 %
Penser Joch	Auffahrt von Bozen bis Passhöhe 50,0 km mit 12 % Höchststeigung Abfahrt von Passhöhe bis Sterzing 16,0 km mit Gefälle bis 13 %
Straßenzustand	Bei der Abfahrt vom Jaufenpass Belagschäden sowie Engstellen mit Ausweichen. Bei der Auffahrt zum Penser Joch im unteren Teil 22, teils unbeleuchtete Tunnels zwischen 20 und 300 m Länge sowie Fahrbahnverengungen teils mit Spiegel, leichtere Belagschäden im Bereich der Passhöhe.
Passöffnungszeiten	Jaufenpass offen 1. Mai bis 15. November Penser Joch offen 1. Juni bis 31. Oktober
Sehenswürdigkeiten	Sterzing (sehenswerte Altstadt, Stadtturm, Zwölferturm und Rathaus); Kalch (ehem. Andreas-Hofer-Quartier im Gasthof Jägerhof); St. Leonhard im Passeier (Geburtshaus von Andreas Hofer im Gasthof Sandwirt); Bozen (Burg Runkelstein, Talferschlucht bei Auffahrt zum Penser Joch, Dom mit Denkmal Walther von der Vogelweide, Schloss Maretsch und Stadtmuseum); Sarnthein (Kirche St. Cyprian)
Karte	Generalkarte 1:200 000, Blatt Südtirol/Dolomiten

25

Über den Mendelkamm

Vom Oberetschtal ins Trentino

Der Kalterer See gilt als wärmster Badesee der Alpen.

Wer das Oberetschtal nicht nur dazu benutzt, um auf der hier verlaufenden Autobahn möglichst rasch in den Süden zu gelangen, sondern in dieser wunderschönen Landschaft einen oder mehrere Urlaubstage einplant, sollte sich mit dieser Tour näher beschäftigen.

Die Route führt von Kaltern (Caldaro) über den Gebirgszug des Mendelkamms hinüber ins Trentino, genauer ins Nonstal, und durch das untere Val di Sole wieder zurück ins Etschtal, wo man auf Teilen der Südtiroler Weinstraße wieder zum Ausgangspunkt zurückkehrt. Mit einer Streckenlänge von 86 Kilometer und 1230 Höhenmeter stellt sie für trainierte Radler keine allzu großen Anforderungen, und vom Erlebniswert und den landschaftlichen Eindrücken ist sie schöner, als manche vermuten möchten. Hier noch ein Tipp: Am schönsten präsentiert sich der Mendelkamm im Spätherbst, wenn sich das Laub an seinen Hängen bereits rötlich und golden färbt und Landschaft und Stimmung in einem ganz anderen Licht als an den heißen Sommertagen erscheinen lässt – oder im Frühjahr, wenn die Obstbäume blühen.

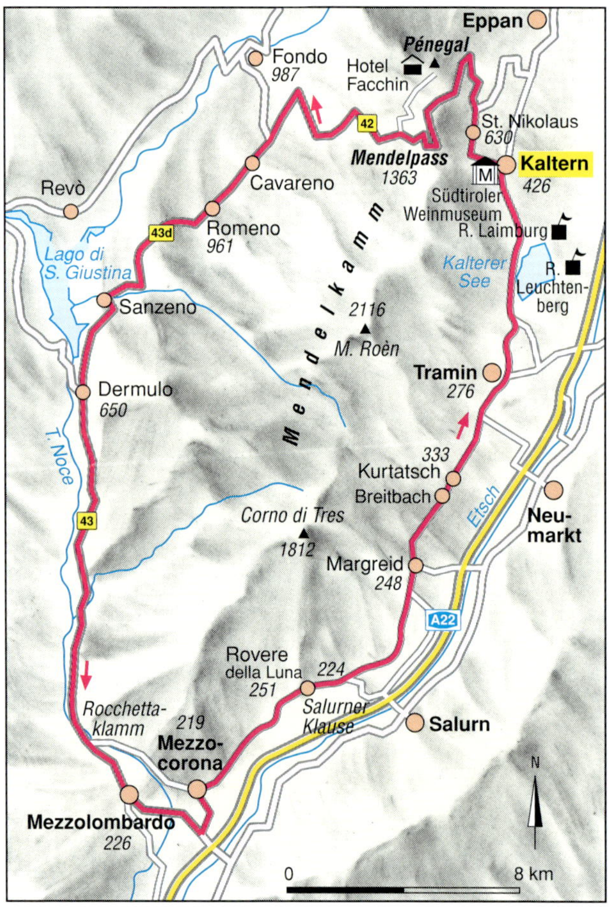

Zwei Ausgangspunkte bieten sich an. Wenn man von Bozen auf der Hauptverkehrsstraße der Beschilderung »Mendelpass/Weinstraße« folgt, kann man diese nach etwa 5 Kilometern rechts Richtung Eppan verlassen und über St. Michael die neu gebaute Umgehungsstraße benutzen. Ansonsten wählt man den Markt Kaltern, lässt sich von dem rötlichen Kopfsteinpflaster der mit 10 Prozent ansteigenden Straße durch den Ort durchrütteln, durchfährt auf etwas zurückgehender Steigung St. Nikolaus, um am Ortsende, nach gut fünf Kilometern, ebenfalls auf die von Bozen heraufführende Straße zu treffen.

Auch wenn die Aussicht vom Monte Pénegal über das Etschtal nach Osten zu den Dolomiten reicht, verhindert Dunst oft eine klarere Fernsicht.

GESAMTLÄNGE 86,0 km

HÖHENDIFFERENZ 1230 m

HÖCHSTSTEIGUNG Mittelschwere Radtour mit 10 % Höchststeigung auf längeren Abschnitten bei der Auffahrt zum Mendelpass sowie an kurzen Abschnitten auf der Südtiroler Weinstraße. Bei Auffahrt zum Monte Pénegal 18 % auf insgesamt 800 m Länge sowie länger anhaltende Steigung bis 12 %.

DAUER 4 1/2 – 7 Stunden

AUSGANGSPUNKT Kaltern (426 m)

ENDPUNKT Kaltern

ANFAHRT Brennerautobahn A22, Ausfahrt Bozen/Süd – Eppan – Kaltern oder Ausfahrt Egna/Ora – Tramin – Kaltern

Die eigentliche Passstrecke, die hier beginnt, ist recht angenehm zu befahren. Die Steigung liegt fast durchgehend zwischen 8 und 10 Prozent und ermöglicht so einen recht gleichmäßigen Tretrhythmus. Wer allerdings an schönen Wochenenden unterwegs ist, wird sich wundern, wie viele Bozener Radler diesen Pass als Trainingsstrecke benutzen, und in welcher Geschwindigkeit manche von ihnen die 16 Kilometer und gut 930 Höhenmeter bewältigen. Leider ist der Pass als beliebtes Ausflugsziel der Bozener dann auch recht stark vom

Dieser Radler hat als Auffahrtsalternative zum Mendelpass die neu gebaute Trasse von Eppan aus gewählt, die bei St. Nikolaus in die von Kaltern heraufführende Straße mündet.

Ausflugsverkehr frequentiert, aber unter der Woche ist man eher ungestört unterwegs.

Markierungshinweise am Straßenrand informieren über die bewältigten Höhenmeter, und wenn man den mit der Aufschrift »1000« passiert, erreicht man kurz danach den Beginn eines langen Bandes, wo die Trasse direkt in den Fels gesprengt wurde. Trotz der Enge der Straße wurden kleine Rastpunkte eingerichtet, die eine weite Aussicht auf die Weinberge des Überetsch ermöglichen, das zwar tiefer liegt, aber so genannt wird, weil es sich hier um eine Höhenstufe über dem eigentlichen Etschtal handelt. Am Ende des Bandes deutet ein Schild mit der Aufschrift »9 Kehren« das Kommende bereits an, sie führen dann auch mit gleich bleibenden 10 Prozent zur Passhöhe hinauf.

Diese ist leider wenig spektakulär, aber wer Aussicht will, muss darauf nicht verzichten. Er muss nur etwa 300 Meter nach der Passhöhe der rechter Hand zum Monte Pénegal abzweigenden Stichstraße folgen. Er sei allerdings gewarnt, auf den vier Kilometern dort hinauf sind 10 Prozent die geringste Steigung, meist liegt sie bei 12 Prozent und erreicht auf zwei je 300 Meter langen Abschnitten satte 18 Prozent. Da ist Schluss mit lustig, allerdings ist mit dem Hotel Facchin, 374 Meter über der Passhöhe, einer der schönsten Aussichtspunkte Südtirols erreicht.

Ein kleiner hölzerner, etwas schwankender Aussichtsturm ermöglicht einen Panoramablick, der von der Ortler-, Presanella- und Brenta-Gruppe im Westen über die Sarntaler, Ötztaler und Zillertaler Alpen im Norden bis zu den Dolomiten im Osten reicht. Hat man sich, den gröbsten Schlaglöchern ausweichend, die

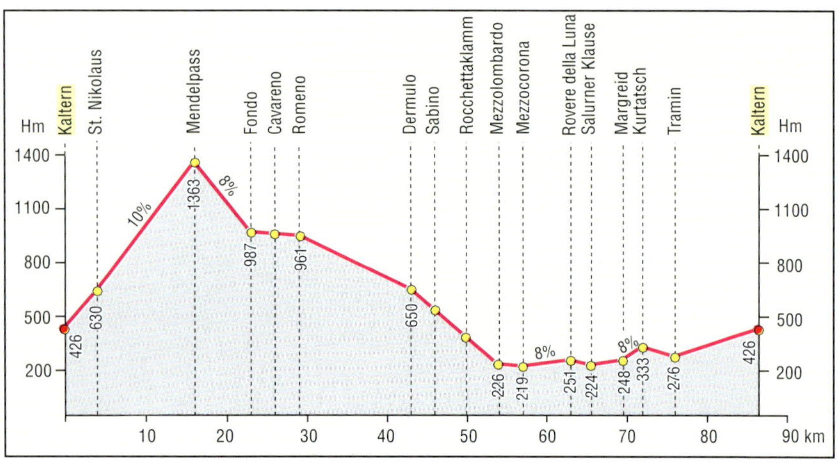

Auffahrt wieder hinabgebremst, kommt einem das 8-prozentige Gefälle hinunter nach Fondo fast flach vor.

Mit Fondo (deutscher Name Nonsberg) hat man den Hauptort des Nonstals erreicht. Fast verschlafen wirkt die Ortschaft, deren Häuser sich weit in einer ausgedehnten Landschaft mit hügeligen Wiesen, über denen sich bewaldete Bergkuppen erheben, verstreuen. Sie liegt am Rande der Brenta- und Presanellagruppe, deren Spitzen sich weit im Westen zwar zeigen, aber meist von einem leichten Dunstschleier verdeckt werden.

Man folgt dem Landschaftsverlauf in einem mäßigen Auf und Ab durch ruhige Dörfer, vorbei an Obstbaumplantagen, bis man in Dermulo, am Südende des Lago di Santa Giustina, einer Staustufe des Noce, auf die Staatsstraße 43 trifft.

Schluchtartig verengt sich hier das Tal, noch ein 1 Kilometer langer Gegenanstieg mit 8 Prozent Steigung ist zu bewältigen, dann geht es bis Mezzolombardo nur noch abwärts. Wer meint, im Etschtal auf ebener Trasse zurück zum Ausgangspunkt rollen zu können, wird leider enttäuscht. Zwar hält sich die Strecke auf den ersten Kilometern unterhalb mächtiger, mauerglatt abfallender Felswände bis zur Salurner Klause, einer Verengung des Etschtals, die gleichzeitig die Grenze zwischen dem Trentino und Südtirol bildet, noch eben, aber auf der Südtiroler Weinstraße, die man bei Margreid erreicht, warten wieder Steigungen. Diese sind zwar nur einige 100 Meter lang und erreichen selten über 8 Prozent, dennoch sollte man in Tramin noch der Verlockung widerstehen, den weltberühmten Gewürztraminer zu kosten, und sich diesen Genuss besser bis zur Rückkehr in Kaltern aufsparen.

Wer aber unbedingt vorher in Tramin anhalten möchte, dem sei gesagt, dass dieser Ort auch kunsthistorisch sehr interessant ist. Er besitzt nicht weniger als drei im Südtiroler Raum sehr bedeutende Kirchen, die unter anderem mit einzigartigen Freskenzyklen aufwarten können. Näheres darüber findet sich in der folgenden Beschreibung der Südtiroler Weinstraße in Tour 26.

Streckenverlauf

Kaltern (km 0,0)
St. Nikolaus (km 4,0)
Mendelpass (km 16,0)
Fondo (km 23,0)
Cavareno (km 26,0)
Romeno (km 29,0)
Dermulo (km 43,0)
Sabino (km 46,0)
Rocchettaklamm (km 50,0)
Mezzolombardo (km 54,0)
Mezzocorona (km 57,0)
Rovere della Luna (km 63,0)
Salurner Klause (km 65,5)
Margreid (km 69,5)
Breitbach (km 71,0)
Kurtatsch (km 72,0)
Tramin (km 76,0)
Kaltern (km 86,0)

Passangaben

Mendelpass	Auffahrt von Kaltern bis Passhöhe 16,0 km mit 10 % Höchststeigung Abfahrt von Passhöhe bis Fondo 9,0 km mit Gefälle bis 8 %
Abstecher	Auffahrt Mendelpasshöhe bis Hotel Facchin 4,0 km mit Monte Pénegal 18 % Höchststeigung auf 2 Abschnitten 300 m und 500 m
Straßenzustand	Bei der Abfahrt zum Mendelpass im oberen Bereich Fahrbahnverengungen teilweise mit Ausweichen, leichte Belagschäden vor allem im Bereich der Passhöhe. Bei der Auffahrt zum Monte Pénegal teilweise erhebliche Belagschäden.
Passöffnungszeiten	ganzjährig befahrbar
Sehenswürdigkeiten	Kaltern (Südtiroler Weinmuseum, Schloss Ringberg, Kalterer See mit Ruinen Leuchtenberg und Laimburg); Monte Pénegal (Aussichtsturm beim Hotel Facchin)
Karte	Generalkarte 1:200 000, Blatt Südtirol/Dolomiten

26

Die Südtiroler Weinstraße

Durch die Weinberge des Überetsch

Diese Trauben bilden die Geschäftsgrundlage eines der bekanntesten Weinanbaugebiete Europas.

Rad fahren und Wein trinken passen eigentlich nicht optimal zusammen, zumindest dann nicht, wenn zwischen dem Genuss eines edlen Tropfens und der sportlichen Betätigung kein ausreichend großer zeitlicher Abstand liegt. Dies mag auf der nachfolgend beschriebenen Tour nicht leicht fallen, zumindest für die Weinkenner, führt sie doch durch eines der bekanntesten Weinanbaugebiete Europas. Aber wer es schafft, wird dafür mit einer leichten Radtour durch eine wunderbare Landschaft belohnt, an deren Ende man sich immer noch dem vernünftigerweise maßvollen Genuss des Rebensaftes hingeben kann.

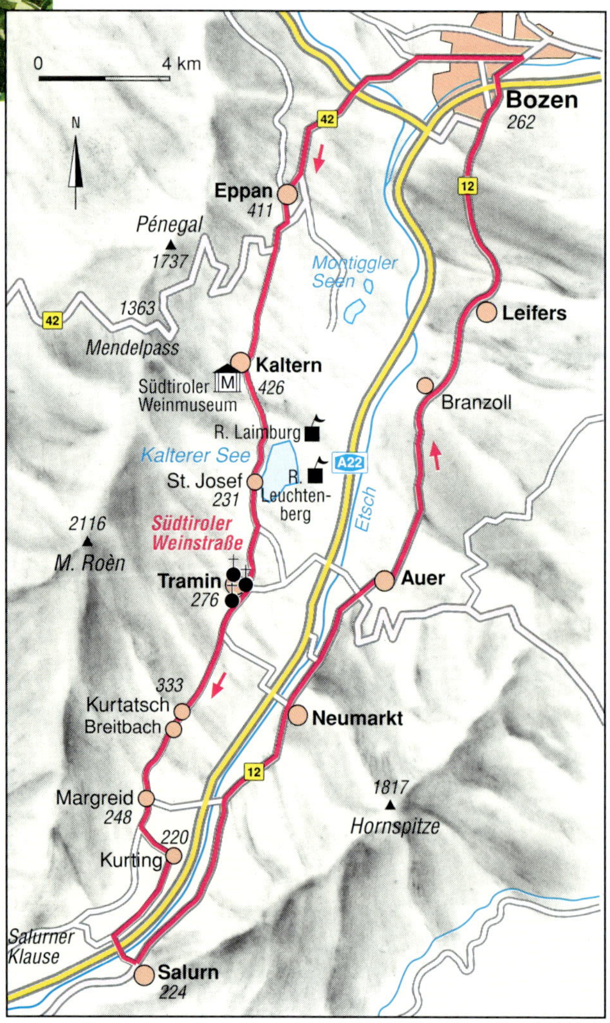

Die Rede ist hier von der Südtiroler Weinstraße, die sich von Sigmundskron bei Bozen an der Westseite des Etschtals entlang des Mendelgebirges bis hinunter nach Salurn, der Grenze ins Trentino erstreckt. Hier reihen sich Ortschaften wie Kaltern, Tramin oder Kurtatsch aneinander, die den Weinkennern vor allem durch die gleichnamigen Weinsorten bekannt sind.

Trotz des Trubels, den Bozen (Bolzano), der wirtschaftliche Mittelpunkt Südtirols, vor allem verkehrsmäßig zu bieten hat, ist der Weg aus der Stadt leicht zu finden, man muss sich nur an den gelben Hinweisschildern mit der Aufschrift »Weinstraße/Strada del Vino« orientieren, die überall im Stadtkern anzutreffen sind. Am Stadtrand erkennt man linker Hand die verfallene Burganlage von Sigmundskron, dann beginnt die Straße durch die weit verstreute Großgemeinde Eppan (Appiano) auf 5 Prozent anzusteigen und hält diese Steigung bis in die Ortsmitte von Kaltern-Dorf bei. Weit reicht der Blick von hier nun erstmals auf die

Südtirol ist nicht nur das Land des Weines, sondern auch der Burgen, die sich auf den Hängen des Etschtales verteilen.

GESAMTLÄNGE 67,0 km

HÖHENDIFFERENZ
320 m

HÖCHSTSTEIGUNG
Leichte Radtour mit 10 % Höchststeigung auf einem kurzen Abschnitt vor Tramin

DAUER
2 1/2 – 3 1/2 Stunden

AUSGANGSPUNKT
Bozen (262 m)

ENDPUNKT Bozen

ANFAHRT Brennerautobahn A22, Ausfahrt Bozen/Süd

Nicht überall rollt es auf der Südtiroler Weinstraße so ruhig wie auf diesem Abschnitt. Gerade im Raum um Bozen ist mit erheblichem Verkehrsaufkommen zu rechnen.

riesigen, meist terrassenförmig angelegten Weinbergflächen des Überetsch, aus denen die glatte blaue Fläche des Kalterer Sees herausleuchtet. Er gilt als wärmster Badesee der Alpen, und wer eine Badehose dabei hat, könnte dies recht einfach herausfinden, denn auf stetig mit 8 Prozent abfallender Trasse hat man das westliche Ufer bald erreicht. Dort folgt man dann der nach Tramin (Termeno) abzweigenden Straße, vor dessen Erreichen die Straßenbauer aber noch einen kurzen 10 Prozent Anstieg gesetzt haben. Das Streckenprofil wird aber auch im weiteren Verlauf nicht allzu schwierig. So sollte man sich ruhig Zeit nehmen, den Ort zu besichtigen, gilt er doch als kunsthistorisch äußerst bedeutsam. Aus dem alten Dorfkern, der sich um einen weiträumigen, schattigen Hauptplatz schart, ragen drei bedeutende Kirchen hervor. Die Pfarrkirche besitzt einen der mächtigsten und schönsten spätgotischen Kirchtürme im Lande. Die etwas oberhalb gelegene Kirche St. Jakob kann mit einem einzigartigen Freskenzyklus aus dem 13. Jahrhundert aufwarten. An der dritten Kirche, St. Valentin am Friedhof, kommen wir dann bei der Weiterfahrt vorbei. Von außen nicht unbedingt ein Schmuckstück, bietet sie einen der eindrucksvollsten freskierten Innenräume (um 1400) Südtirols. Nach so viel Kunst soll allerdings der Wein auch nicht zu kurz kommen, in Tramin gedeiht nicht nur der bekannte Gewürztraminer, sondern auch ein vorzüglicher Cabernet.

Wieder steigt die Straße mit 8 Prozent an, diesmal in das Weindorf Kurtatsch (Cortaccia), das sich vor allem auf einer Hangterrasse über der Straße ausdehnt, bevor es mit Gefälle bis

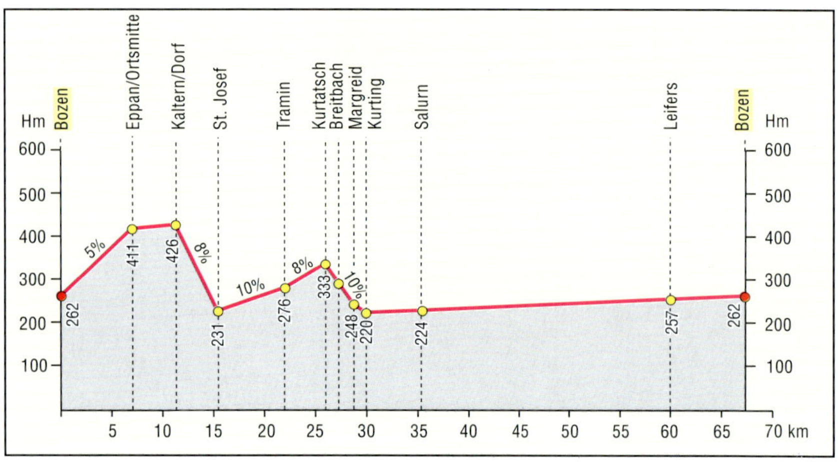

10 Prozent nach Margreid (Magré all'Adige), fast in den Talboden der Etsch, hinabrollt. Der Ort hat sich auf einem Schuttkegel entwickelt, den der Fenner Bach von den Berghängen herabgespült hat. Es ist ein altes Weindorf, das sich sein Erscheinungsbild über die Jahrhunderte fast unverändert erhalten hat. Vor allem die eng aneinandergebauten Ansitze mit ihren zahlreichen Portalen und Torbögen sowie die großen Weinhöfe prägen das Ortsbild.

Hinter dem Ort rücken die Felswände des Tals nun enger zusammen und bilden die Salurner Klause, die südliche Grenze Südtirols und auch das Ende des deutschen Sprachraumes. Über Kurting wendet sich die Straße bretteben der Talmitte zu, man radelt ein Stück an der Autobahn entlang, überquert die Etsch und hat in Salurn (Salorno) das Ende der Südtiroler Weinstraße erreicht. Attraktion des Orts ist die Maderburg in einzigartiger Lage auf einem Felssporn über dem Ort. Wer hinaufsteigt, mit Radschuhen allerdings nicht sehr ratsam, wird in den finsteren Gemäuern ein recht ausgeklügeltes Verteidigungssystem finden.

Wer mit dem Rad wieder zurück muss und nicht den gleichen Weg nehmen will, kann die Staatsstraße 12 am östlichen Etschufer nehmen, die zwar eben verläuft, dafür aber stark befahren ist.

Zum Abschluss noch ein Wort zum Törggelen. Der Begriff kommt von »Törggl« bzw. »Torkl«, Weinpresse, und bezeichnet einen uralten Südtiroler Brauch, wonach während einer Wanderung zur Weinlesezeit in den Schänken der neue Wein verkostet wird. Während heute für gewöhnlich Brot und Speck dazu serviert werden, aß man früher frische Walnüsse, Edelkastanien oder nur hartes Bauernbrot dazu. Wie man sieht, mit dem lateinischen Verbum »torquere«, zu Deutsch »drehen, winden«, hat das Törggelen nichts zu tun. Wer hier also Gleichgewichtsstörungen nach exzessivem Weingenuss assoziiert, mag zwar von der Sache her nicht ganz falsch liegen, etymologische Weihen bekommt dieses Gedankenspiel aber nicht.

Und wer nun neugierig geworden ist und sich mehr mit dieser Materie befassen will, der hat hierzu selbstverständlich auch Gelegenheit. Das Südtiroler Weinmuseum in den Kellern der ehemaligen Weinkellerei Di Pauli im Ortskern von Kaltern (Caldaro) informiert über die Geschichte des Weinbaus in Südtirol von der Römerzeit bis in die Gegenwart, einschließlich Törggelen. Worüber man allerdings nicht aufgeklärt wird, dem sei hier mitgeteilt: Die für Kraftfahrer zulässige Promilleobergrenze in Italien liegt bei 0,8. Und wie in Deutschland, können auch in Italien Radfahrer, deren Alkoholgehalt im Blut über dieser Grenze liegt, ihren Führerschein verlieren, vorausgesetzt, sie haben einen.

Streckenverlauf

- Bozen (km 0,0)
- Eppan/Ortsmitte (km 7,0)
- Kaltern/Dorf (km 11,5)
- St. Josef am Kalterer See (km 15,5)
- Tramin (km 22,0)
- Kurtatsch (km 26,0)
- Breitbach (km 27,0)
- Margreid (km 28,5)
- Kurting (km 30,0)
- Salurn (km 35,5)
- Leifers (km 60,0)
- Bozen (km 67,0)

Passangaben

Straßenzustand	Im Bereich des Kalterer Sees teilweise knapp zweispurige Straßen mit starkem Verkehrsaufkommen
Sehenswürdigkeiten	Kaltern (Südtiroler Weinmuseum, Schloss Ringberg, Kalterer See mit Ruinen Leuchtenberg und Laimburg); Tramin (Pfarrkirche, Kirche St. Jakob, Kirche St. Valentin)
Karte	Generalkarte 1:200 000, Blatt Südtirol/Dolomiten

27 Über 48 Haarnadelkehren hinauf zum Stilfser Joch

Die »Königin der Alpenstraßen«

Trotz Kilometersteinen ist der Kilometerzähler am Rad als Orientierungshilfe bei der Auffahrt zum Stilfser Joch sicherlich geeigneter.

Was macht das Stilfser Joch für Radfahrer eigentlich so anziehend? Sicherlich spielt die sportliche Herausforderung, 1870 Höhenmeter und 28 Streckenkilometer mit Steigungen bis zu 16 Prozent aus eigener Kraft zu überwinden, eine nicht unbedeutende Rolle. Auch die Tatsache, dass es sich um die dritthöchste Passstraße der Alpen – nur noch der Restefond-/Bonettepass und die Iseran-Passstraße in den französischen Alpen können mit größerer Höhe aufwarten – und um die kehrenreichste Straße der Ostalpen – 48 Kehren zählt man bis hinauf zur Passhöhe – handelt, mögen dazu beitragen.

Aber Höhen- und Streckenkilometer sowie Kurven und Kehren kann man überall abfahren. Was man aber in anderem Regionen nur noch selten findet, ist die landschaftlich einmalig schöne Lage mit einer Bandbreite vom sonnigen Vinschgau bis zur urwüchsig gebliebenen Bergwelt der Ortlergruppe. Und all dies zusammen wird es wohl sein, das dem Stilfser Joch die Bezeichnung »Königin der Alpenstraßen« eingebracht hat.

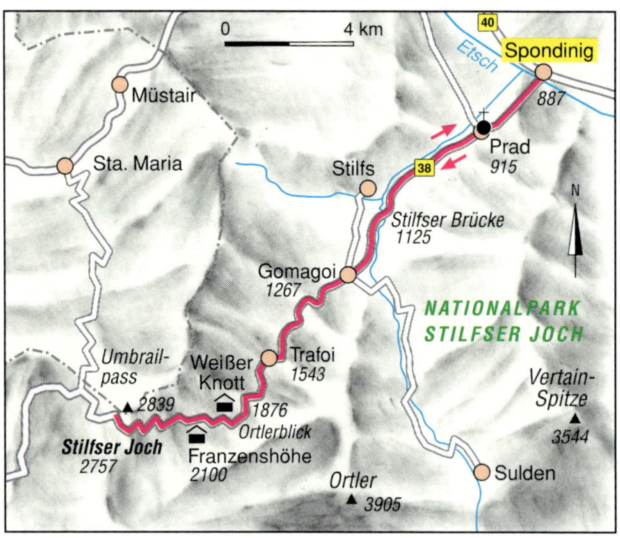

Der Ausgangspunkt ist die kleine Ortschaft Spondinig im breiten Vinschgau, das man erst einmal auf schnurgerader, ebener Straße bis Prad quert. Hier wäre die letzte Gelegenheit, vor dem Passanstieg noch etwas für die Bildung zu tun, wenn man die am Dorfrand versteckte kleine romanische Kirche mit ihrer Rundapsis besuchen würde. Im Inneren finden sich Reste romanischer Freskenmalerei sowie in der Apsis spätgotische Malereien aus der Zeit um das Jahr 1400. Den Schlüssel zu der kleinen Kirche bekommt man im Haus an der St. Johann Gasse 21, das an seinem Fresko an der Hauswand erkenntlich ist. Wer diese Gelegenheit ungenutzt lässt, den erwarten von jetzt ab nur noch Steigungen.

Und die beginnen gleich mit 10 Prozent, einen schluchtartigen Talabschnitt entlang des Suldenbaches aufwärts bis Stilfser Brücke. In dem kleinen Ort, einer ehemaligen Bergwerkssiedlung, deren wenige Häuser sich auf einer Geländestufe an der Ostflanke des Fallaschkammes verteilen, überquert man den Bach und erkennt rückblickend über vorgelagerten Bergrücken die schneebedeckte Spitze der

Während der untere Teil der Strecke bis zum Hotel Franzenshöhe in Wolken liegt, ist der obere Streckenteil – mit den interessantesten Kehren – frei. Im Hintergrund erkennt man die gletscherbedeckten Hänge der Ortlers.

GESAMTLÄNGE 28,0 km

HÖHENDIFFERENZ 1870 m

HÖCHSTSTEIGUNG Schwere Radtour mit 12 % Höchststeigung ab Trafoi auf längeren Abschnitten bis Hotel Franzenshöhe. Ab Hotel Franzenshöhe bis Passhöhe fast durchgehend 12 % Steigung.

DAUER 3 1/2 – 5 Stunden

AUSGANGSPUNKT Spondinig (887 m)

ENDPUNKT Spondinig

ANFAHRT Autobahn Innsbruck-Bludenz A12, Ausfahrt Zams – Landeck – Pfunds – Nauders – Reschenpass – Mals – Spondinig

Die mächtigen Hängegletscher, die sich von der Vorderen Madatschspitze tief in den Talboden von Trafoi herabziehen, bleiben in respektabler Entfernung.

Weißkugel, des zweithöchsten Berges der Ötztaler Alpen. An der rechten Seite der bewaldeten, wenig Aussicht gewährenden Schlucht verläuft die Trasse nun weiter mit Steigungen zwischen 8 und 10 Prozent nach Gomagoi. Die aus einem ehemaligen österreichischen Sperrfort entstandene Ansiedlung ist die größte Ortschaft auf dem Weg zur Passhöhe und gleichzeitig Abzweigung der nach Sulden führenden Straße. Knapp 700 Höhenmeter wären auf der 12 Kilometer langen Straße nach Sulden am Fuße der Nordwand des Ortlers bei Steigungen bis immerhin 13 Prozent zu überwinden. Aber die Route führt höher hinaus und folgt der geradeaus ins Trafoier Tal ziehenden Straße, um unvermittelt die erste Kehre zu erreichen, die ein Kilometerstein mit der Nummerierung »48« kennzeichnet. Kurz vor Trafoi, der letzten Ortschaft vor der Passhöhe, treten die bewaldeten Bergflanken langsam zurück und geben einen großartigen Blick in den stark vergletscherten Talabschluss frei. Wahrscheinlich geblendet ist man von der firnglänzenden weißen Pracht der Eisströme und Hängegletscher, die von der pyramidenförmig aufragenden Vorderen Madatschspitze bis tief in den Talboden herabziehen. Bald verstellt jedoch wieder hochstämmiger Nadelwald den Blick, und man kann sich auf die Straße konzentrieren, die nunmehr schon Steigungen zwischen 10 und 12 Prozent erreicht.

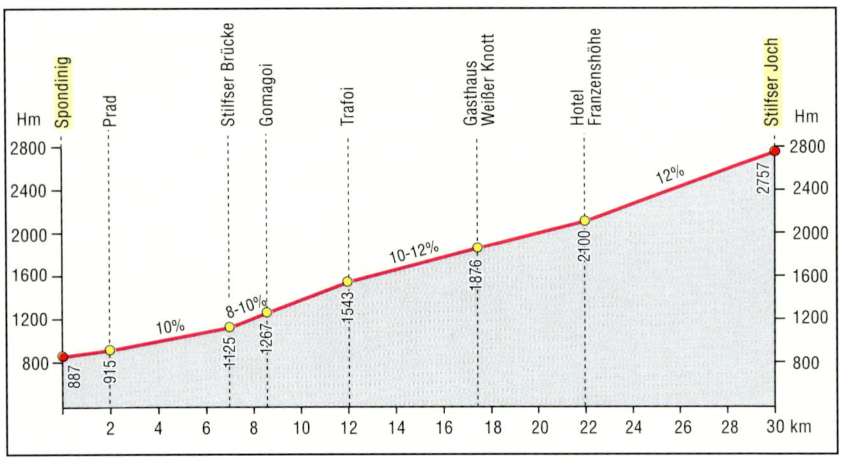

Beim Gasthof »Weißer Knott« sollte man einen Halt einlegen. Majestätisch thront auf der gegenüberliegenden Talseite der 3905 Meter hohe Ortler, dessen schutt- und felsbedeckter unterer Wandteil in eine gletscherbedeckte Krone übergeht. Über weitere Kehren geht es zur

Franzenshöhe, einer früheren Nachschubstation für die Ortlerfront, die nach Kaiser Franz I. von Österreich benannt und nunmehr in ein Hotel umgewandelt wurde.
Der Blick von hier, dem Kehrenverlauf nach oben folgend, ist nun je nach Trainingszustand mehr oder weniger ermutigend. Gut Trainierte werden sagen, nur noch 21 Kehren, weniger gut Trainierte werden diese Zahl aus einem anderen Blickwinkel betrachten. Hoch müssen beide und so hilft alles nichts: Das kleinste Ritzel hat man ohnehin schon aufgelegt, einen mehr oder weniger runden Tretrhythmus gefunden, und so geht es Kehre um Kehre nach oben. 12 Prozent beträgt die Steigung und lässt auf den folgenden sechs Kilometern zur Passhöhe nicht nennenswert nach. Eine kleine Erleichterung kann man sich aber verschaffen: Die Kurven sind außen nämlich teilweise erheblich überhöht, wenn man diese nun, soweit es der Gegenverkehr zulässt, außen anfährt, kann man in den Scheitelpunkt sogar einige Meter abwärts rollen, um so etwas Schwung für die nächste Rampe zu schaffen. Mehrere kleine Parkplätze neben der Straße bieten sich immer wieder zur Rast an, um die herrliche Aussicht auf den Ortler und die ihn flankierenden Bergspitzen in aller Ruhe und uneingeschränkt genießen zu können. Wer es nicht selbst erlebt hat, möchte gar nicht glauben, wie sich sechs Kilometer in die Länge ziehen können, aber irgendwann ist man dann oben und über den hier vorherrschen Trubel an den Andenkenläden erstaunt, der zudem durch das Sommerskigebiet auf dem Joch noch verstärkt wird. Den schönsten Blick hat man von der kleinen Tibethütte, einem charakteristischen Rundbau etwas östlich der Passhöhe, und wenn man von hier oben den Kehrenverlauf betrachtet, kann man wohl zu Recht stolz auf seine Leistung sein.
Wer über die Südseite hinunter nach Bormio abfahren möchte, sollte wissen, dass es 22 Kilometer und 1540 Meter abwärts geht. Neben Gefälle bis 12 Prozent weist sie zwei unbeleuchtete Tunnels, 50 und 150 Meter lang, sowie fünf unbeleuchtete Tunnelgalerien zwischen 100 und 2000 Meter Länge auf. Hinzu kommen 31 Kehren sowie zahllose Schlaglöcher. Eine vorsichtige Fahrweise ist somit geboten, und auch Beleuchtung ist hier der Tunnel wegen dringend anzuraten.

Streckenverlauf

Spondinig (km 0,0)
Prad (km 2,0)
Stilfser Brücke (km 7,0)
Gomagoi (km 8,5)
Trafoi (km 12,0)
Gasthaus Weißer Knott (km 17,5)
Hotel Franzenshöhe (km 22,0)
Stilfser Joch (km 28,0)

Passangaben

Stilfser Joch	Auffahrt von Prad bis Passhöhe 26,0 km mit 12 % Höchststeigung, ab Hotel Franzenshöhe durchgehend 12 % Im unteren Bereich lange Steigungsabschnitte bis 10 % bis Gomagoi
Straßenzustand	Kurvenreiche Straße mit vielen engen Haarnadelkehren, vor allem auf der Abfahrt erhebliche Vorsicht, zudem teilweise erhebliche Belagschäden auf der gesamten Strecke.
Passöffnungszeiten	1. Juni bis 31. Oktober
Sehenswürdigkeiten	Ortlerblick beim Gasthof »Weißer Knott«, schönster Rundblick auf den Kehrenverlauf der Nordseite unterhalb der Passhöhe oder von der Tibethütte etwas oberhalb; Prad (romanische Kirche am Ortsrand)
Karte	Generalkarte 1:200 000, Blatt Südtirol/Dolomiten

Touren in der Schweiz

28 Über Flüela- und Albulapass

Im Graubündner Land

Bergüner Klamm wird dieser schluchtartige Abschnitt auf der Westseite des Albulapasses genannt.

Der Kanton Graubünden, in den uns unsere Radleidenschaft diesmal führt, hat seinen Namen aus der Zeit, als sich die Gemeinden des Vorderrheintales zum Schutz gegen den Nachbarn Österreich zum »Grauen Bund« zusammenschlossen. Graubünden gilt als das größte Bergland der Schweiz mit den meisten Heilquellen, den meisten Bergbahnen und Tälern und auch den meisten Passstraßen, von denen wir uns mit dem Flüela und dem Albula zwei heraussuchen, die sich sehr schön zu einer Rundtour verbinden lassen.

Diese Route ist 118 Kilometer lang und weist 2440 Meter Höhendifferenz auf, was im Vergleich zu anderen Pässetouren in der Schweiz gar nicht so viel ist und von gut trainierten Radsportlern gut in einem Tag bewältigt werden kann. Aber auch weniger sportliche Radler sollten diese Tour, ihrer herrlichen landschaftlichen Eindrücke wegen, nicht versäumen und sich dann eben zwei Tage Zeit nehmen.

In Susch, unserem Ausgangspunkt im Unterengadin, fallen uns bereits einige alte Festungstürme auf. Sie stammen noch aus dem Mittelalter, als Erz aus Graubünden über diese Straße nach Nordtirol transportiert und auf dem Rückweg dafür lebenswichtiges Salz mitgenommen wurde. Noch etwas fällt uns auf, wenn wir die Ortschaft verlassen, nämlich holpriges Kopfsteinpflaster, welches bis zum Ortsausgang anhält. Dort wird die Straße zwar besser, steigt über eine Kehrengruppe dafür aber auf 11 Prozent an. Rasch bleibt die Ortschaft unter uns zurück, Fichten- und Lärchenwald nimmt uns auf, und über eine weitere Kehrengruppe radeln wir in das Val Susasca ein. Jetzt neigt sich die Trasse zurück und ein längeres Flachstück lässt uns wieder zu Kräften kommen, bevor die Steigung wieder zunimmt. Zurückgehender Wald lässt den Blick in das breite Val Grialetsch zu, dessen Talschluss von den Gletschern rund um den Piz Vadret gebildet werden. Eine weitere Kehrengruppe mit 10 Prozent Steigung bringt uns dann recht zügig auf die Passhöhe, eine öde, steinige Hochgebirgslandschaft mit zwei kleinen Seen und zwei Gasthäusern.

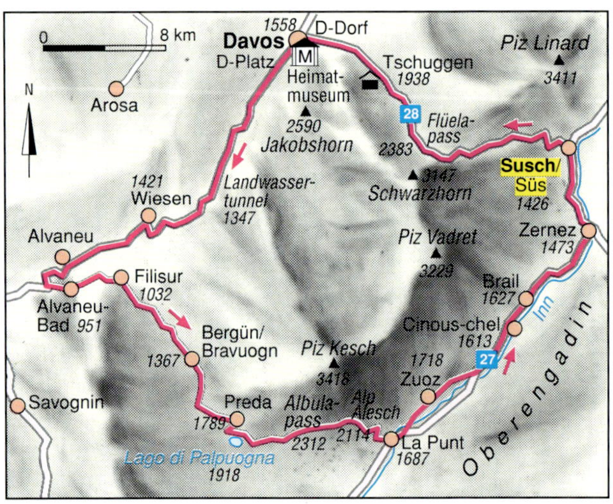

Rasant geht es auf guter Straße mit Gefälle bis zu 10 Prozent über die Westseite abwärts. Beim Gasthaus Tschuggen erwarten uns mit der Ein-

▲ *Vorhergehende Doppelseite: In der Heimat Wilhelm Tells auf der Westseite des Klausenpasses über dem Schächental.*

◄ *Der Kirchturm von Schmitten im Landwassertal zwischen Davos und Alvaneu-Bad, dem Ausgangspunkt zum Anstieg über die Westseite des Albulapasses.*

Gesamtlänge 118,0 km

Höhendifferenz

2440 m

Höchststeigung
Schwere Radtour mit 12 % Höchststeigung auf lang anhaltenden Abschnitten am Albulapass

Dauer 7 – 11 Stunden (1 – 2 Tage)

Ausgangspunkt
Susch im Unterengadin (1426 m)

Endpunkt Susch

Anfahrt Autobahn Innsbruck-Bludenz A12, Ausfahrt Zams – Landeck – Martina – Scoul – Ardez – Larin – Susch

Radständer wie vor dem Gasthaus auf der Albulapasshöhe sind ein eher seltener Service auf Alpenpässen.

Hinweis: Wegen des 2800 m langen Landwassertunnels ist Beleuchtung ratsam.

fahrt in das Flüelatal wieder Almwiesen und Weiden, dann begleitet uns schöner Nadelwald nach Davos, dessen Aufschwung vom ruhigen Walserdorf zum mondänen Fremdenverkehrsort vor allem dem Arzt Alexander Spengler zu verdanken ist, der hier mit der Gründung eines Sanatoriums für Lungenkranke den Aufstieg zum Kurtort einleitete. Aber auch der 1924 entstandene Roman »Der Zauberberg« von Thomas Mann tat sicherlich das seine dazu.

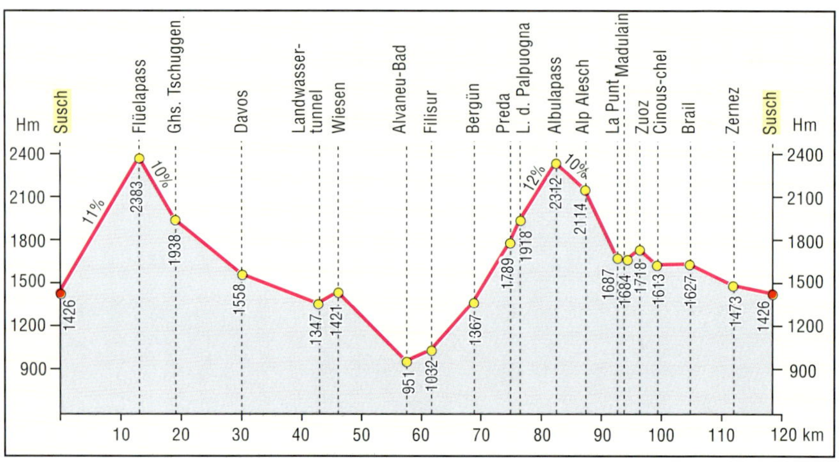

Wir rollen das Landwassertal auswärts Richtung Chur und freuen uns über die gepflegte Wald- und Wiesenlandschaft und die meist abfallende Straße, deren harmonischer Gesamteindruck auch der 2800 Meter lange, beleuchtete Landwassertunnel und ein kurzer Gegenanstieg bei Wiesen nicht trüben kann.

In Alvaneu-Bad verlassen wir das Landwassertal und wenden uns wieder raueren Hochgebirgsregionen zu. Vorläufig bleibt die Umgebung noch freundlich, und Filisur empfängt uns mit einer engen Ortsdurchfahrt sowie klotzig gemauerten Häusern mit malerischen Erkern, kleinen Fenstern und Rundbogeneingängen.

Hier beginnt auch der eigentliche Anstieg zum Albulapass, die Straße wird schmaler, die Steigung nimmt auf 10 Prozent zu, und plötzlich drängt sich nackter, teilweise überhängender Fels an die Straße. Das Tal verengt sich zur Bergüner Klamm, wo gut 150 Meter tiefer sich die weiß schäumende Albula einen schmalen Durchbruch geschaffen hat. Über zwei Kehren mit Steigungen bis 12 Prozent lassen wir die bedrückende Enge hinter uns und sind froh,

auf nachlassender Steigung bis Bergün wieder eine weite Hochgebirgslandschaft vor uns zu haben.
Nach dem Ort nimmt die Steigung wieder auf 10 bis 12 Prozent zu, und wer plötzlich ein mächtiges Schnauben und Pfeifen hört, kann unbesorgt sein, es ist kein Konkurrent, der zum Überholen ansetzt, sondern die Rhätische Bahn, die diesen bautechnisch schwierigen Abschnitt über mehrere Brücken und vier Kehrentunnels, teilweise mühsam rangierend, überwinden muss, bevor sie in Preda in einem 5865 Meter langen Tunnel verschwinden darf.
Auch unser Vorwärtskommen ist mühsam, wir haben zwar keine Tunnel, dafür aber das Teufelstal vor uns, durch das wir uns mit Steigungen, meist um 10, manchmal auch bis 12 Prozent, hocharbeiten müssen. Es ist eine öde, trostlose Trümmerlandschaft, die uns nach dem stimmungsvollen kleinen Palpuognasee erwartet, und deren riesige Felsbrocken von einem gewaltigen Bergsturz an den Hängen des Piz de la Blais herrühren. Man kann sich direkt vorstellen, welche Mühe es den Straßenbauern gekostet haben muss, in dieser Gerölllandschaft mit tonnenschweren Felsbrocken eine fahrbare Trasse zu schaffen, und so ist es auch nicht weiter verwunderlich, dass diese im obersten Abschnitt schmal und teilweise nur einspurig ausgebaut ist.
Die Passhöhe empfängt uns mit freundlichen Wiesen und einem Gasthaus, dessen Dienste wir gern zur Auffrischung der bei der Auffahrt sicherlich rapide geschrumpften Flüssigkeitsvorräte in Anspruch nehmen.
Die 10 Kilometer lange Abfahrt mit 9 Kehren und 12 Prozent Gefälle wäre auf der gut ausgebauten und flüssig zu befahrenden Straße problemlos zu bewältigen, wenn nicht kurz vor La Punt ein Bahnübergang warten würde, der an eine Sprungschanze erinnert und jeden Radfahrer, der hier schneller als Schrittgeschwindigkeit fährt, unweigerlich von der Straße katapultiert. Ist diese Hürde glücklich genommen, steht einer unbeschwerten Rückfahrt durch das Unterengadin auf flacher Straße nichts mehr entgegen.
Etwa bei Breil überschreiten wir die imaginäre Grenze vom Oberengadin ins Unterengadin und folgen weiter dem Lauf des Inns, um zusammen mit diesem wieder unseren Ausgangspunkt Susch zu erreichen.

Streckenverlauf

- Susch (km 0,0)
- Flüelapass (km 13,0)
- Gasthaus Tschuggen (km 19,0)
- Davos (km 30,0)
- Landwassertunnel (km 43,0)
- Wiesen (km 46,0)
- Alvaneu-Bad (km 57,5)
- Filisur (km 61,5)
- Bergün (km 69,0)
- Preda (km 75,0)
- Lago di Palpuogna (km 76,5)
- Albulapass (km 82,5)
- Alp Alesch (km 87,5)
- La Punt (km 92,5)
- Madulain (km 93,5)
- Zuoz (km 96,5)
- Cinouschel (km 99,5)
- Brail (km 105,0)
- Zernerz (km 112,0)
- Susch (km 118,0)

Passangaben

Flüelapass	Auffahrt von Susch bis Passhöhe 13,0 km mit 11 % Höchststeigung Abfahrt von Passhöhe bis Davos 17,0 km mit Gefälle bis 10 %
Albulapass	Auffahrt von Alvaneu-Bad bis Passhöhe 25,0 km mit 12 % Höchststeigung Abfahrt von Passhöhe bis La Punt 10,0 km mit Gefälle bis 12 %
Straßenzustand	Bei der Auffahrt zum Albulapass im oberen Bereich Engstellen mit Ausweichen, im Scheitelbereich leichtere Belagschäden. Bei der Abfahrt Vorsicht bei Überqueren der Bahngleise vor La Punt!
Passöffnungszeiten	Albulapass offen 1. Juni bis 31. Oktober
Sehenswürdigkeiten	Davos-Dorf (Heimatmuseum – Altes Pfrundhaus); Davos-Platz (Ernst-Ludwig-Kirchner-Museum); Bergün (Dorfstraße mit Engadiner Häusern)
Karte	Generalkarte 1:200 000, Schweiz, Blatt 2 östlicher Teil

29 Von der Engadiner Seenplatte zur Via Mala

Über Malojapass, Splügenpass und Julierpass

Unter dem Namen »Via Mala« ist der Felsdurchbruch des Hinterrheins bei Thusis weltbekannt.

Eine der landschaftlich schönsten und abwechslungsreichsten Radtouren, die die Schweiz zu bieten hat, ist diese Rundtour durch das Graubündner Land, mit einem kleinen Abstecher hinüber in die italienische Lombardei, über die Alpenpässe Maloja, Splügen und Julier. Sie erschließt uns so herrliche Landschaften wie die Oberengadiner Seenplatte zu Füßen der Berninagruppe, das Bergell, das burgenreiche Unterrheintal und nicht zuletzt die bekannte Via Mala.

Der erste Pass des Tages, der Maloja, wird uns richtiggehend geschenkt. Er hat nämlich nur eine Passrampe, und die senkt sich über die Westseite hinunter ins Bergell. Die Ostseite, die wir von Silvaplana aus in Angriff nehmen, ist dagegen fast bretteben. Dafür rollen wir an drei Seen, dem St. Moritzer, dem Silvaplaner und dem Silser See, entlang, die sich auf einer weiten, von dunklen Tannenwäldern umrahmten Hochfläche aneinander reihen, und in denen sich die Berge der Berninagruppe spiegeln. Die kleine Ortschaft Maloja ist rasch erreicht, und über einen Steilabbruch geht es über insgesamt 18 Kehren mit Gefälle bis 9 Prozent ins Bergell hinunter.

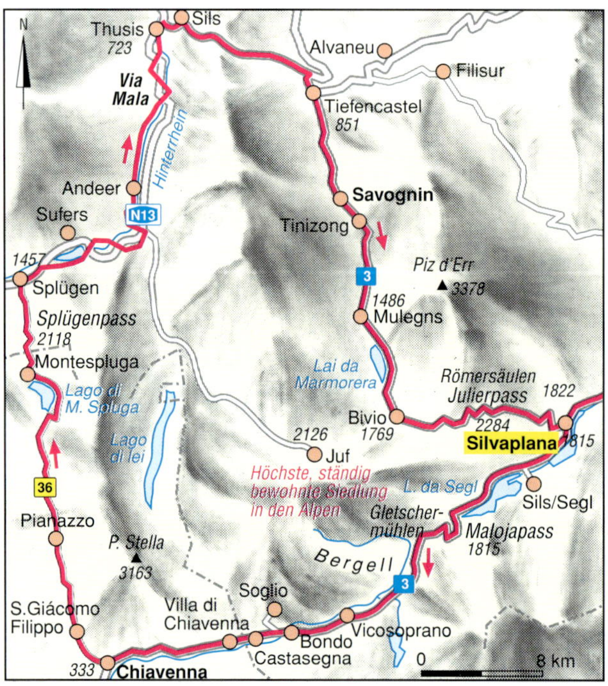

Aus dem freundlichen Oberengadin mit seinen heiter und harmonisch anmutenden Landschaftsbildern geht es hinein in eine Welt aus grauen, glatten, abweisenden Granitriesen, die dunkel und drohend über der linken Talseite aufragen. Obwohl wir uns noch in der Schweiz befinden, haben die Ortschaften mit ihren schiefergedeckten Steinhäusern schon typisch italienischen Einschlag. Zu sehr sollte man sich allerdings weder von der Landschaft noch von den Ortschaften am Straßenrand ablenken lassen, zumindest dann nicht, wenn man sich eine der größten Sehenswürdigkeiten des Bergells nicht entgehen lassen möchte. Am Ortsende von Pramontagno, im Ortsteil Spino, zweigt rechts nämlich ein kleines Sträßchen nach Soglio ab. Die 3 Kilometer lange Auffahrt mit einer Steigung zwischen 10 und 12 Prozent durch einen Wald aus Nuss- und Edelkastanien lohnt jede Mühe. Hoch über dem Bergell bietet

Die Engadiner Seenlandschaft, hier mit dem Silser See zu Füßen des Piz Corvatsch in der Berninagruppe, zählt zweifellos zu den schönsten Landschaften der Alpen.

sich von dort nämlich ein unvergesslicher Blick auf die Granitriesen der Bergeller Bergwelt. Der Maler Giovanni Segantina nannte das Dorf einmal »La soglia del Paradiso«, die Schwelle zum Paradies, womit er nur diese Aussicht gemeint haben kann.

Zurück im Talboden, folgen wir dem Lauf der Maira, der Mächtigen, verlassen mit dieser in Castasegna die Schweiz und erreichen mit Chiavenna wieder eine größere Ortschaft. Deren Name leitete sich wohl von »chiave«, Schlüssel, ab, womit wahrscheinlich die strategische Wichtigkeit am Fuß der Alpenpässe Maloja und Splügen, zu denen früher noch der nunmehr verfallene Septimerpass hinzu kam, ausgedrückt werden sollte.

Gesamtlänge 165,0 km

Höhendifferenz 3350 m

Höchststeigung Schwere Radtour mit 13 % Höchststeigung an kurzen Abschnitten bei der Auffahrt zum Splügenpass

Dauer 9 1/2 – 14 1/2 Stunden (2 Tage)

Ausgangspunkt Silvaplana (1815 m), 4 km südlich von St. Moritz

Endpunkt Silvaplana

Anfahrt Autobahn Innsbruck-Bludenz A12, Ausfahrt Zams – Landeck – Zernez – St. Moritz oder Autobahn Bodensee-Chur, Ausfahrt Landquart, Davos – Flüelapass – Zernez – St. Moritz

Der Bergeller Granit bildet noch den Grundstock für so manches alte Anwesen bei der Auffahrt zum Malojapass.

Hinweis: Wegen der Tunnels, vor allem bei der Auffahrt zum Splügenpass, ist Beleuchtung unbedingt notwendig.

Wir beginnen, der Beschilderung »Madesimo« folgend, mit dem Eintritt in das im unteren Teil dicht bewaldete San-Giacomo-Tal die Auffahrt zum Splügenpass, der kürzesten Verbindung vom Bodensee zum Comer See. Die schnellste Verbindung ist es nicht, wie wir an dem kurvenreichen Verlauf und den lang anhaltenden Steigungen erkennen können. Mit bis zu 10 Prozent über längere Strecken geht es hinauf, kurzfristig sogar mit bis zu 13 Prozent. Auch der Straßenzustand wurde der Verkehrsbedeutung leider nicht angepasst. Zwischen Campodolcino und Pianazzo wird die Überwindung einer Steilstufe über 20 Kehren mit 10 Prozent Steigung dadurch erschwert, dass sich hier eine ganze Reihe von engen, teils schlecht oder gar nicht beleuchteten Tunnels befinden. Nach dem letzten Tunnel geht die Steigung aber zurück, und der Lago di Monte Spluga bringt etwas Abwechslung in die Umgebung, bevor sich hinter Montespluga die letzte Kehrengruppe nochmals mit 10 Prozent zur Passhöhe hochschraubt. Über mehrere Kehrengruppen mit Gefälle bis 11 Prozent senkt sich die nördliche Passrampe dann nach Splügen ins Hinterrheintal ab, das uns mit trutzigen Patrizierhäusern empfängt. Von hier senkt sich die Straße in drei Talstufen ins Vorderrheintal ab. Die erste, das Rheinwald, verlassen wir gleich wieder durch die Rofflaschlucht in die Talweitung des Schons, an dessen Ende wir uns unvermittelt in einer wilden Schlucht mit von Wasserfällen überzogenen Felswänden wieder finden, in der sich tief unten der Rhein einen engen Durchbruch geschaffen hat, und die als »Via Mala« durch den Roman von John Knittel weltbekannt wurde.

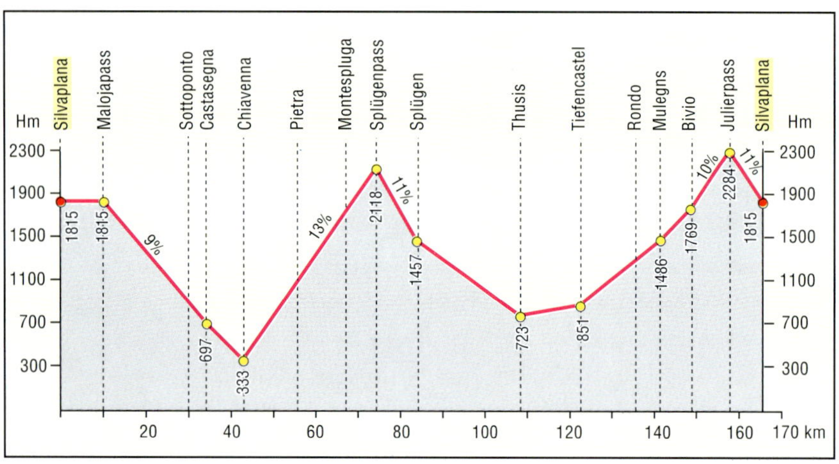

Die letzte Talstufe, das burgenreiche Domleschg, nur am Rande berührend, gelangen wir in den alten Marktflecken Thusis. Auf der imposanten Solisbrücke überqueren wir bei Tiefencastel die Schynschlucht und beginnen die lange Auffahrt zum Julierpass.
Steigungen bis 10 Prozent führen uns in das Oberhalbstein, eine weite Talstufe mit verstreuten Ortschaften an den Hängen der rechten Teilseite. Eine Zeit lang gewinnen wir kaum an Höhe; hinter Tinizong wird wieder eine Talstufe mit 10 Prozent Steigung überwunden, bevor entlang des harmonisch in die Landschaft eingebetteten Marmorera-Stausees ein Flachstück auf uns wartet. Im Bivio wendet sich das Tal entschieden nach Osten, und in einer kahlen, hochgebirgigen Umgebung bringt uns eine Serpentinengruppe mit 10 Prozent Steigung zur Passhöhe. Diese ist mit wie von Zyklopen verstreuten Felsbrocken übersät, aus denen zwei antike Steinsäulen hervorstechen, die bezeugen, dass bereits die Römer diesen Übergang benutzt haben müssen.
Durch ein lang gestrecktes Hochtal senkt sich die Trasse mit Gefälle bis 11 Prozent ab, der Blick auf die Berge der Berninagruppe wird frei, und im unteren Teil kündigen die blauen Seen des Oberengadins das Ende dieser Tour an.

Streckenverlauf

Silvaplana (km 0,0)
Malojapass (km 10,0)
Sottoponto (km 30,0)
Spino (km 30,5)
Castasegna (km 33,5)
Chiavenna (km 42,5)
San Giacomo Filippo (km 47,0)
Pietra (km 55,5)
Pianazzo (km 61,0)
Montespluga (km 68,5)
Splügenpass (km 74,0)
Splügen (km 83,0)
Thusis (km 109,5)
Sils (km 110,0)
Tiefencastel (km 122,0)
Tinizong (km 133,5)
Rondo (km 136,5)
Mulegns (km 141,0)
Bivio (km 149,5)
Julierpass (km 158,5)
Silvaplana (km 165,0)

Passangaben

Malojapass	Auffahrt von Silvaplana bis Passhöhe 11,5 km mit 6 % Höchststeigung an einem kurzen Abschnitt, sonst eben Abfahrt von Passhöhe bis Chiavenna 21,0 km mit Gefälle bis 9 %
Splügenpass	Auffahrt von Chiavenna bis Passhöhe 31,5 km mit 13 % Höchststeigung Abfahrt von Passhöhe bis Splügen 9,0 km mit Gefälle bis 11 %
Julierpass	Auffahrt von Tiefencastel bis Passhöhe 36,5 km mit 10 % Höchststeigung Abfahrt von Passhöhe bis Silvaplana 6,5 km mit Gefälle bis 11 %
Straßenzustand	Der Majolapass wurde in den letzten Jahren ständig ausgebaut. Die Ortschaften mit ihren teilweise engen Ortsdurchfahrten und Kopfsteinpflaster können nunmehr größtenteils umfahren werden. Engstellen bestehen allerdings noch in Castasegna. Bei der Auffahrt zum Splügenpass im oberen Bereich viele Tunnels mit Engstellen und teilweise erheblichen Belagschäden. Kurze Engstellen auch im Hinterrheintal zwischen Splügen und Thusis.
Passöffnungszeiten	Splügenpass offen 1. Januar bis 31. Oktober, der Grenzübergang am Splügenpass ist vom 1. Juni bis 31. September von 24.00 bis 05.00 Uhr, in den übrigen verkehrsoffenen Zeiten von 22.00 Uhr bis 06.00 Uhr geöffnet
Sehenswürdigkeiten	St. Moritz (Segantini-Museum); Malojapasshöhe (Atelier Segantins, Turm Belvédère und Gletschermühlen); Bondo (Abstecher nach Soglio, dem Aussichtsbalkon in die Bergwelt des Bergell); Chiavenna (Altstadt, Stadttor Sta. Maria, Paradisopark und Parco Marmitte dei Gigante); vor Thusis (Via-Mala-Schlucht); Julierpass (Römersäulen)
Karte	Generalkarte 1:200 000, Schweiz, Blatt 2 östlicher Teil

30 Zentralschweizer Pässefahrt

Über Furka-, Grimsel-, Susten- und St.-Gotthard-Pass

Auf der Grimselpasshöhe kann man auch einkehren. So viel Zeit muss sein!

Wenn der Radler an langen Winterabenden nichts anderes tun kann, als wehmütig den Verkehrsdurchsagen im Radio über die Wintersperren von Alpenpässen zu lauschen, fallen in regelmäßiger Häufigkeit folgende Namen: Furka, Grimsel, Susten und St. Gotthard. Wenn er dann einen Blick auf die Landkarte wirft, wird er feststellen, dass sich diese Pässe in den Kantonen Uri, Wallis und Bern, also in der Zentralschweiz, befinden, das Bergmassiv des Dammastocks umrunden und sich somit ideal für eine Radtour eignen würden.

Wenn er dann die Kilometerangaben und Höhenmeter auf der Karte nachzurechnen beginnt, wird er auf eine Streckenlänge von 119,5 Kilometer und eine Höhendifferenz von 3525 Meter kommen. Wenn er dann noch weiß, dass es sich hier um eine der landschaftlich schönsten und grandiosesten Berggebiete der Schweiz handelt, wird sein Entschluss feststehen, diese Tour unbedingt in die Sommerplanung aufzunehmen.

Bis mindestens Mitte Juni gilt es sich aber zu gedulden, bevor man sich nach Andermatt aufmacht, denn früher sind die Pässe, mit Ausnahme des St. Gotthard, der ganzjährig befahrbar ist, nicht passierbar. Andermatt liegt in einem weiten Hochtal an der Schnittstelle dreier Passstraßen, nämlich Oberalp, Furka und St. Gotthard, und ist so vor allem als Verkehrsknotenpunkt von Bedeutung.

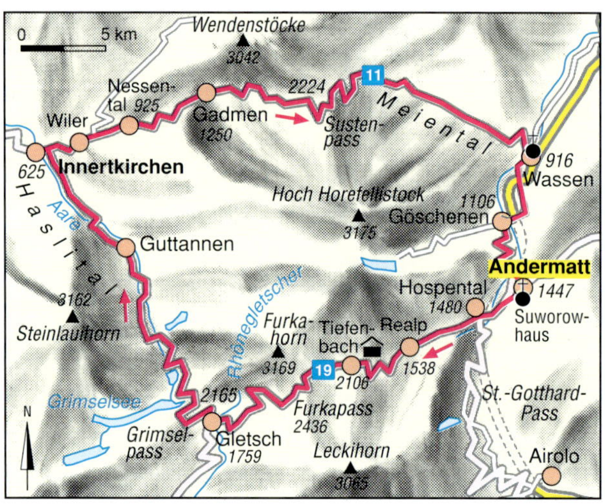

Im breiten Urserental kann man sich auf den ersten Kilometern bis Realp noch warm fahren, dann beginnt der Anstieg zum Furkapass gleich mit 9 Kehren bei 11 Prozent Steigung zum Hotel Galenstock. Die Steigung geht auf 9 Prozent zurück, die Vegetation lässt nach, und man tastet sich in einer immer unwirtlicher werdenden Umgebung zur Passhöhe vor – langsam, wofür vor allem die wieder auf 11 Prozent zunehmende Steigung verantwortlich ist.

Von der Passhöhe hat man zuerst einmal einen eindrucksvollen Tiefblick auf den Talkessel des oberen Rhônetales sowie über die sich im Süden und Westen erhebenden vergletscherten Spitzen und Zacken der Berner Alpen. Einen längeren Aufenthalt sollte man allerdings erst zwei Kilometer abwärts einplanen, beim Hotel Belvédère. Dort reicht die Zunge des Rhône-

Auch wenn es auf diesem Bild recht locker aussieht, erschweren lange Steigungsabschnitte mit bis zu 11 % auf der Ostseite des Furkapasses das Vorwärtskommen doch erheblich.

gletschers fast direkt an die Straße, und gegen Eintritt kann man hier eine gut 100 Meter tiefe Eisgrotte betreten, an deren Ende ein als Eisbär verkleideter Souvenirverkäufer sowie ein Fotograf ihre Dienste anbieten.

Dem gespenstischen Ächzen und Knacken des Eises wohlbehalten entronnen, macht man sich an die Abfahrt nach Gletsch, wo man beim Überqueren der Gleise der ehemaligen Furkabahn Vorsicht walten lassen sollte. Die eingleisige Zahnrad-Dampfbergbahn, deren Betrieb im Jahre 1941 eingestellt wurde, soll nun von Dampfbahnnostalgikern wieder eröffnet werden.

GESAMTLÄNGE 119,5 km

HÖHENDIFFERENZ 3525 m

HÖCHSTSTEIGUNG Schwere Radtour mit 11 % Höchststeigung auf längeren Abschnitten am Furkapass

DAUER 8 – 12 Stunden (2 Tage)

AUSGANGSPUNKT Andermatt (1447 m)

ENDPUNKT Andermatt

ANFAHRT St.- Gotthard-Autobahn A2, Ausfahrt Göschenen – Andermatt

Auf der Westseite des Sustenpasses erkennt man rückblickend über dem Aaretal mit den Engelhörnern die östlichen Ausläufer der Berner Alpen.

Hinweis: Wegen des 325 m langen Scheiteltunnels am Sustenpass und den Galerien am St.-Gotthard-Pass ist Beleuchtung ratsam.

Bis zum sechsstöckigen grauen Steinkasten des Hotels »Glacier du Rhône« reichte noch bis vor nicht einmal 100 Jahren der Furkagletscher, dessen kläglicher Rest noch zu sehen ist. Am Ortsende der ohnehin fast nur aus dem Hotel bestehenden Ortschaft deutet ein weißer Kilometerstein mit der Aufschrift »km 0« den Beginn der Grimselpassstrecke an, die über 6 Kehren mit einer gleichmäßigen Steigung von 9 Prozent und einem sehr guten Ausbauzustand relativ angenehm zu bewältigen ist.

War die Auffahrt mit 6 Kilometern recht kurz, ist die folgende Abfahrt mit fast 30 Kilometern über die Nordseite hinunter nach Innertkirchen dafür umso länger. Ebenso grandios wie die Strecke ist die Umgebung, eine fast gigantisch anmutende Szenerie aus eisgepanzerten Granitwänden und firnbedeckten Gipfeln, von denen sich riesige Gletscherströme herabziehen, um sich in fjordartige, kilometerlange Stauseen zu ergießen.

Es empfiehlt sich, den ersten Abschnitt in Innertkirchen zu beenden, denn die Auffahrt zum hier beginnenden Sustenpass hat mit 1600 Höhenmeter mehr als die beiden vorangegangenen Pässe zusammen. Dafür weist die Strecke neben einem hervorragenden Ausbauzustand als Höchststeigung nur 9 Prozent auf und fügt sich trotz 26 Brücken und 14 Tunnels, die überwiegend an sonnseitigen Hängen errichtet wurden, recht harmonisch in die Landschaft. Trotzdem, leicht gemacht wird es einem auch hier nicht, wenn man mit dem Rad unterwegs ist, und man wird froh sein, wenn man den 325 Meter langen Tunnel auf der Scheitelhöhe endlich erreicht hat und nach dessen Durchfahrung auf der 29 Kilometer langen Abfahrt durch das Meiental hinunter nach Wassen wieder Kräfte sammeln kann.

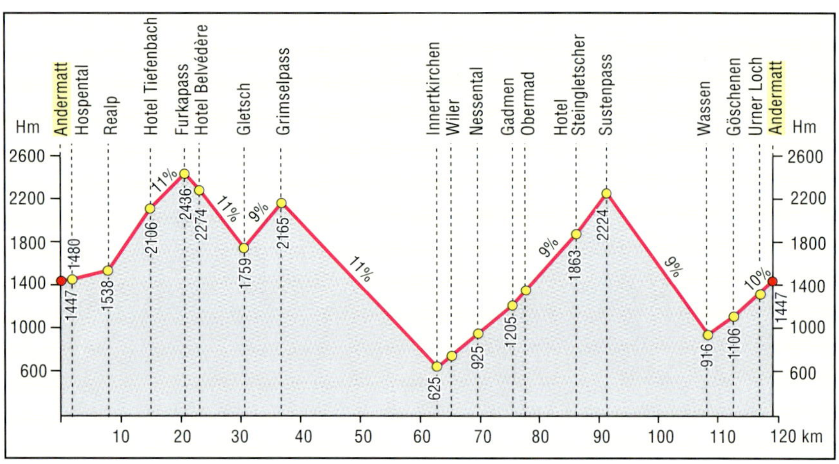

Die braucht man auch, nämlich für die 530 Höhenmeter und 10 Kilometer, die man nunmehr noch auf der St.-Gotthard-Passstraße zurücklegen muss. Den größten Teil der Strecke geht es dabei durch die enge Schöllenenschlucht. Diese galt lange Zeit mit ihren abweisend glatten Granitwänden als absolut unüberwindbares Hindernis. Erst zu Beginn des 13. Jahrhunderts gelang es, diese mittels Holzkonstruktionen, die mit Ketten an den Wänden befestigt wurden, begehbar zu machen. »Stiebender Steg« wurde diese Passage genannt, über die sich rasch ein reger Handelsverkehr bildete, war damit doch die damals kürzeste Verbindung vom Norden nach Italien geschaffen. Dabei kommt man auf der mit Lawinengalerien stark verbauten Straße durch die Granitwände der Schöllenenschlucht auch an der Teufelsbrücke vorbei, die der Sage nach der Teufel hier errichtet haben soll. Als Lohn soll man ihm die erste lebende Seele versprochen haben, welche die Brücke überquert. Die schlauen Bürger schickten eine Ziege über die Brücke und prellten so den Teufel. Der wollte daraufhin mit einem Felsblock sein Werk wieder zerstören, was der Sage nach von Gottvater selbst verhindert worden sein soll. Die alte Teufelsbrücke ist heute zerstört und durch eine neuere ersetzt, die aber bereits seit langer Zeit nicht mehr in Gebrauch ist.

Eine rote Zeichnung am Fels, die abstrakt den Teufel darstellen soll, weist auf die etwas unterhalb der Straße gelegene Brücke hin. Dann noch der kurze Felstunnel des »Urner Lochs« – und dann öffnet sich das weite Hochtal von Andermatt.

Streckenverlauf

Andermatt (km 0,0)
Hospental (km 2,0)
Realp (km 8,0)
Hotel Galenstock (km 13,5)
Hotel Tiefenbach (km 15,0)
Furkapass (km 20,5)
Hotel Belvédère (km 23,0)
Gletsch (km 30,5)
Grimselpass (km 37,0)
Innertkirchen (km 62,5)
Wiler (km 65,0)
Nessental (km 69,5)
Gadmen (km 75,5)
Obermad (km 77,5)
Hotel Steingletscher (km 86,0)
Sustenpass (km 91,5)
Wassen (km 109,5)
Göschenen (km 113,5)
Urner Loch (km 118,5)
Andermatt (119,5)

Passangaben

Furkapass	Auffahrt von Realp bis Passhöhe 12,5 km mit 11 % Höchststeigung Abfahrt von Passhöhe bis Gletsch 10,0 km mit Gefälle bis 11 %
Grimselpass	Auffahrt von Gletsch bis Passhöhe 6,5 km mit 9 % Höchststeigung Abfahrt von Passhöhe bis Innertkirchen 25,5 km mit Gefälle bis 11 %
Sustenpass	Auffahrt von Innertkirchen bis Passhöhe 29,0 km mit 9 % Höchststeigung Abfahrt von Passhöhe bis Wassen 17,5 km mit Gefälle bis 9 %
St.-Gotthard-Pass	Auffahrt von Wassen bis Andermatt 10,0 km mit 10 % Höchststeigung
Straßenzustand	Bei der Abfahrt vom Furkapass Engstellen vor Gletsch, Vorsicht beim Überqueren der Bahngleise vor Gletsch! Leichtere Belagschäden vor allem im Scheitelbereich.
Passöffnungszeiten	Sustenpass offen 15. Juni bis 15. Oktober Grimselpass offen 15. Juni bis 15. Oktober Furkapass offen 15. Juni bis 31. Oktober
Sehenswürdigkeiten	Andermatt (Wallfahrtskirche Maria Hilf und Suworow-Haus); Furkapass (Rhônegletscher mit Gletschergrotte gegenüber dem Hotel Belvédère bei der Abfahrt); Gletsch (Hotel Glacier du Rhône aus der Belle Epoque, Gletscherlehrpfad bei der Englischen Kapelle hinter dem Hotel); Innertkirchen (Abstecher Richtung Meiringen zur Aareschlucht); Wassen (Kirche St. Gallus)
Karte	Generalkarte 1:200 000, Schweiz, Blatt 2 östlicher Teil

31 Über Klausen- und Pragelpass

Im Land Wilhelm Tells

Auf der Westseite des Klausenpasses bildet die Bergkette des Claridenstocks die südliche Talbegrenzung.

Diese Radtour führt uns mitten hinein in das Herz der Schweiz: in die Kantone Uri, Schwyz und Unterwalden, den drei Urkantonen, aus denen sich die heutige Eidgenossenschaft entwickelt hat. Damit wäre zwar ihre politisch-geschichtliche Bedeutung beschrieben, nicht aber ihr landschaftlicher und legendenbehafteter Reiz. Tatsache ist, dass der Klausenpass zu den schönsten Passstraßen der Schweiz, wenn nicht sogar des gesamten Alpenraums zählt. Weiterhin gilt die Region um den Klausenpass als Heimat des Volkshelden Wilhelm Tell, der legendären Symbolgestalt der Schweizer Geschichte, deren Wirken und Taten, von Schiller als Drama gestaltet, mindestens so beeindruckend sind wie die Landschaft.

Der Pragelpass, etwas östlich, kann da nicht so ganz mithalten, aber er führt ebenso durch eine schöne Landschaft, die gegenüber der am Klausenpass den Vorzug hat, viel ruhiger zu sein. So bietet er sich idealerweise für eine Rundtour an; wem die beschriebenen 130 Kilometer und 2590 Höhenmeter aber zu viel sind, der kann sich auch mit dem Klausenpass begnügen und trotzdem genug erleben.

Von der Kantonshauptstadt Glarus rollen wir auf gut ausgebauter Straße bis Linthal, wohin 8-prozentige Anstiege mit längeren leichten Abfahrten und ebenen Abschnitten abwechseln. Hier beginnt die eigentliche Passroute gleich mit zwei kopfsteingepflasterten Kehren und 10 Prozent Steigung. Beim Gasthof Tödi öffnet sich der Blick auf die Gletscher um Tödi und Bifertenstock im Süden, dann zieht die Straße weiter über die Hänge der rechten Talseite nach oben. Nach dem Gasthof Bergli wird der Wald teilweise von aussichtsreichen Wiesenflächen abgelöst, über weitere Kurven und Kehren gewinnen wir je nach Geschwindigkeit mehr oder weniger schnell an Höhe, dann lässt die Steigung plötzlich nach. Wir rollen nun lange auf ebener Trasse durch eines der schönsten Hochtäler der Schweiz, den Urner Boden, ein wildromantisches Tal, dessen grüne,

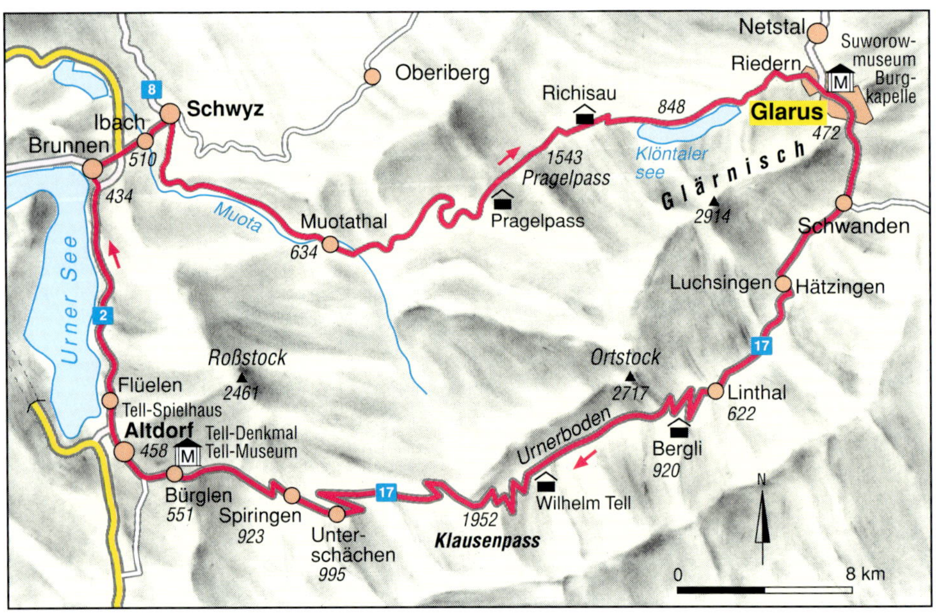

Bei Steigungen bis 18 % auf der Westseite des Pragelpasses ist es keine Schande, aus dem Sattel zu gehen, zumal wenn diese Steigung auf fast 2 km Länge zu überwinden ist.

GESAMTLÄNGE 129,5 km

HÖHENDIFFERENZ 2590 m

HÖCHSTSTEIGUNG Schwere Radtour mit 18 % Höchststeigung auf fast 2 km Länge am Pragelpass

DAUER 7 – 10 Stunden (1 – 2 Tage)

AUSGANGSPUNKT Glarus (472 m)

ENDPUNKT Glarus

ANFAHRT Autobahn Zürich A3, Ausfahrt Niederurnen – Glarus

Durch die klimatischen Bedingungen des nahen Vierwaldstätter Sees liegt die Westseite des Klausenpasses oft in Wolken.

von Bächen durchzogene Wiesen mit verstreuten Almhütten und bemoosten Felsbrocken bedeckt sind und das im Norden von den zerklüfteten Kalksfelsen des Jägerstocks begrenzt wird, während im Süden die Gletscherfelder des Claridenstocks aufleuchten.

Am Talschluss, hinter dem Hotel Wilhelm Tell, scheint uns eine mächtige Felswand den Weiterweg zu versperren. Aber die Straße findet einen Ausweg über eine Kehrengruppe mit 10 Prozent Steigung an der rechten Talseite. Diese bringt uns in einen riesigen Felskessel, der »Klus« genannt wird, und fast aus der Vogelperspektive können wir nochmals einen Blick zurück auf den Urner Boden werfen. Vorbei an den Almen von Vorfrut, lässt die Steigung bis zur Passhöhe nicht nach, wo das Hotel Klausen uns den Aufenthalt in dieser öden Hochgebirgslandschaft zumindest kurzfristig etwas verschönern kann.

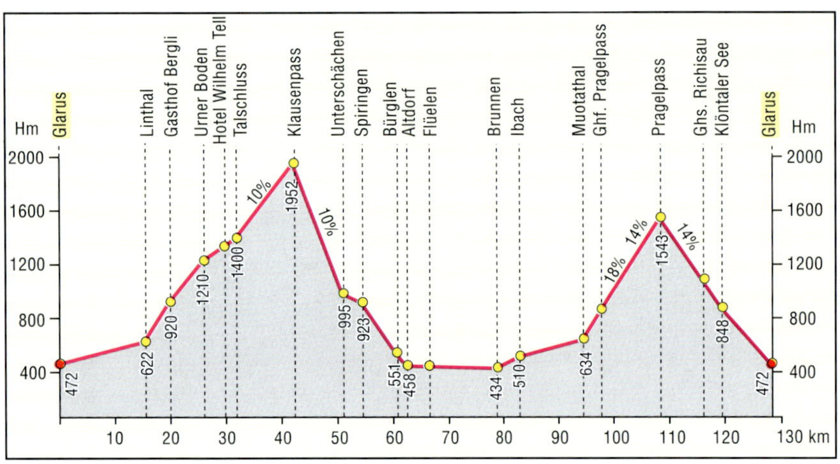

Wir verlassen die Passhöhe, die nach St. Nikolaus benannt wurde, und beginnen die Abfahrt hinunter ins Schächental. Das Gefälle ist dabei mit 9 Prozent geringer als beim etwa 700 Meter langen Gegenanstieg hinter Unterschächen, der 10 Prozent Steigung aufweisen kann. Bürglen, schon im unteren Teil der Abfahrt gelegen, soll Heimatort von Wilhelm Tell gewesen sein. Unübersehbar erinnert ein Denkmal am Dorfplatz, die Tell-Kapelle aus dem Jahre 1582 sowie das Tell-Museum im Wittigwiler Turm mit vielen Urkunden, Bildern und Chroniken an den Volkshelden. Wir treffen wenig später nochmals auf ihn, in Altdorf am Ende der Passstrecke, wo nicht nur das bekannteste Tell-Denkmal steht, sondern auch die Stelle gewesen sein soll, wo er den berühmten Apfelschuss abgab. Die Existenz Wilhelm Tells ist jedoch bis heute nicht bewiesen.

Wir radeln im breiten Tal der Reuss auf ebener Strecke bis Flüelen an der Südspitze des Urner Sees. Von steilen Felswänden eingeschlossen, benutzen wir die teilweise in den Fels gesprengte Axenstraße entlang dem östlichen Ufer, wo nicht nur einige mäßige Anstiege und Abfahrten, sondern auch viele Tunnels und Galerien auf uns warten. Trotzdem ist es einer der landschaftlich schönsten Abschnitte dieser Tour, und die Tunnels sind oft umfahrbar oder mit Radwegen ausgestattet.

Hinter dem See radeln wir, der Beschilderung »Schwyz/Muotathal« folgend, in das ruhige, vom Durchgangsverkehr verschonte Moutathal ein. Es ist ein beschauliches Tal ohne spektakuläre Bergszenen, dafür bewaldeten Berghängen, aus denen Wasserfälle zu Tal schießen und vereinzelt Kalkfels hervorleuchtet. Kurz nach dem Hauptort Muotathal beginnt beim Gasthof Pragelpass die Auffahrt zum Pass, der sich uns allerdings gar nicht so freundlich wie die Umgebung präsentiert. Bis auf 18 Prozent steigt die Trasse an und behält diese auf fast 2 Kilometer Länge bei. Auch danach ist es noch nicht getan, Steigungen um 14 Prozent werden nochmals mit kurzen Spitzen bis 18 Prozent angereichert. Die Passhöhe selbst ist eine blumenübersäte Hochfläche mit schönem Blick auf die Kalkberge um das Bisital, auf der sich wunderbar rasten lässt.

Wie die Auffahrt vollzieht sich auch die Abfahrt auf einem schmalen, aber guten Sträßchen mit Gefälle bis 14 Prozent hinunter in den Talboden von Richisau. Schwierigkeiten erwarten uns nun nicht mehr. Vor uns zeigen sich die mächtigen Nordwände des Glärnisch, und nach einem Waldstück liegt der Klöntaler See vor uns. Eingebettet zwischen dunklen Wäldern, überragt von den steilen Felsen des Glärnisch, macht dieser herrliche Bergsee dann keineswegs einen kalten, abweisenden Eindruck, sondern eher den eines Badesees. Auch wer keine Badehose dabei hat, sollte die Gelegenheit zu einer Rast nutzen, die Landschaft hier ist nämlich um ein Vielfaches schöner und geruhsamer als Glarus, das nur noch 5 Kilometer und einen kurzen leichten Gegenanstieg von uns entfernt ist.

Von unserem Ausgangs- und Endpunkt wäre im Wesentlichen zu berichten, dass die Altstadt seit ihrer Gründung nicht weniger als viermal niedergebrannt ist, zuletzt im Jahre 1861, und somit wenig Altertümliches, dafür aber ein umso moderneres Stadtbild aufweisen kann.

Streckenverlauf

Glarus (km 0,0)
Linthal (km 15,5)
Gasthof Bergli (km 10,0)
Urner Boden (km 26,0)
Hotel Wilhelm Tell (km 30,0)
Talschluss (km 32,0)
Klausenpass (km 42,5)
Unterschächen (km 51,0)
Spiringen (km 54,5)
Bürglen (km 61,0)
Altdorf (km 62,5)
Flüelen (km 66,5)
Brunnen (km 79,0)
Ibach (km 83,0)
Muotathal (km 94,5)
Gasthof Pragelpass (km 97,5)
Pragelpass (km 108,5)
Gasthaus Richisau (km 116,0)
Klöntaler See (km 119,5)
Riedern (km 128,5)
Glarus (km 129,5)

Passangaben

Klausenpass	Auffahrt von Glarus bis Passhöhe 39,0 km mit 10 % Höchststeigung Abfahrt von Passhöhe bis Altdorf 23,5 km mit Gefälle bis 10 %
Pragelpass	Auffahrt vom Gasthaus Pragelpass bis Passhöhe 11,0 km mit 18 % Höchststeigung auf 2 km Länge und längeren Abschnitten bis 14 % Abfahrt von Passhöhe bis Klöntaler See 11,5 km mit Gefälle bis 14 %
Straßenzustand	Bei der Auffahrt zum Klausenpass im unteren Teil zwei kopfsteingepflasterte Kehren sowie Engstellen durch Tunnels. Am Pragelpass Engstellen, teilweise mit Ausweichen. Bei der Abfahrt Vorsicht vor Weiderosten!
Passöffnungszeiten	Klausenpass offen 15. Mai bis 31. Oktober Pragelpass offen 15. Juni bis 31. Oktober. Der Pragelpass ist an Samstagen und Sonntagen zwischen der Passhöhe und Richisau für den öffentlichen Verkehr gesperrt. Radfahrer sind davon nicht betroffen.
Sehenswürdigkeiten	Glarus (Burgkapelle, Suworow-Museum und Kunsthaus); Urner Boden (landschaftlich herrliches Hochtal); Bürglen (Tell-Denkmal, Tell-Kapelle und Tell-Museum); Altdorf (Tell-Denkmal, Tell-Spielhaus)
Karte	Generalkarte 1:200 000, Schweiz, Blatt 2 östlicher Teil

32 Die Route des Grandes Alpes, 1. Abschnitt

Über den Großen und Kleinen St. Bernhard

Die Ostseite des Kleinen-St.-Bernhard-Passes mit dem Tre la Tete.

Die Route des Grandes Alpes ist für Radsportler das vielleicht größte und eindrucksvollste Unternehmen im Alpenraum. Sie nimmt ihren Anfang in der alten Grenzstadt Martigny, unweit des Genfer Sees, am Nordfuß des Großen St. Bernhard, und endet knapp 600 Kilometer weiter an der sonnenbeschienenen Küste der Côte d'Azur in Nizza. Dazwischen liegt der höchste und wildeste Teil der Alpen, den uns die Straße – von den Weinreben des Genfer Sees durch tiefe Schluchten und einsame Hochtäler, vorbei an blühenden Almwiesen und hinauf in kahle Gipfelregionen – in beindruckender Weise erschließt.

Acht Pässe sind zu überwinden, darunter die höchsten der Alpen, und nichts könnte das Außergewöhnliche dieser Strecke besser dokumentieren als der kurze Zeitraum im Jahr, in dem eine Befahrung überhaupt möglich ist. Erst Ende Juni ist die gesamte Strecke für den Verkehr freigegeben, wenn die Sonne auch die höchsten Übergänge von den letzten Schneeresten befreit hat und die Lawinengefahr endgültig gebannt ist; und schon Ende September versinkt sie wieder unter der Last des Neuschnees. Doch auch innerhalb dieses Zeitraums sind Teilsperrungen aufgrund widriger Wetterverhältnisse immer wieder möglich, und so ist zur Bewältigung der Strecke neben ausreichend Zeit, Erfahrung und guter Kondition auch Glück mit dem Wetter notwendig. Kommt dies alles zusammen, ist die Befahrung der Route des Grandes Alpes ein grandioses und unvergessliches Erlebnis, auf das man als Radfahrer zu Recht Stolz sein kann.

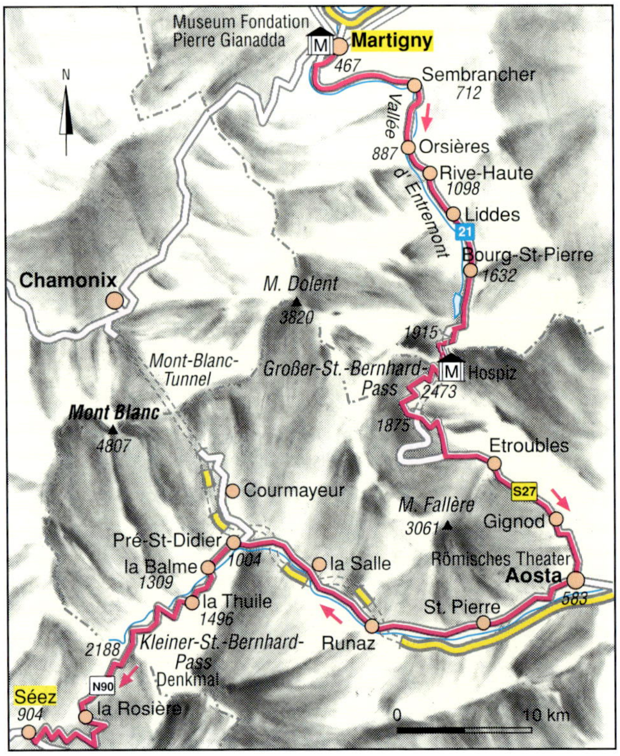

Diesen langen Worten müssen nun aber Taten folgen, und so beginnen wir in Martigny gleich mit der längsten und schwersten Etappe. Ob da Zeit für einen Besuch des modernen Museums Fondation Pierre Gianadda mit Kunstausstellung, Funden aus der Römerzeit und einem Oldtimer-Automobilmuseum bleibt, ist fraglich, empfehlenswert wäre er jedoch allemal.

Über Höchststeigungen bis 10 % führt die Südseite der Großen-St.-Bernhard-Passstraße in eine öde Hochgebirgslandschaft zu Füßen des 3238 Meter hohen Grand Golliat.

Eine Allee von Ahornbäumen begleitet uns zum Ortsausgang, und zwischen Mischwald und Weinbergen gewinnt die gut ausgebaute und leider auch stark befahrene Straße nur allmählich an Höhe. Hinter Orsières zeigt sich die wenig beeindruckende Ostseite des Montblancmassivs, dafür imponiert die mit 10 Prozent ansteigende Straße schon mehr, die sich erst nach knapp 10 Kilometern vor Liddes wieder zurückneigt. Aber schon im Ort wird es wieder steiler, und über Anstiege zwischen 8 und 10 Prozent erreichen wir mit Bourg-St-Pierre zwar das letzte Dorf vor der Passhöhe, aber auch den unangenehmeren Teil der Auffahrt. Durch eine Lawinengalerie führt die Straße mit gleichmäßigen 6 Prozent am Lac de Toules vorbei aufwärts, die wir erst 6 Kilometer später bei einer kleinen Ausfahrt mit der Aufschrift »Col« und »Super-St-Bernhard« endlich verlassen können. Wir haben wieder Licht und Luft und noch 7 Kilometer über Steigungen bis 11 Prozent durch die öden Geröllfelder der

GESAMTLÄNGE 160,0 km

HÖHENDIFFERENZ 3610 m

HÖCHSTSTEIGUNG Schwere Radtour mit 11 % Höchststeigung auf längeren Abschnitten im oberen Teil der Auffahrt zum Großen-St.-Bernhard-Pass

DAUER 8 1/2 – 11 Stunden

AUSGANGSPUNKT Martigny (471 m)

ENDPUNKT Séez (904 m)

ANFAHRT Autobahn Bern Lausanne – Martigny A12 und A9, Ausfahrt Martigny

Combe des Mortes, Schlucht der Toten, wird dieser selbst im Hochsommer mit Schneeresten bedeckte Abschnitt im obersten Teil der nördlichen Auffahrtsstrecke zum Großen-St.-Bernhard-Pass genannt.

Hinweis: Wegen der Tunnels und Galerien bei der Auffahrt zum Großen-St.-Bernhard-Pass und zwischen Aosta und Pré-St-Didier ist Beleuchtung notwendig.

Combe des Mortes bis zur Passhöhe vor uns. Haben wir diese erreicht, befinden wir uns in einer Reihe mit so berühmten Persönlichkeiten wie Kaiser Karl dem Großen, Napoléon und dem karthagischen Feldherrn Hannibal, die ebenfalls diesen Pass überquert haben sollen, wie wir im Museum des vom hl. Bernhard von Menton 1049 gegründeten Hospizes erfahren. Die Sache mit Hannibal und seinen Elefanten ist historisch allerdings stark umstritten (neuere Forschungen gehen davon aus, dass er 218 v. Chr. nicht den St. Bernhard, sondern den Col Clappier überschritten hat, um den Römern auf den Leib zu rücken), unbestritten dagegen ist, dass die hier gezüchteten Bernhardinerhunde ungezählte Menschenleben bei Wetterstürzen gerettet haben. Erst mit Eröffnung des 5828 Meter langen Mauttunnels, des derzeit längsten Straßentunnels der Welt, wurde der Rettungsdienst eingestellt. Auf die südliche Tunnelzufahrt treffen wir nach knapp 15 Kilometern Abfahrt mit Gefälle bis 10 Prozent, dann liegen bis Aosta nochmals 17 Kilometer Abfahrt vor uns.

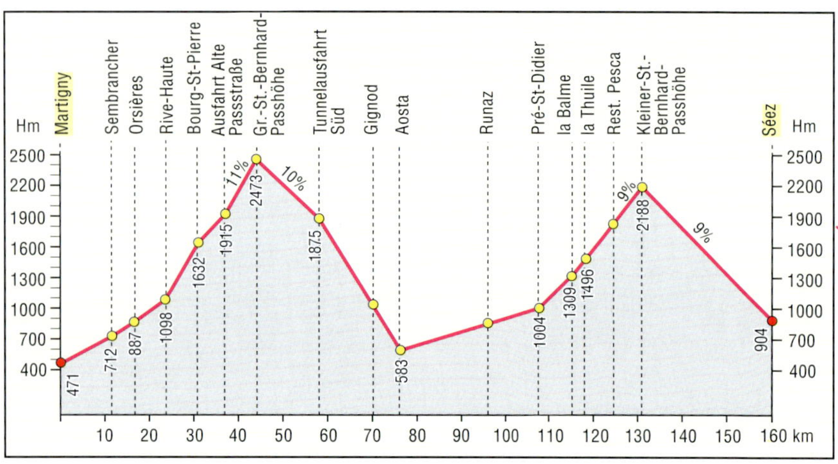

So sehenswert die Altstadt mit ihren reichen Zeugnissen aus römischer Vergangenheit auch wäre, Touristen und Verkehr überschreiten hier meist jedes vernünftige Maß, und so empfiehlt sich, gleich das Aostatal aufwärts Richtung Courmayeur zu radeln. Auf der folgenden 33 Kilometer langen Talstrecke erwarten uns außer leichten Anstiegen und Abfahrten bis 6 Prozent glücklicherweise keine Schwierigkeiten, denn der auf der gut ausgebauten Straße entlang donnernde Schwerlastverkehr reicht uns völlig. Wir sind froh, im kleinen Ort Pré-St-Didier die Straße verlassen und die Auffahrt zum Kleinen St. Bernhard beginnen zu können. Das Wort »klein« drückt dabei vielleicht aus, dass er kleiner als der Große St. Bernhard ist, für sich betrachtet ist die folgende Passstrecke mit fast 1200 Höhenmetern und 23 Streckenkilometern bis auf 2188 Meter Höhe schon groß genug, zumindest wenn man mit dem Fahrrad unterwegs ist und bereits etwa 2400 Höhenmeter und über 100 Streckenkilometer in den Beinen hat.

Zum Glück überschreitet die Steigung nirgends 9 Prozent, geht dafür aber auch nicht sehr oft deutlich unter diese Marke zurück. Am beeindruckendsten ist der Rückblick im unteren Teil der Auffahrt auf die Nordseite des Montblancmassivs mit der lang abfallenden, gezackten Kette des Brouillard- und Peutereygrates, der Spitze des Dent de Géant und der Grandes Jorasses, bevor dieses Panorama unseren Blicken nach Durchfahrung eines kurzen Tunnels entschwindet. Das kleine Restaurant Pesca alla Trota, etwa 6 Kilometer unterhalb der Passhöhe, ist bekannt für seine vorzüglichen Fischgerichte (bei diesem Namen kein Wunder), aber wer noch keine Stärkung benötigt, trifft etwa 3 Kilometer später bei einer verfallenen A.N.A.S-Station auf eine nachlassende Steigung bis zur Passhöhe mit dem verfallenen Hospizgebäude und die überlebensgroße Statue des hl. Bernhard von Aosta.

Von dem Hospiz wird erzählt, dass früher dort allen vorbeikommenden armen Wanderern zwei Gläser Wein und ein halbes Pfund Brot ausgehändigt wurden. Wenn wir uns in den Gasthäusern stärken wollen, müssen wir bezahlen und können dabei getrost auf den Wein verzichten, denn die Abfahrt hinunter nach Séez ist so kurven- und kehrenreich, dass sich bis zum Talboden von alleine ein schwindeliges Gefühl einstellt.

Streckenverlauf

Martigny (km 0,0)
Sembrancher (km 11,5)
Orsières (km 16,5)
Rive-Haute (km 23,5)
Liddes (km 25,5)
Bourg-St-Pierre (km 30,5)
Ausfahrt Alte Passstraße (km 36,5)
Großer-St.-Bernhard-Passhöhe (km 43,5)
Tunnelausfahrt Süd (km 58,0)
Gignod (km 70,5)
Aosta (km 75,5)
Runaz (km 95,5)
Pré-St-Didier (km 108,5)
La Balme (km 115,0)
La Thuile (km 118,0)
Restaurant Pesca alla Trota (km 125,0)
Kleiner-St.-Bernhard-Passhöhe (km 131,5)
Séez (km 160,0)

Passangaben

Großer-St.-Bernhard-Pass	Auffahrt von Martigny bis Passhöhe 43,5 km mit 11 % Höchststeigung Abfahrt von Passhöhe bis Aosta 32 km mit Gefälle bis 10 %
Kleiner-St.-Bernhard-Pass	Auffahrt von Pré-St-Didier bis Passhöhe 23,0 km mit 9 % Höchststeigung Abfahrt von Passhöhe bis Séez 28,5 km mit Gefälle bis 9 %
Straßenzustand	Am Großen-St.-Bernhard-Pass auf der alten Passstraße zwischen Tunneleinfahrt Nord und Tunnelausfahrt Süd auf knapp 22 km Länge teilweise erhebliche Belagschäden. Am Kleinen-St.-Bernhard-Pass leichtere Belagschäden, vorwiegend im Scheitelbereich.
Passöffnungszeiten	Großer-St.-Bernhard-Pass offen 1. Juni bis 15. Oktober Kleiner-St.-Bernhard-Pass offen 15. Juni bis 31. Oktober
Sehenswürdigkeiten	Martigny (Museum Fondation Pierre Gianadda mit Funden aus der Römerzeit, Kunstausstellung und Oldtimer-Automobilausstellung); Großer-St.-Bernhard-Passhöhe (Hospiz mit Museum und Bernhardinerzucht); Aosta (Römisches Theater und römisches Forum, Augustinus-Triumphbogen); Kleiner-St.-Bernhard-Passhöhe (Botanischer Garten beim verfallenen Hospiz und Denkmal des hl. Bernhard von Aosta)
Karte	Michelin 1:200 000, Rhône-Alpes, Blatt 244

Touren in Frankreich

33 Die Route des Grandes Alpes, 2. Abschnitt

Über die zweithöchste Passstraße der Alpen

Hier spiegelt sich die Albarongruppe in den Grajischen Alpen in einem kleinen See auf der Südseite des Iseranpasses.

Séez, wo diese Tour startet, ist in historischer Hinsicht interessant, da sich sein Name vom lateinischen Sextus ableitet, womit der sechste Meilenstein der einst hier von Mailand nach Lyon verlaufenden Konsularstraße gemeint war. Im Zusammenhang mit den Passstraßen der Alpen mag von Interesse sein, dass Séez nördlichster Ausgangspunkt der zweithöchsten für den öffentlichen Verkehr befahrbaren Passstraße der Alpen, den 2770 Meter hohen Iseranpass, ist. Übertroffen wird dieser nur noch vom 2802 Meter hohen Restefond-Bonettepass, den wir auf unserer letzten Etappe (Tour 36) kennen lernen werden.

Wir beginnen unsere Auffahrt mit einer 6 Kilometer langen leichten Abfahrt auf breiter Straße. Erst hinter Viclaire beginnt der Anstieg über zwei Kehren mit 10 Prozent Steigung. Hielten die Berge sich anfangs noch bedeckt, gibt die Straße nun den Blick auf die Gletscher des Mont Pourri frei, die drohend über der rechten Talseite aufragen. Wir halten uns in sicherer Entfernung an den bewaldeten Hängen

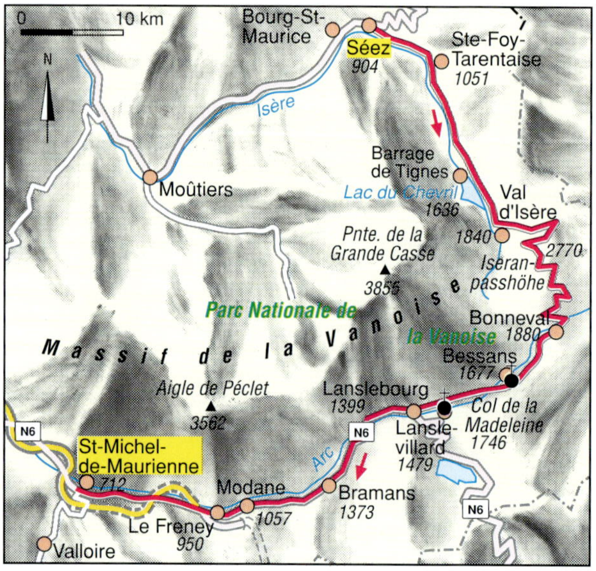

der linken Talseite, wo die Steigung bei Ste-Foy-Tarentaise mit seinen schieferplattenbedeckten Steinhäusern zwar kurz auf 12 Prozent zunimmt, bevor längere Abschnitte bis 8 Prozent von flacheren Abschnitten abgelöst werden. Eine Kehrengruppe mit Steigungen zwischen 10 und 12 Prozent mündet in einem 300 Meter langen, schwach beleuchteten Tunnel, nach dessen Durchfahrung die 188 Meter hohe und 20 Meter dicke Betonstaumauer des Lac du Chevril vor uns liegt. Steigungsmäßig erwarten uns entlang des 3 Kilometer langen Stausees, in dessen Fluten drei kleine Dörfer verschwunden sind, keine Schwierigkeiten. Gefahr droht uns allerdings von einer ganzen Reihe von Galerien und Tunnels entlang der Uferstraße, die teilweise unbeleuchtet sind und deren Straßenbelag in manchmal erbärmlichem Zustand ist. Ein Rücklicht ist dringend anzuraten, auch ein Scheinwerfer könnte nicht schaden, und wer beides nicht hat, sollte vielleicht einen Autofahrer bitten, langsam vor diesem herfahren zu können, um so Sicherheit in den dunklen Röhren zu haben.

Nach Durchfahrt einer kurzen, schluchtartigen

▲ *Vorhergehende Doppelseite: Blick auf den Mont Ventoux bei Brantes.*

◄ *Im unteren Teil der Auffahrt über die Nordseite des Iseranpasses hat sich die Isère tief in den Talboden geschnitten.*

Gesamtlänge 118,0 km

Höhendifferenz 1935 m

Höchststeigung Schwere Radtour mit 12 % Höchststeigung auf einigen kürzeren Abschnitten im unteren Teil des Iseranpasses

Dauer 7 – 9 1/2 Stunden

Ausgangspunkt Séez (904 m)

Endpunkt St-Michel-de-Maurienne (712 m)

Anfahrt Fortsetzung Tour 32 oder Autobahn Turin-Aosta (Aostatalautobahn A5) – Pré-St-Didier – Kleiner-St.-Bernhard-Pass – Séez

Verengung lassen wir diesen unangenehmen Abschnitt endlich hinter uns, dann weitet sich das Tal, und vor uns liegt die Hochfläche von Val d`Isére. Nicht jedermanns Sache ist die Architektur des fast nur aus Beton und Plastik bestehenden Retortenskiortes, der im Winter bis zu 23 000 Menschen Übernachtungsmöglichkeiten bietet, im Sommer aber eher den Eindruck einer verlassenen Goldgräbersiedlung macht. Vor uns liegt der schönste Teil der Passstrecke, der wir uns mit Überfahrung einer kleinen Holzbrücke zuwenden. Über einen baum-

Auf der Südseite des Iseranpasses mit freiem Blick auf die Gletscherfelder um den Albaron.

losen, von kargem Grün überzogenen Berghang windet sich die Trasse so geschickt nach oben, dass sie sich kaum störend in die unverfälschte Landschaft einfügt. 10 Prozent haben die Straßenbauer dabei als Steigungsmaß gewählt, welches nur einmal kurz zurück und sogar in eine kleine Abfahrt übergeht. Der Straßenbelag ist zwar schlecht, dafür eröffnet sich mit jedem Meter der Auffahrt ein immer schöner werdender Panoramablick auf die Bergketten der Umgebung. Wie diese heißen, sagt uns eine Orientierungstafel am Belvédère de la Tarentaise, einem kleinen Aussichtspunkt etwa 4 Kilometer unterhalb der Passhöhe. Hier legt sich die Trasse etwas zurück, um erst auf den letzten drei Kehren vor der Passhöhe nochmals auf 10 Prozent anzusteigen.

Hinweis: Wegen den Tunnels bei der Auffahrt zum Iseranpass ist Beleuchtung unbedingt notwendig.

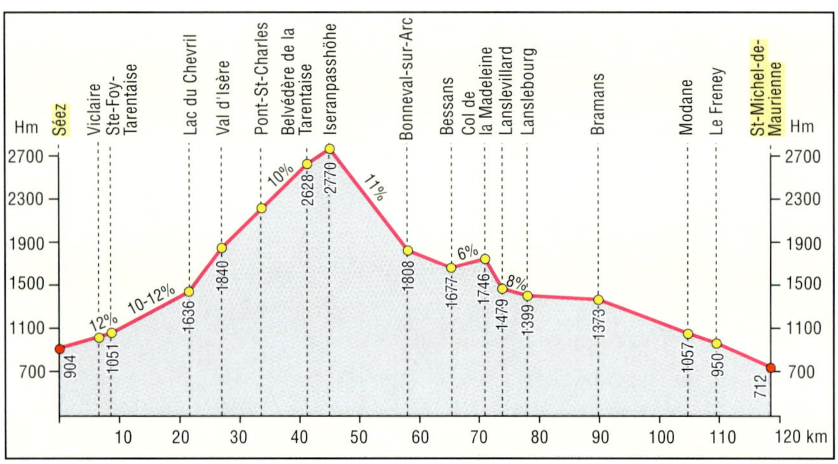

Dort oben finden wir dann weder eine Schutzhütte noch ein Gasthaus, dafür aber etwas abseits eine kleine Kapelle und manchmal einen Bonbonverkäufer, der seine Ware auf einem transportablen Holzstand anbietet. Außerdem finden wir noch eine steinerne Passtafel mit der Aufschrift »Col de l'Iseran Altitude 2770 m«, das wohl am meisten fotografierte Bauwerk hier oben. Noch ein letzter Rundblick auf die Umgebung mit den Dreitausendern des Vanoise-Nationalparks und den grauen schroffen Felsgestalten des Gran-Paradiso-Nationalparks, dann beginnen wir, den Hinweisen »Bonneval-sur-Arc« und »Lanslebourg« folgend, die Abfahrt.

Der Straßenzustand ist genauso schlecht wie bei der Auffahrt, landschaftlich dafür um einiges schöner, wie die Aussicht auf die gletscherbedeckten Berggipfel von Charbonnel, Ciamarella und dem pyramidenförmigen Albaron bald verdeutlicht. Auch hier gibt es kurz unterhalb der Passhöhe einen Aussichtspunkt, Belvédère de la Maurienne genannt, an dem wir vielleicht ebenfalls nochmals kurz anhalten sollten, um uns auch hier an der Orientierungstafel über die Bergnamen zu informieren. Mit 11 Prozent Gefälle geht es dann kurvenreich hinunter nach Bonneval-sur-Arc, der ersten bewohnten Siedlung nach der Passhöhe. Hier oben zeigt sich das Tal noch in seiner ganzen urwüchsigen Schönheit, kahle Berghänge stehen im Kontrast zu den grünen Wiesen im Talboden, und die kleinen Siedlungen im Oberlauf der Arc sind noch typische Bergdörfer mit grauen, alten Steinhäusern, welche naturgemäß dieselbe Farbe haben wie die Felsen ringsum. Hier oben scheint die Zeit zwar nicht stillgestanden zu sein, aber doch deutlich langsamer zu vergehen.

Hinter Bessans überrascht uns ein Schild mit der Aufschrift »Col de la Madeleine« nach einem nur 1,5 Kilometer langen Gegenanstieg mit 6 Prozent Steigung, und wir nehmen den zweiten Pass des Tages so gerne mit. Von den Steigungen her gibt es keine Schwierigkeiten mehr, sieht man von einem etwa 1 Kilometer langen Anstieg vor Brumans und einer etwa 3 Kilometer langen Steigung gleichen Schwierigkeitsgrads nach der Ortschaft durch einen schluchtartigen Abschnitt, der von einer alten Festung aus grauen Steinmauern mit roten Ziegeldächern bewacht wird, ab. Dafür macht uns wieder etwas anderes zu schaffen: der Verkehr. Bei Lanslebourg mündet nämlich der Mont-Cenis-Pass ein, der den ganzen Schwerlastverkehr von Turin nach Grenoble auf sich zieht. Dieser erfährt vom Frejus-Tunnel bei Le Freney nochmals Verstärkung, und zu allem Überfluss verwandeln sich die Orte in graue, reizlose Industriedörfer mit staubigen Häuserfassaden. Alles zusammen bietet nicht gerade die Stimmung, die man sich auf dieser Alpentour gewünscht hätte. Aber ab St-Michel-de-Maurienne ist es vorbei mit der Hektik, und mit der Abzweigung zum Galabierpass liegt wieder eine reizvolle Umgebung vor uns.

Streckenverlauf

- Séez (km 0,0)
- Viclaire (km 6,5)
- Ste-Foy-Tarentaise (km 8,5)
- Stausee Lac du Chevril (km 21,5)
- Val d'Isére (km 27,0)
- Pont-St-Charles (km 33,5)
- Belvédère de la Tarentaise (km 41,5)
- Iseranpasshöhe (km 45,0)
- Bonneval-sur-Arc (km 58,0)
- Bessans (km 65,5)
- Col de la Madeleine (km 71,0)
- Lanslevillard (km 74,0)
- Lanslebourg (km 78,0)
- Bramans (km 90,0)
- Modane (km 105,0)
- Le Freney (km 105,0)
- St-Michel-de-Maurienne (km 118,0)

Passangaben

Iseranpass	Auffahrt von Séez bis Passhöhe 45,0 km mit 12 % Höchststeigung an kurzen Abschnitten im unteren Teil, sonst lang anhaltende Steigungen bis 10 % Abfahrt von Passhöhe bis Bonneval-sur-Arc 13,5 km mit Gefälle bis 11 %
Col de la Madeleine	Auffahrt von Bessans bis Passhöhe 5,5 km mit 6 % Höchststeigung auf ca. 1,5 km Länge Abfahrt von Passhöhe bis Lanslebourg 7 km mit Gefälle bis 8 %
Straßenzustand	Bei der Auffahrt zum Iseranpass vor Val d'Isère unbeleuchtete Tunnels mit teilweise erheblichen Belagschäden. Belagschäden auch bei der weiteren Auffahrt zur Passhöhe sowie auf der Abfahrt bis Bonneval-sur-Arc.
Passöffnungszeiten	Iseranpass offen 1. Juli bis 30. September
Sehenswürdigkeiten	Iseranpass (Aussichtspunkt Belvédère de la Tarentaise bei der Auffahrt kurz unterhalb und Belvédère de la Maurienne bei der Abfahrt kurz nach der Passhöhe); Bessans (Kapelle St-Antoine); Lanslevillard (Kapelle St-Sébastian)
Karte	Michelin 1:200 000, Rhône-Alpes, Blatt 244

34 Die Route des Grandes Alpes, 3. Abschnitt

Über das »Dach der Tour«

Fotostopp kurz vor Briançon am Ende der Abfahrt über den Lautaretpass.

»Dach der Tour« wird der Galibierpass deshalb genannt, weil er während der Tour de France in der Regel den höchsten anfahrbaren Punkt bildet. In der Rangliste der höchsten Alpenpässe nimmt er dagegen nur den vierten Platz ein – hinter dem Iseran, den wir auf der vorhergehenden Etappe kennen gelernt haben, dem Restefond-Bonette, dessen Befahrung uns noch bevorsteht, sowie dem Stilfser Joch in den italienischen Alpen (siehe Tour 27, Seite 126ff.).

Mit dem Galibier liegt eine reine Kletteretappe vor uns, es geht fast nur aufwärts und abwärts, die mit 70 km zwar nicht allzu lange ist, mit 2105 Höhenmeter aber doch einiges an Stehvermögen erfordert. Eigentlich liegen ja drei Pässe vor uns. Zum Galibier gesellen sich nämlich noch der Télégraphepass und der Lautaretpass, aber der Télégraphe ist dem Galibier nur vorgelagert und durch eine kleine Abfahrt von diesem getrennt, und den Lautaret bewältigen wir ausschließlich bei der Abfahrt. Es geht zudem hinein in eine Berggruppe, die zu Recht als wildester Teil der Alpen bezeichnet wird, das Massiv des Ecrins, auch unter der Bezeichnung »Pelvouxgruppe« bekannt, so dass wieder ein spannender und abwechslungsreicher Tag vor uns liegt.

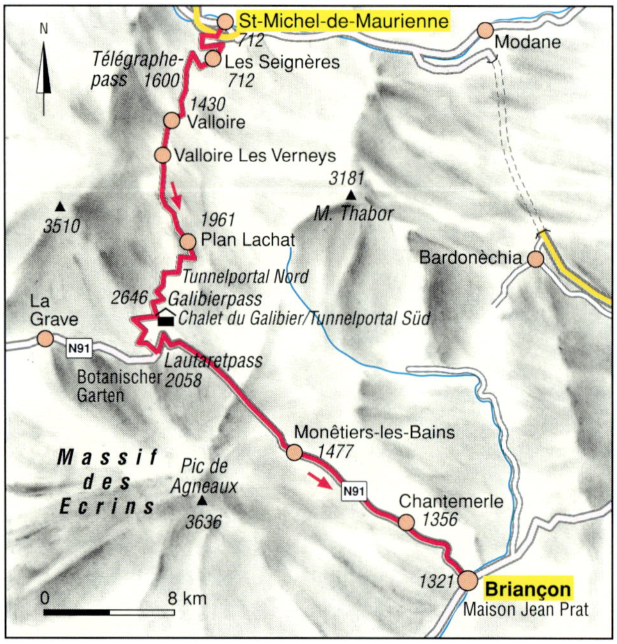

Bemerkenswert in St-Michel-de-Maurienne, dem Industrieort im Arctal, das im oberen Bereich auch Maurienne genannt wird, ist, dass wir keine Beschilderung zum Galibierpass finden werden. Also halten wir uns an die Hinweisschilder zum Télégraphepass und verlassen die Stadt auf der Rue du Télégraphe. Auf einer kleinen Holzbrücke überqueren wir die Arc, fahren unter einer ebenso kleinen Eisenbahnbrücke hindurch, dann beginnt die Straße auf 10 Prozent anzusteigen. Durch Mischwald, vorbei an Häusern und kleinen Gärten, windet sich die gut ausgebaute Straße nun mit einer gleichmäßig zwischen 8 und 10 Prozent liegenden Steigung nach oben. 14 Kehren sind es, die wir auf diese Weise überwinden, bevor unvermittelt ein Schild mit der Aufschrift »Col du Télégraphe« die Passhöhe anzeigt. Es ist ein dicht bewaldeter, wenig Aussicht bietender

Ob die beiden wissen, dass die 4101 Meter hohe Meije über der Westseite des Lautaretpasses von keinem Geringeren als dem Erstbesteiger des Matterhorns Edward Whymper im Jahre 1864 erstbestiegen wurde?

GESAMTLÄNGE 70,5 km

HÖHENDIFFERENZ
2105 m

HÖCHSTSTEIGUNG
Mittelschwere Radtour mit 12 % Höchststeigung auf längeren Abschnitten im oberen Teil des Galibierpasses

DAUER 4 1/2 – 7 Stunden

AUSGANGSPUNKT
St-Michel-de-Maurienne (712 m)

ENDPUNKT
Briançon (1321 m)

ANFAHRT Fortsetzung Tour 33 oder Autobahn Turin – Susa – Fréjustunnel – Modane – St-Michel-de-Maurienne

Sattel, der mit einer Höhe von 1600 Meter angegeben ist und seinen Namen von einem etwas oberhalb in den Wäldern versteckten Fort hat, das wir bei der Auffahrt hin und wieder kurz zu Gesicht bekommen haben. Fast 900 Höhenmeter haben wir bis hier oben bewältigt, aber gut 170 davon verlieren wir auf der nachfolgenden 5 Kilometer langen Abfahrt mit Gefälle bis 9 Prozent nach Valloire, einem kleinen Fremdenverkehrsort im Tal der Valloirette,

Die Kehren auf der Südseite des Galibierpasses können bei der Abfahrt recht flüssig befahren werden. Für einen Blick auf das gewaltige Felsmassiv der Meije bleibt da allerdings keine Zeit.

dem eigentlichen Ausgangspunkt zum Galibierpass. Über eine mit 12 Prozent fast wie eine Rampe aus dem Ort heraus führenden Straße geht es nun hinein in eine Hochgebirgswelt, wie man sie sich schöner eigentlich kaum vorstellen kann. Hinter Valloire Les Verneys gewinnt die Straße unterhalb der von den Aiguilles d` Arves herabziehenden grau, schwarz und rötlich schimmernden Geröllmassen, die von der munter schäumenden Valloirette durchzogen werden, bis zum Restaurant Plan-Lachat etwas gemächlicher an Höhe. Hier kann man nochmals etwas verschnaufen, denn der schwierigste Teil der Auffahrt liegt vor uns. Über eine Kehrengruppe nimmt die Steigung auf 12 Prozent zu, um sich dann zwischen Geröllfeldern, auf denen auch im Hochsommer noch Schneereste liegen, mit 10 Prozent Steigung zu den verschlossenen Tunnelportalen des bereits seit 1979 stillgelegten Scheiteltunnels zu ziehen. Umkehren müssen wir freilich nicht, dafür aber wieder etwas fester in die Pedale treten, denn vier Kehren mit 12 Prozent Steigung überwinden die letzten 100 Höhenmeter zur Passhöhe. Die kleine Einsattelung bietet zwar wenig Platz, dafür aber eine grandiose Aussicht – vor allem nach Süden, auf das Ecrinsmassiv mit der majestätischen Meije, einer Bastion aus Granit und Eis, mit mächtigen Wänden, messerscharfen Graten und spitzen Nadeln, durchzogen von gewaltigen, zerrissenen Gletschern. Für Alpinisten sicherlich ein Traum, und die Barre des Ecrins, einer der furchteinflößendsten Gipfel dieser Gruppe, wurde von Edward Whymper, dem großen englischen Bergsteiger, dem 1865 Erstbesteigung des Matterhorns gelungen war und der

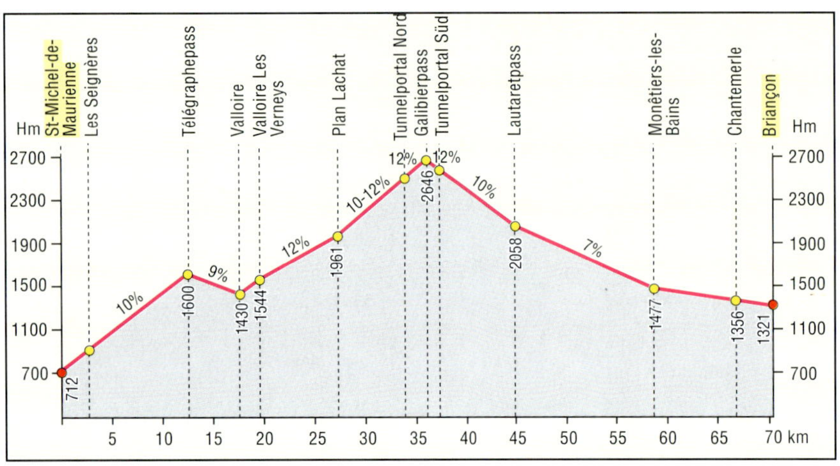

dort 1911 auf tragische Weise ums Leben kam, erstbestiegen.

Auf eine andere berühmte Persönlichkeit treffen wir schon einen Kilometer später auf der Abfahrt mit 12 Prozent Gefälle über die Südseite zum Gasthaus Chalet du Galibier. Auf dem Parkplatz vor dem verschlossenen Südportal des Gipfeltunnels steht eine hohe Steinsäule, die Henri Desgranges, dem Begründer der Tour de France, gewidmet ist. Mit gleich bleibendem Gefälle von 10 Prozent fällt die Straße dann kurvenreich zum Lautaretpass ab, dessen Passhöhe, recht ungewöhnlich, den südlichen Endpunkt der Galibierpassstraße bildet. Diese präsentiert sich ziemlich verbaut, und eine Vielzahl von Telegrafenmasten tragen nicht gerade zur Verschönerung der Landschaft bei, dennoch beeindruckt noch einmal der Blick auf die Eisströme der Meije etwas westlich. Wieder war es der berühmte englische Bergsteiger Edward Whymper, der den 4101 Meter hohen Gipfel im Jahre 1864 zusammen mit A. W. Moore und den beiden Führern Michel Croz und Christian Almer als Erster betrat. Berühmt machte ihn allerdings ein anderer Umstand. Nur ein Jahr später, am 14. Juli 1865, gelang Whymper und auch Michel Croz, der hier ebenfalls sein Führer war, nach insgesamt sechs Fehlversuchen die Erstbesteigung des Matterhorns. Wir können uns ruhig Zeit lassen, die Eindrücke hier oben genießen und vielleicht sogar den kleinen botanischen Garten besichtigen, denn auf der verbleibenden Strecke bis Briançon erwarten uns keinerlei Schwierigkeiten mehr. Die Straße führt über die Ostseite der Passstrecke nur noch abwärts, zwingt dabei aber immer wieder zum Mittreten, denn allzu viel Neigung weist sie nicht auf. Hin und wieder geben Taleinschnitte noch den Blick auf die Gneis- und Granitmassen um den Mont Pelvoux im Süden frei, dann durchradeln wir die Hochfläche des bekannten Wintersportortes von Serre-Chevalier. Ein letzter Anstieg von 50 Meter Länge mit 8 Prozent, dann geht es endgültig in den Talkessel von Briançon hinab.

Streckenverlauf

St-Michel-de-Maurienne (km 0,0)
Les Seignères (km 2,5)
Télégraphepass (km 12,5)
Valloire (km 17,5)
Valloire Les Verneys (km 19,5)
Plan Lachat (km 27,0)
Tunnelportal Nord (km 34,0)
Galibierpass (km 36,0)
Chalet du Galibier/Tunnelportal Süd (km 37,0)
Lautaretpass (km 45,0)
Monêtiers-les-Bains (km 58,5)
Chantemerle (km 67,0)
Briançon (km 70,5)

Passangaben

Télégraphepass	Auffahrt von St-Michel-de-Maurienne bis Passhöhe 12,5 km mit 10 % Höchststeigung Abfahrt von Passhöhe bis Valloire 5,0 km mit Gefälle bis 9 %
Galibierpass	Auffahrt von Valloire bis Passhöhe 18,5 km mit 12 % Höchststeigung Abfahrt von Passhöhe bis Lautaretpasshöhe 9,0 km mit Gefälle bis 12 %
Lautaretpass	Abfahrt von Passhöhe bis Briançon 25 km mit Gefälle bis 7 %
Straßenzustand	Am Télégraphepass gut ausgebaute Straße. Am Galibierpass teilweise erhebliche Belagschäden.
Passöffnungszeiten	Galibierpass offen 15. Juni bis 15. Oktober
Sehenswürdigkeiten	Galibierpass (Denkmal Henri Desgranges, Begründer der Tour de France, am Parkplatz vor dem Tunnelportal Süd bei der Abfahrt); Lautaretpasshöhe (Botanischer Garten); Briançon (Porte Pignerol, nördliches Stadttor, Maison Jean Prat in der Grande Rue Nr. 37 mit Renaissancefassade; Festung)
Karte	Michelin 1:200 000, Rhône-Alpes, Blatt 244

35 Die Route des Grandes Alpes, 4. Abschnitt

Durch den Queyras-Nationalpark

Die Casse Déserte, übersetzt »zerklüftete, zerhackte Wüste«, auf der Südseite des Izoardpasses.

Der Izoardpass und der Varspass gehören nicht unbedingt zu den bekanntesten Alpenpässen, deren Befahrung neben der rein sportlichen Betätigung auch noch für ein gewisses Renomee sorgt. Dennoch ist diese Strecke keinesfalls nur eine Etappe auf dem Weg zum Ziel. Im Queyras-Nationalpark erwarten uns beispielsweise einige Überraschungen, die diesen Abschnitt sicherlich noch lange im Gedächtnis bleiben lässt.

Zuerst wollen wir Briançon noch etwas unter die Lupe nehmen, es lohnt sich. Mit einer Lage auf 1321 Meter Meereshöhe gilt es als höchstgelegene Stadt Europas, wobei ihm dieses Attribut allerdings zunehmend vom 1560 Meter hoch gelegenen schweizerischen Davos streitig gemacht wird. Schenkt man den Angaben in den Fremdenverkehrsprospekten Glauben, kann Briançon mehr als 300 Sonnentage im Jahr aufweisen. Den Ausbau zur Festungsstadt verdankt es allerdings weniger diesem Umstand, sondern mehr seiner strategisch günstigen Lage am Schnittpunkt dreier Passstraßen, nämlich Lautaret, Montgenévre und Izoard, sowie einem Brand im Jahre 1692, nach dem König Ludwig XIV., der Sonnenkönig, seinem genialen Baumeister Vauban den Auftrag gab, es als Festung wieder aufzubauen, was dann zwischen 1692 und 1722 mit einigem Geschick geschah, wie vor allem die Zitadelle in der Oberstadt, Kern der Befestigungsanlagen, noch heute eindrucksvoll beweist. Bei einem Blick auf die massiven Mauern kann man sich gut vorstellen, dass es im August des Jahres 1815 einem österreichisch-savoyischen Heer trotz 20-facher Übermacht nicht gelungen ist, sie einzunehmen.

Wir machen uns auf den Weg, den Izoardpass einzunehmen, der sich dagegen erst einmal mit einer 12-prozentigen Steigung auf gut 3 Kilometer Länge wehrt. Ein letzter Blick auf Stadt und Befestigungsanlagen von oben, dann nimmt uns das Tal der Cerveyrette auf, und die Steigung geht etwas zurück. In Cerviéres, einem kleinen Bergdörfchen am Fuße der mächtigen Pyramide des Grand Pic de Rochebrune,

So öde und vegetationslos sich die Umgebung auf der Izoard-Passstraße auch präsentiert, so einmalig und beeindruckend ist sie zugleich.

folgen wir der südlich abknickenden Straße, die nunmehr an der Izoard entlangführt. Hinter den Häusern von Le Lans nimmt uns lichter Lärchenwald auf und die Steigung über Kehren wieder auf 10 bis 12 Prozent zu. Erstmals sind zwischen den Bäumen sonderbar geformte Felsnadeln zu sehen, die ihre Entstehung der Verwitterung durch Regen, Wind und

GESAMTLÄNGE 93,0 km

HÖHENDIFFERENZ
2150 m

HÖCHSTSTEIGUNG
Schwere Radtour mit 12 % Höchststeigung auf einem längeren Abschnitt am Beginn des Izoardpasses sowie auf einem kurzen Abschnitt durch Les Claux am Varspass

DAUER
5 1/2 – 8 1/2 Stunden

AUSGANGSPUNKT
Briançon (1321 m)

ENDPUNKT
Jausiers (1220 m)

ANFAHRT Fortsetzung Tour 34 oder Autobahn Turin A32, Ausfahrt Montgénevrepass – Briançon

In weiten Schleifen überwindet die Straße den letzten Kilometer auf der Nordseite vom Refuge Napoléon zur Izoard-Passhöhe mit Steigungen zwischen 10 und 12 %.

Schmelzwasser zu verdanken haben. Am Refuge Napoléon vorbei, einer Schutzhütte, die auf eine Stiftung des Franzosenkaisers zurückgeht, können wir über uns bereits die Passhöhe erkennen, zu der die Straße in drei weiteren Schleifen bei nicht nachlassender Steigung hochführt.

So öde und vegetationslos die Umgebung dort oben auch sein mag, so beeindruckend und fesselnd ist sie auch, und man empfindet Respekt vor der Leistung der französischen Gebirgsjäger, die die Straße errichtet haben (und

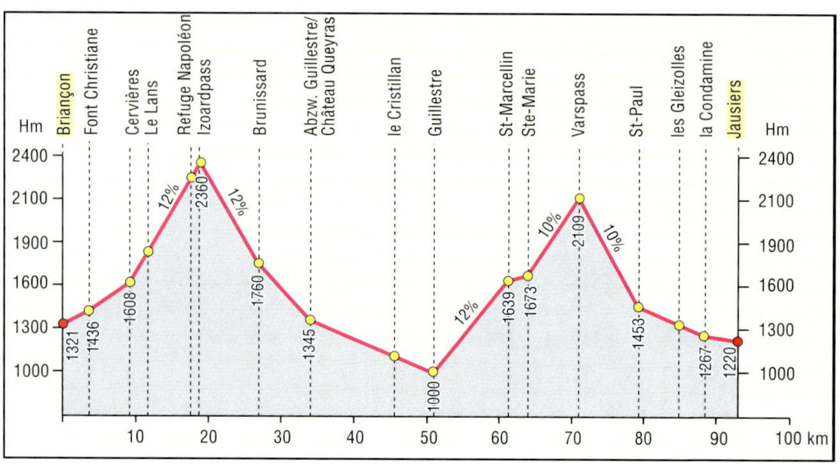

zu deren Ehren auf der Passhöhe ein Monument errichtet wurde). In einer kleinen Baracke ist zudem ein kleines Tour-de-France-Museum untergebracht. Vor allem die Bilder aus den Anfangstagen dieses Rennens, wo die Athleten ihre Reservereifen noch über Kreuz um den Oberkörper gewunden selbst mitführten, beeindrucken immer wieder. Einem der größten Radsportler aller Zeiten, Fausto Coppi, wurde mit einer Tafel auf einem Fels etwas abseits der Straße ein Denkmal gesetzt, aber man muss schon genau aufpassen, auf den Kehren der folgenden Abfahrt mit 12 Prozent Gefälle nicht daran vorbeizurauschen.

Nicht zu übersehen ist dagegen etwas anderes: Wir glauben nämlich in eine Mondlandschaft einzufahren. Aus den Schuttreißen der Berghänge ragen riesige, vom Regen und Schmelzwasser freigelegte, bizarr geformte Nadeln, Pyramiden und Klötze aus Fels hervor und verbreiten so eine fast gespenstische Atmosphäre. Wir sind in der »Casse Déserte«, der zerklüfteten, zerhackten Wüste, wie dieser im gesamten Alpenraum wohl einmalige Landschaftsabschnitt genannt wird. Knapp 2 Kilometer lang ist diese Strecke, dann führt uns ein kurzer 6-prozentiger Gegenanstieg aus diesem Naturschauspiel heraus und Kehren in das freundliche Hochtal von Brunissard hinab.

An der Abzweigung Guillestre/Château Queyras folgen wir dem Tal der Guil. Nur langsam senkt sich die Straße zwischen den Felsen der Combe du Queyras abwärts und verschwindet bald in einer kleinen Schlucht, wo sich die Guil unter uns in einem Bett aus weißem Schotter, mit grünen und rosa Marmorblöcken durchsetzt, ihren Weg sucht. Über mehrere Brücken,

Tunnels und in den Fels gesprengte Hangvorbauten überwinden wir diesen Abschnitt, bis sich das Tal über ein weites Wiesenplateau in das breite Becken der Durance nach Guillestre absenkt.

Die Stadt berühren wir nur am Rande und beginnen gleich die Auffahrt zum Varspass auf gut ausgebauter, mit 10 Prozent ansteigender Straße. Einen guten Teil der folgenden 20 Kilometer zur Passhöhe hält sie sich aber deutlich darunter und ermöglicht so ein halbwegs zügiges Bewältigen der 1100 Höhenmeter. Dem Motto »Das Schwerste zum Schluss« getreu nimmt die Steigung durch den lang gestreckten Skiort Les Claux, 5 Kilometer unterhalb der Passhöhe, bis auf 12 Prozent zu, dafür erwarten uns nach dem Refuge Napoléon, das der Franzose auch hier errichten ließ, neben 10-prozentigen Anstiegen auch ebene Passagen.

Die Passhöhe ist ein freundlicher Wald- und Wiesensattel mit einem kleinen Alpenzoo abseits der Straße, aber die Überraschung liegt auf der Abfahrt. Etwa auf halber Strecke ragen links der Straße groteske Gebilde aus Moränenschutt, von der Erosion freigelegt, hervor, wie man sie sonst nur noch im Hérémencetal im Wallis oder am Ritten in Südtirol findet. Dort tragen sie allerdings einen »Hut«, also einen abgeflachten Stein auf der Spitze, den wir hier nirgends entdecken können. Das Erdreich scheint widerstandsfähiger zu sein, so dass dieses Dach zum Schutz von Schnee und Regen nicht notwendig ist. Wir verlassen die »Demoiselles Coiffées«, also die »versteinerten Feen«, wie diese Gebilde im Volksmund genannt werden, und bewältigen die restliche Abfahrt mit Gefälle bis 10 Prozent nach St Paul ins Tal des Ubaye.

Ein 200 Meter langer, unbeleuchteter Tunnel führt uns auf leicht abfallender Straße durch die dunklen Schieferwände der Talenge von Reysolle nach Les Gleizolles, wo eine Straße zum Col de Larche abzweigen würde. Unser Ziel ist jedoch die kleine Ortschaft Jausiers, etwa 8 Kilometer südlich, Ausgangspunkt zum Restefond-/Bonettepass, der höchsten für den öffentlichen Verkehr befahrbaren Straße der Alpen (siehe Seite 166).

Streckenverlauf

Briançon (km 0,0)
Font Christiane (km 3,5)
Cervières (km 9,0)
Le Lans (km 11,5)
Refuge Napoléon (km 18,5)
Izoardpass (km 19,5)
Brunissard (km 27,0)
Abzweigung Guillestre/Château Queyras (km 34,0)
Le Cristillan (km 45,5)
Guillestre (km 51,0)
St-Marcellin (km 61,5)
Ste-Marie (km 64,0)
Les Claux (km 65,5)
Varspass (km 71,0)
St-Paul (km 79,5)
Les Gleizolles (km 85,0)
La Condamine (km 88,5)
Jausiers (km 93,0)

Passangaben

Izoardpass	Auffahrt von Briançon bis Passhöhe 19,5 km mit 12 % Höchststeigung Abfahrt von Passhöhe bis Guillestre 32,0 km mit Gefälle bis 12 %
Varspass	Auffahrt von Guillestre bis Passhöhe 20,0 km mit 12 % Höchststeigung an einem kurzen Abschnitt in Les Claux, sonst längere Steigungen bis 10 % Abfahrt von Passhöhe bis Les Gleizolles 14,0 km mit Gefälle bis 10 %
Straßenzustand	Am Izoardpass teilweise erhebliche Belagschäden im Scheitelbereich. Am Varspass leichtere Belagschäden im Scheitelbereich.
Passöffnungszeiten	Izoardpass offen 15. Juni bis 15. Oktober
Sehenswürdigkeiten	Briançon (Porte Pignerol, nördliches Stadttor, Maison Jean Prat in der Grande Rue Nr. 37 mit Renaissancefassade; Festung); Izoardpass (Casse Déserte, Gerollwüste kurz nach der Abfahrt von der Passhöhe, Demoiselle Coiffées, Erdpyramiden auf halber Strecke der Abfahrt); Varspasshöhe (kleiner Bergzoo)
Karte	Michelin 1:200 000, Rhône-Alpes, Blatt 244 und Provence-Côte d`Azur, Blatt 245

36 Die Route des Grandes Alpes, 5. Abschnitt

Über die höchste Passstraße der Alpen

Jausiers, die Einwohner des hübschen kleinen Örtchens mögen es verzeihen, bietet keine allzu spektakulären Sehenswürdigkeiten. Erwähnt sei höchstens die Zone d'Loisirs, die Abwechslung und Erholung bietet. Beides könnte nach den vorhergegangenen Anstrengungen bestimmt nicht schaden, und so empfiehlt sich ein Besuch, bevor wir den letzten großen Höhepunkt unserer Tour, den Restefond-/ Bonettepass, in Angriff nehmen, der 24 Kilometer und 1585 Höhenmeter von uns entfernt in 2802 Meter Höhe das letzte Hindernis vor einer langen Abfahrt nach Nizza an der Côte d'Azur bildet.

Wir radeln direkt an dem Erholungsgelände vorbei, wenn wir dem nicht zu übersehenen Hinweisschild mit der Aufschrift »Col de la Bonette 2804 m plus Haut Col d'Europe« folgen. Bei der Höhenangabe 2804 hat man etwas übertrieben, denn amtlich wird seine Höhe mit 2802 Meter angegeben, was auch auf einer Steintafel oben auf der Passhöhe vermerkt ist. Allerdings würde es auf die zwei Meter auch nicht mehr ankommen, wenn das Ziel nur schon erreicht wäre. Dazu beginnen wir die Auffahrt auf breiter, gut ausgebauter und nur mäßig ansteigender Straße. Am Ortsende überqueren wir den Ubaye, die Steigung nimmt zu, und über Kehren mit 10 Prozent erreichen wir schon nach nur 3,5 Kilometer die letzte Ortschaft auf dieser Passseite. Bald wird die Straße nicht nur schmäler, auch der Belag verschlechtert sich zusehends. Über eine Felswand rauscht ein Wasserfall herab, die Straße weicht auf die östliche Talseite aus und überwindet diesen Abschnitt über eine Kehrengruppe mit 12 Prozent Steigung, bevor sie sich zum Chalet Halte 2000 wieder auf 10 Prozent absenkt. Es ist nur eine kleine Steinhütte neben der Straße, aber es dokumentiert doch immerhin, dass man fast die Hälfte der Auffahrt bereits zurückgelegt hat. Es geht hinein in eine kahle Landschaft mit braunen Schutt- und Geröllhalden, die nur hin und wieder von spärlichen Wasserläufen durchzogen werden, und wer angesichts der Höhen, in die wir nun vordringen, spektakuläre Felsszenarien oder Gletscher erwartet hat, wird enttäuscht. Es gibt kaum Fels, kaum Vegetation, nur dunkles Erdreich und schuttige Geröllhänge, durch welche sich die Straße beständig nach oben zieht. Sie ändert

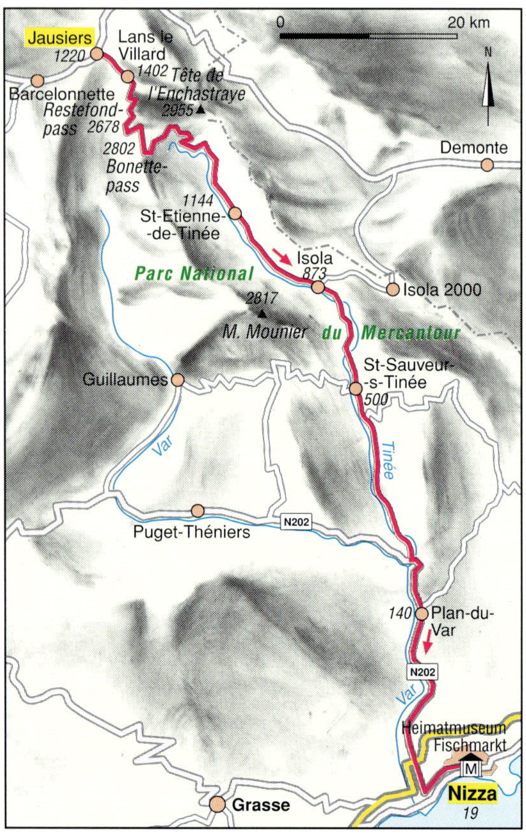

▲ *Kurz hinter Jausiers steht dieses Schild.*

Eindrucksvoll zeigt diese Aufnahme von der Nordseite der Restefond-/Bonette-Passstraße, mit welchen Widrigkeiten auf Pässen immer wieder zu rechnen ist. Zwei Tage später war die Trasse allerdings schon wieder instand gesetzt.

zwar ständig ihren Verlauf, überwindet Mulden, Talkessel, Steilstufen und Hangtraversen, aber nicht allzu sehr ihren Steigungsverlauf. Dieser liegt meist bei 10 Prozent, öfters auch bei 12 Prozent und weniger bei 8 Prozent, darunter tut sie es nur an wenigen kurzen Abschnitten. Plötzlich hebt sich eine Gruppe von Steinhütten aus der gleichförmigen Umge-

GESAMTLÄNGE 140,0 km

HÖHENDIFFERENZ 1585 m

HÖCHSTSTEIGUNG Schwere Radtour mit 14 % Höchststeigung auf ca. 1 km Länge bei der Auffahrt vom Restefondpass zum Bonettepass, sonst 12 % auf lang anhaltenden Abschnitten

DAUER 6 1/2 – 9 1/2 Stunden

AUSGANGSPUNKT Jausiers (1220 m)

ENDPUNKT Nizza (19 m)

ANFAHRT Fortsetzung Tour 35 oder Autobahn Turin A6 – Cuneo – Borgo S. Dalmazzo – Larchepass – Jausiers

Der etwa einen Kilometer lange Abschnitt von der Restefondpasshöhe zur Bonettepasshöhe weist beständig 14 % Steigung auf.

bung ab. Wir haben mit der Kasernenanlage von Restefond die längst verfallenen Überreste ehemaliger Militärunterkünfte aus dem 19. Jahrhundert erreicht, die daran erinnern, dass Kaiser Napoléon III. diese Trasse aus militärischen Gründen errichten ließ. Wir können nun dem Straßenverlauf entlang eines lang gestreckten Geröllhanges zu einem etwa 3,5 Kilometer entfernten kleinen Einschnitt folgen, zu dem sich die Straße mit 8 Prozent hinzieht. Es ist der Restefondpass in 2678 Meter Höhe – der eigentliche Passübergang.

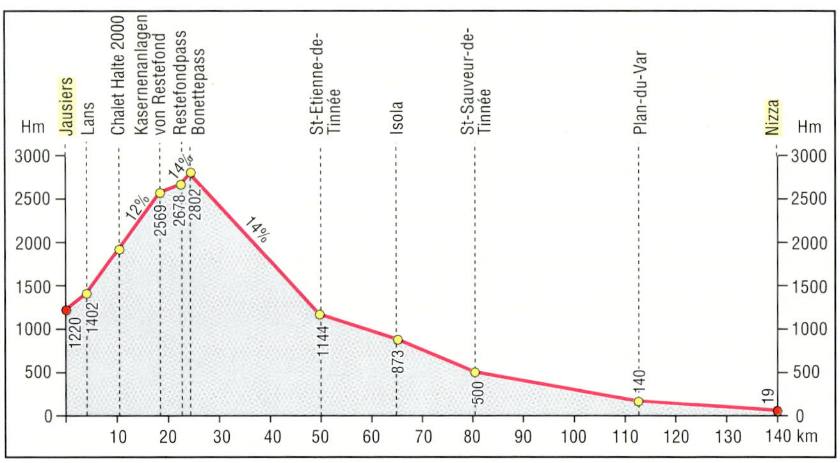

Die Überraschung ist nämlich, dass der Bonettepass hier in einer weiten Schleife um den Bergkegel der Cime de la Bonette herumführt, um hier wieder einzumünden. Ehrensache, dass wir uns die einen Kilometer lange Auffahrt dort hinauf nicht entgehen lassen, auch wenn die Steigung beständig bei 14 Prozent liegt. Wir stehen dann vor einem Denkmal in Form einer Felsnadel, die an einen Hinkelstein erinnert, am höchsten für den öffentlichen Verkehr befahrbaren Punkt der Alpen in 2802 Meter Höhe.

Berauschend ist die Aussicht auf die braunen und einförmig anmutenden Bergkuppen der Umgebung nicht unbedingt, nur an der tief unter uns liegenden Straße über den Cayollepass, immerhin auch 2326 Meter hoch, kann man erkennen, in welcher Höhe wir uns befinden. Der höchste Punkt wäre übrigens die Kuppe der gut 60 Höhenmeter über uns aufragenden Cime de la Bonette, mit einer steinernen Orientierungstafel, aber der Aufstieg dort hinauf wäre mit Radschuhen vielleicht möglich, aber nicht anzuraten. Sonst gibt es in dieser unwirtlichen, zugigen Einöde meist nur noch ein paar Touristen, die sich neben uns hier herauf verirrt haben und sich nach dem obligatorischen Erinnerungsfoto um die kleine Imbissstube scharen, die allerdings nicht immer geöffnet hat.

Also machen wir uns wieder auf den Weg, denn das Meer liegt noch gut 125 Kilometer von hier entfernt. Die ersten 27 davon bewältigen wir auf der folgenden Abfahrt bis St-Etienne-de-Tinée, der ersten großen Ortschaft, auf die wir treffen und gleichzeitig Endpunkt der Passroute, mit Gefälle bis 14 Prozent recht rasch. Dann geht es nicht mehr so schnell, denn das Gefälle nimmt stark ab. Wie ein riesiger Schlauch zieht sich das Tal der Tinée mit seinen gestrüppüberwucherten und von Geröllfeldern durchsetzten Berghängen, ohne sich auch nur einmal zu verbreitern, Richtung Mittelmeer. Mittreten ist in dem schwach besiedelten Tal die meiste Zeit angesagt, wo wir nur vereinzelt auf Häuseransammlungen treffen, die in dem engen Talboden Platz gefunden haben, und uns zwei Mal auch kürzere leichte Gegenanstiege erwarten. Der Vorteil liegt aber darin, dass wir vom Verkehr fast völlig unbehelligt bleiben, was sich erst nach Durchfahrung der Talverengung von Mescla ändert. Hier mündet nicht nur die Tinée in die Var, sondern unsere Départementstraße in die Nationalstraße 202. Der Verkehr nimmt deutlich zu, bei der Défilé de Chaudan durchbricht die Var die letzten Ausläufer der Alpen zum Mittelmeer, dann öffnet sich das Tal, und die Besiedelung nimmt zu.

Nizza erreichen wir auf einer zuletzt dreispurig ausgebauten Straße und sind irgendwann trotz des nervenden Verkehrsgewühls der viertgrößten Stadt Frankreichs am Meer und dem Ziel unserer Reise angelangt.

Ausrollen lassen sollten wir es dann über die Promenade des Anglais, die sich zum Baie des Anges, der Engelsbucht, hinabzieht, von wo es nur noch wenige Schritte über groben Kiesstrand zum Wasser sind.

Streckenverlauf

- Jausiers (km 0,0)
- Lans (km 3,5)
- Chalet Halte 2000 (km 10,5)
- Kasernenanlagen von Restefond (km 19,0)
- Restefondpass (km 22,5)
- Bonettepass (km 23,5)
- Restefondpass (km 24,0)
- St-Etienne-de-Tinnée (km 50,0)
- Isola (km 64,5)
- St-Sauveur-de-Tinnée (km 80,5)
- Plan-du-Var (km 112,5)
- Nizza (km 140,0)

Passangaben

Restefond-/ Bonettepass	Auffahrt von Jausiers bis Restefondpasshöhe 22,5 km mit 12 % Höchststeigung Von der Restefondpasshöhe zum Bonettepass 1 km mit 14 % Abfahrt von der Bonettepasshöhe bis Restefondpasshöhe 1,0 km mit Gefälle bis 14 % Von der Restefondpasshöhe bis St-Etienne-de-Tinnée 25,5 km mit Gefälle bis 14 %
Straßenzustand	Auf den ersten 7 km der Auffahrt gut ausgebaute Straße, dann kurvenreiche, teilweise schmale Straßen mit Belagschäden
Passöffnungszeiten	Restefond-/Bonettepass offen 15. Juni bis 31. September
Sehenswürdigkeiten	Restefond-/Bonettepass (verfallene Kasernenanlagen von Restefond bei der Auffahrt, kurzer Anstieg (Viertelstunde) von der Passhöhe zur Cime de la Bonette mit Panoramatafel); Nizza (Altstadt, Heimatmuseum im Palast Lascaris, Fischmarkt auf der Place St- François, Promenade des Anglais
Karte	Michelin 1:200 000, Provence-Côte d`Azur, Blatt 245

37 Der Circuit des Grands Cols

Über Galibier- und Croix-de-Fer-Pass

Gut ausgeschildert ist die Auffahrt nach L'Alpe d'Huez.

Im Französischen bedeutet »circuit« so viel wie Rundreise, Rundfahrt. »Col« heißt eigentlich Kragen, steht als Abkürzung für Col de montagne allerdings für Pass. Damit ist ausgedrückt, dass es sich beim Circuit des Grands Cols um eine Rundfahrt über große Pässe handelt. Und ein großes Unternehmen ist diese Tour in den Départements Dauphiné und Savoyen zweifellos, dafür sorgen schon die Pässe Galibier, mit 2646 Meter Höhe immerhin vierthöchster Alpenpass, sowie der Lautaret und Croix de Fer, mit 2058 bzw. 2067 Meter Höhe zwar deutlich kleiner, aber immer noch ganz schöne Brocken. Zusammen kommen sie auf immerhin 3630 Höhenmeter, und die Streckenlänge liegt mit 166 Kilometern auch nicht mehr in einem Bereich, den man unbedingt an einem Tag fahren muss.

Wem dies allerdings noch nicht genügt, der kann diese Tour gerne noch verlängern, nämlich mit einer Auffahrt nach L'Alpe-d'Huez, dem legendären Etappenziel der Tour de France, dann kommen noch 1150 Höhenmeter und 13,5 Kilometer für die Auffahrt dazu. Da es sich anbietet, die Strecke nach L'Alpe-d'Huez, wenn überhaupt, an das Ende unserer Tour anzuhängen, sollte Le Bourg-d'Oisans, im Tal der Romanche, als Ausgangspunkt gewählt werden.

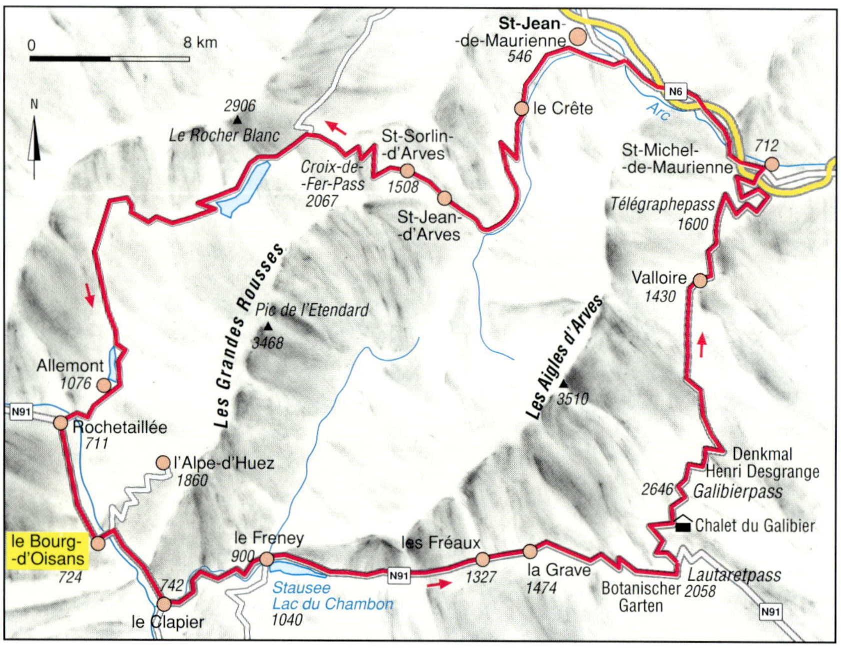

Wir verlassen das Tal auf der anfangs breit ausgebauten Nationalstraße 91, an der Abzweigung nach L'Alpe-d'Huez vorbei, in Richtung Lautaretpass. Auf den ersten Kilometern eben, beginnt sie in Le Clapier mit 10 Prozent in die Gorges de l'Infernet, die Höllenschlucht, anzusteigen. Fast 4 Kilometer wird die Steigung beibehalten, bis es unvermittelt nochmals abwärts geht. Zum Stausee von Chambon nimmt die Steigung wieder auf 10 Prozent zu, dann erfordern einige teils unbeleuchtete Tunnels am linken Seeufer entlang Vorsicht, bevor mit der Schlucht von Malaval der landschaftlich schönste Teil der Auffahrt beginnt. Zwischen senkrecht abfallenden Felswänden folgen wir anfangs dem mäßigen Gefälle der Romanche, bis es nach La Grave, einem kleinen Bergstei-

Drei enge Kehren überwinden den obersten Teil der Südseite des Galibierpasses mit Steigungen bzw. Gefälle bis 12 %.

gerdorf, das sich furchtlos unter den drohenden Gletscherabbrüchen der Pelvouxgruppe angesammelt hat, wieder stärker ansteigt. Ein 600 Meter langer, schwach beleuchteter Tunnel wird durchfahren, dann windet sich die Straße kurvenreich durch sonnenverbrannte Hochweiden zur Lautaretpasshöhe. Der höchste Punkt des Tages, der Galibierpass, ist von hier noch 9 Kilometer und 600 Höhenmeter entfernt. Fünf weit auseinander gezogene Kehren winden sich mit gleich bleibend 10 Prozent Steigung nach oben, und auch wenn Radfahrer sich immer schönes Wetter wünschen, wenn hier die Sonne auf die nackten, keinerlei Schatten spendenden Bergflanken brennt, bleibt kein Blick mehr für die gewaltigen Gletscher der Meije, sondern nur noch für die nächsten Straßenmeter, die zu bewältigen sind. Diese führen uns zum Chalet du Galibier, wo wir uns mit Flüssigkeit versorgen und das

GESAMTLÄNGE 166,5 km (mit Abstecher nach L'Alpe-d'Huez – hin und zurück – 193,5 km)

HÖHENDIFFERENZ
3630 m (mit Abstecher nach L'Alpe-d'Huez 4775 m)

HÖCHSTSTEIGUNG
Schwere Radtour mit 14 % Höchststeigung auf einem kurzen Abschnitt in St-Jorlin-d`Arves am Croix-de-Fer-Pass. Sonst 12 % an einem kurzen Abschnitt im oberen Teil am Galibierpass sowie am Croix-de-Fer-Pass

DAUER
8 1/2 – 12 Stunden (2 Tage) (Abstecher nach L'Alpe-d'Huez + 1 1/2 bis 2 Std. für Auffahrt)

AUSGANGSPUNKT
Le Bourg-d'Oisans (724 m)

ENDPUNKT
Le Bourg-d'Oisans

ANFAHRT Grenoble – Vizille – Rochetaillée – Le Bourg-d`Oisans

Nur zwischen dem 15. Juni und 15. Oktober ist der Galibierpass geöffnet. Aber auch innerhalb dieses Zeitraumes muss mit kurzfristigen Sperrungen gerechnet werden.

Hinweis: Einmal im Jahr, Anfang Juni, kann die gesamte Strecke im Rahmen einer Radtouristikfahrt, der »La Marmotte«, bewältigt werden. Information: Office du Tourisme in Le Bourg-d'Oisans, Tel 0034-4-76 000 154, oder im Internet unter www.sportcommunication. com/marmotte.htm

Denkmal von Henri Desgranges, dem Gründer der Tour de France, betrachten können. 1,5 Kilometer sind es noch über drei enge Kehren mit 12 Prozent Steigung, bis die Passhöhe endlich erreicht ist. Sie ist kleiner als ein Tennisplatz, aber Platzprobleme haben wir mit unseren Rädern ja nicht, und so sollten wir auf jeden Fall anhalten und auf die Spitzen und eisbedeckten Wände der Ecrinsgruppe zurückblicken, denn eine dramatischer aufragende Szenerie wird man im gesamten Alpenraum schwerlich finden. Da nimmt sich die schneebedeckte Kuppe des Montblanc, mit 4807 Meter höchster Berg der Alpen, ganz weit im Norden richtig harmlos dagegen aus.

Vor uns liegt eine lange, kurvenreiche Abfahrt, im oberen Teil auf schlechter Straße, mit Gefälle bis 12 Prozent weit hinunter nach St-Michel-de-Maurienne im Arctal. Fast 38 Kilometer können wir es rollen lassen, unterbrochen allerdings von einem fast 5 Kilometer langen Gegenanstieg mit 9 Prozent Steigung von Valloire zum etwa 170 Meter höher gelegenen Télégraphepass. Im reizlosen Arctal radeln wir auf glücklicherweise leicht fallender Straße Richtung St-Jean-de-Maurienne und sind dort froh, der Beschilderung »Col-de-Croix-Fer« folgend, die stark befahrene Nationalstraße verlassen zu können, selbst wenn wir dafür 1500 Höhenmeter in Kauf nehmen müssen. Es sind sogar einige mehr, denn nach dem Ort fahren wir etwa 3 Kilometer leicht abwärts, bevor es über Steigungen zwischen 10 und 12 Prozent nun ernsthaft nach oben geht. Die Geninschlucht überwinden wir durch insgesamt fünf 30 bis 450 Meter lange Tunnels, dann wird es wieder weniger steil und wir kommen etwas besser voran. Die Ortschaft St-Sorlin-d'Arves wird uns etwas länger im Gedächtnis bleiben, denn im

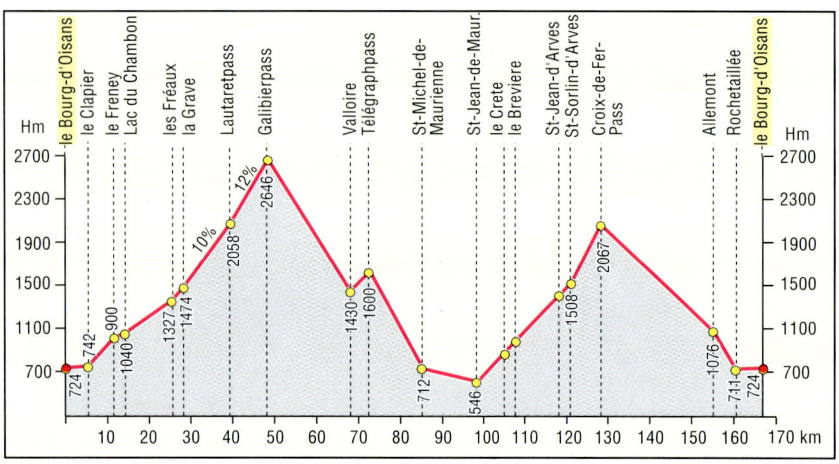

Ort nimmt die Steigung auf immerhin 14 Prozent zu, was recht beschwerlich ist. Doch zum Glück ist das Steilstück recht kurz, die Passhöhe allerdings noch 8 Kilometer und 10 schattenlose Kehren mit gleich bleibend 10 Prozent Steigung von uns entfernt.

Dort lädt das Chalet Croix-de-Fer zu einer wohlverdienten Rast ein, die beste Aussicht auf die Berge der Umgebung hätten wir allerdings von einem felsigen Hügel, etwas oberhalb der Passhöhe. Wer noch einen weiteren Pass gleichsam im Vorbeifahren mitnehmen möchte, kann dies tun: Etwa 2,5 Kilometer unterhalb zweigt die Straße zum Glandonpass ab, zu dem es von hier nur einen halben Kilometer und nicht einmal 50 Höhenmeter hinauf sind. Wer sich dies sparen möchte, auf den warten bei der Abfahrt noch einige Höhenmeter in Form eines etwa 1,5 Kilometer langen Gegenanstiegs mit 6 Prozent entlang eines kleinen Stausees. Am großen Stausee von Allemont liegt die Tour fast hinter uns, bis Allemont geht es abwärts und zurück zum Ausgangspunkt rollt es eben. Wem nun die Auffahrt nach L'Alpe-d'Huez überhaupt nicht aus dem Sinn geht, der hat die eingangs bereits erwähnten 13,5 Kilometer und 1143 Höhenmeter vor sich, mit denen sich die Straße über 19 Kehren bei kaum einmal nachlassender Steigung von 10 Prozent nach oben zieht. Dort oben ist außer Hotelbauten nicht allzu viel geboten, aber das Gefühl, eine der bekanntesten Strecken der Tour de France befahren zu haben, ist auch einiges wert.

Passangaben

Lautaretpass	Auffahrt von Le Bourg-d'Oisans bis Passhöhe 39,5 km mit 10 % Höchststeigung
Galibierpass	Auffahrt von Lautaretpasshöhe bis Galibierpasshöhe 9 km mit 12 % Höchststeigung an einem kurzen Abschnitt
	Abfahrt von Passhöhe bis Valloire 19,5 km mit Gefälle bis 12 %
Télégraphepass	Auffahrt von Valloire bis Passhöhe 5 km mit 9 % Höchststeigung
	Abfahrt von Passhöhe bis St-Michel-de-Maurienne 12,5 km mit Gefälle bis 10 %
Croix-de-Fer-Pass	Auffahrt von St-Jean-de-Maurienne bis Passhöhe 30 km mit 14 % Höchststeigung an einem kurzen Abschnitt
	Abfahrt von Passhöhe bis Rochetaillée 32 km mit Gefälle bis 12 %
Abstecher nach L'Alpe-d'Huez	Auffahrt von Le Bourg-d'Oisans bis L'Alpe-d'Huez 13,5 km mit fast durchgehender Steigung von 10 %
Straßenzustand	Am Galibierpass teilweise erhebliche Belagschäden vor allem im Scheitelbereich. Leichtere Belagschäden am Croix-de-Fer-Pass.
Passöffnungszeiten	Galibierpass offen 15. Mai bis 15. Oktober
	Croix-de-Fer-Pass offen 15. Juni bis 31. Oktober
Sehenswürdigkeiten	Galibierpass (Denkmal Henri Desgranges, Begründer der Tour de France, am Parkplatz vor dem Chalet du Galibier/Tunnelportal Süd unterhalb der Passhöhe); Lautaretpass (Botanischer Garten auf der Passhöhe)
Karte	Michelin 1:200 000, Rhône-Alpes, Blatt 244

Streckenverlauf

Le Bourg-d'Oisans (km 0,0)
Le Clapier (km 5,0)
Le Freney (km 11,0)
Stausee Lac du Chambon (km 13,5)
Les Fréaux (km 26,5)
La Grave (km 28,0)
Lautaretpass (km 39,5)
Chalet du Galibier (km 47,0)
Galibierpass (km 48,5)
Valloire (km 68,0)
Télégraphepass (km 72,0)
St-Michel-de-Maurienne (km 84,5)
St-Jean-de-Maurienne (km 98,5)
Le Crete (km 105,0)
Le Breviére (km 107,5)
St-Jean-d'Arves (km 118,0)
St-Sorlin-d'Arves (km 120,5)
Croix-de-Fer-Pass (km 128,5)
Allemont (km 156,5)
Rochetaillée (km 160,5)
Le Bourg-d'Oisans (km 166,5)

Hinweis: Wegen des Tunnels bei der Auffahrt zum Lautaretpass ist Beleuchtung notwendig.

38 Um den Grand Canyon du Verdon

Um die größte Schlucht der Alpen

Der Grand Canyon du Verdon gilt als größte Schlucht Europas.

Kein Gebirge gilt es diesmal zu umrunden, sondern eine Schlucht, die allerdings zu den gewaltigsten und eindrucksvollsten Europas zählt. Mehr als 700 Meter tief hat sich das Flüsschen Verdon in die weichen Kalksfelsen der Hochebene von Canjuers eingeschnitten und damit eine Schlucht geschaffen, die in ihrer seltenen Ursprünglichkeit und grandiosen Wildheit in einem Atemzug mit den berühmtesten Canyons Nordamerikas genannt werden kann. Sie liegt zudem in einem der schönsten Abschnitte des Alpenraums, der südfranzösischen Provence, der man nachsagt, dass das Licht dort stimmungsvoller und die Gerüche in der freien Natur intensiver sein soll als anderswo.

Mit ihren verträumten Dörfern inmitten blühender Lavendelfelder, ihren Oliven- und Buchsbaumhainen alleine ist die Provence schon eine Reise wert. Wer hier eine flache Etappe erwartet, irrt, immerhin 1600 Höhenmeter kommen auf den gut 120 Kilometern rund um den Grand Canyon du Verdon zusammen. Wir erreichen Comps-sur-Artuby, unseren Ausgangspunkt, am besten, wenn wir auf der Route Napoléon von Grasse Richtung Grenoble fahren und diese bei Le Logis-du-Pin verlassen. Dort folgen wir der Beschilderung »Rive gauche« und beginnen die Tour über die Südroute, auch »Route de la Corniche Sublime« genannt. Problemlos geht es auf der grobkörnigen, aber gut instand gehaltenen Straße durch dichtes Unterholz, das jegliche Aussicht verstellt, voran, wir rollen leicht abwärts, und schlagartig scheint sich vor uns der Boden zu öffnen. Wir stehen an den Balcons de la Mescla, dem ersten Aussichtspunkt der Tour, wo die Schlucht mit ihren glatt geschliffenen Kalkwänden senkrecht in die Tiefe stürzt und 250 Meter tiefer das grüne Wasser des Verdon eine scharfe Krümmung beschreibt

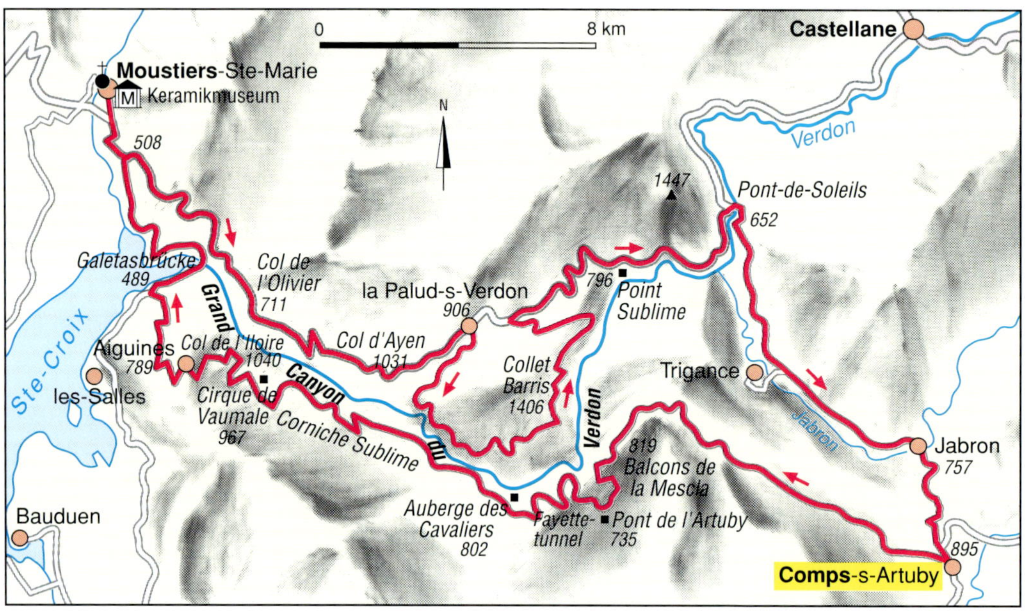

Der helle Kalkfels an der Straße ist typisch für das Landschaftsbild rund um den Grand Canyon du Verdon.

und sich schäumend mit den Wassern des von Süden einmündenden Artuby vermischt. Zum Glück macht das Stahlgitter auf der Aussichtsplattform einen stabilen Eindruck, aber etwas mulmig wird wohl jedem zu Mute, wenn er sich nach vorne beugt, um diesen Tiefblick zu genießen.

Über eine gut 110 Meter lange Stahlbetonbrücke überqueren wir die Schlucht von Artuby, und die Straße steigt auf 10 Prozent an. Bis zu den beiden kurzen Tunnels von Fayette hält die Steigung an, und hier sollten wir nochmals anhalten. Gut 300 Meter unter uns windet sich nämlich der Verdon durch die engste Stelle der Schlucht, die er im Laufe von 50 Millionen Jahren geschaffen hat. Es ist der vielleicht schönste Tiefblick entlang der Südroute, wenngleich sich auch im weiteren Verlauf der eng am Canyonrand entlangführenden Straße immer wieder faszinierende Aussichten bieten.

Nach einer längeren Abfahrt entfernt sich die Straße etwas von der Schlucht, bis Falaise de Baucher wechseln leichte Anstiege und Abfahrten ab, dann geht es mit Steigungen bis 12 Prozent wieder eng am Canyonrand entlang hoch zur Source de Vaumale, wo wir in

GESAMTLÄNGE 122,0 km

HÖHENDIFFERENZ 1600 m

HÖCHSTSTEIGUNG Mittelschwere Radtour mit 14 % Höchststeigung auf kurzen Abschnitten auf der Kamm-Ringstraße beim Anstieg zum Collett Barris

DAUER 6 1/2 – 9 Stunden

AUSGANGSPUNKT Comps-sur-Artuby (895 m)

ENDPUNKT Comps-sur-Artuby

ANFAHRT Von Nizza auf der Route Napoléon über Grasse bis Le Logis-du-Pin und nach Comps-sur-Artuby abzweigen.

Der Lac de Ste-Croix, hier mit der Galetasbrücke im Hintergrund, ist normalerweise von Schlauchbooten und Kajakfahrern übersät.

gut 800 Meter Höhe den höchsten Punkt der Südseite erreicht haben. Etwa ein Viertel der Strecke haben wir zurückgelegt, am Col d'l'Iloire verlassen wir einstweilen die Schlucht, und eine kehrenreiche Abfahrt eröffnet uns den Blick auf die blau schimmernde Wasserfläche des Stausees von Ste-Croix, zu dem die roten Ziegeldächer von Aiguines, mit seinem Schloss uns dem 17. Jahrhundert, einen farblich sehr schönen Kontrast bilden. Eine Straßenkreuzung stoppt uns, wir folgen der Beschilderung »Moustiers-Ste-Marie« und radeln wenig später auf der Galetasbrücke über den Verdon, der hier aus der Schlucht aus- und in den See eintritt. Wer will, kann sich ein Tretboot mieten und einige 100 Meter tief in die Schlucht einfahren. Nur ganz Kühne werden es wagen, die erste Engstelle zu passieren, wo die Schluchtwände dicht zusammen stehen und das Wasser deutlich wilder zu fließen beginnt. Diesen Teil sollten wir lieber den dafür besser gerüsteten Schlauchboot- und Kajakfahrern überlassen.

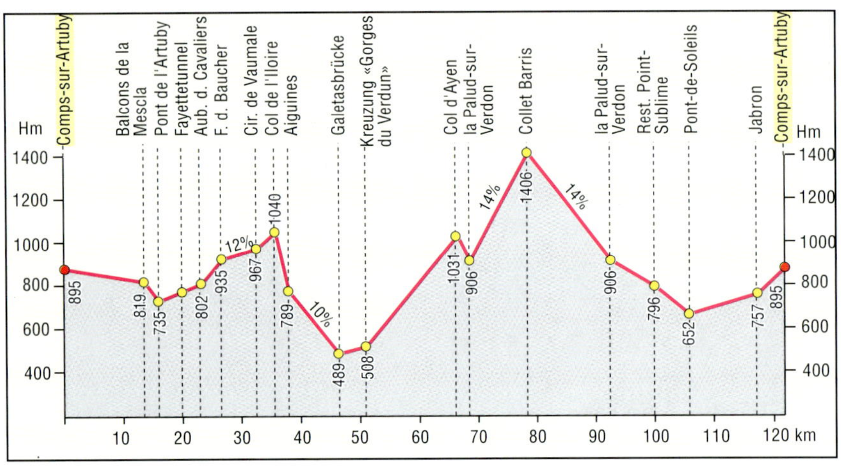

An einer Kreuzung etwa 5 Kilometer später können wir einen kurzen Abstecher nach Moustiers-Ste-Marie unternehmen oder, gleich der Beschilderung »Gorges du Verdon« folgend, den Rückweg über die rechte Schluchtseite antreten. Allerdings steht der Ort, dessen alte Häuser, enge Gassen und malerische Winkel sich zu Füßen bizarrer Felsklippen am Rande des Canyons ausbreiten, im Ruf, eines der schönsten provenzialischen Städtchen überhaupt zu sein, sodass es eigentlich schade wäre, es links liegen zu lassen. Demgegenüber wartet aber der landschaftlich großartigste Teil der Strecke auf uns in Form der erst 1973 eröffneten Route des Crêtes, einer 23 Kilometer langen Ringstraße, die in La Palud-sur-Verdon ihren Ausgangspunkt nimmt. Auch in konditioneller Hinsicht bietet sie den Höhepunkt, denn die Strecke fällt über weite Teile zwar ab, dafür müssen wir uns den Rückweg über Steigungen bis 14 Prozent hart erkämpfen. Doch wer sich die in teilweise Schwindel erregender Lage in die Felsen gesprengte Trasse, die tief in die Schlucht hinunter führt und dabei Aussichtspunkt um Aussichtspunkt eröffnet, entgehen lässt, hat das Entscheidende eigentlich versäumt.

Ein weiteres unvergessliches Erlebnis dürfte dabei sein, am Belvédère de Trescaire den Sportkletterern zuzusehen, die sich hier in die Tiefe abseilen, um sich dann an den spiegelglatt scheinenden Wänden mehr oder weniger mühsam wieder hochzuarbeiten. Wer dabei alleine spürt, wie der Wind aus dem Talboden über die Klippen nach oben pfeift, und sieht, wie diese wagemutigen Gesellen bei ihren Versuchen immer wieder abrutschen und ins Seil stürzen, wird wahrscheinlich doch lieber beim Radfahren bleiben.

Zurück in La Palud-sur-Verdon, liegen die Schwierigkeiten hinter und 30 leichtere Radkilometer vor uns. Nur einmal noch treffen wir beim Korridor Samson auf den Verdon, der uns hier durch diesen schluchtartigen Abschnitt begleitet, und dessen ruhiges, klares, grünes Wasser nichts von den Gewalten erkennen lässt, die er einst zur Erschaffung der Schlucht entfesselt haben muss. Vorbei an der mehr als 2000 Jahre alten Römerbrücke von Tusset, erreichen wir bei Pont-de-Soleils den Kreuzungspunkt der beiden Uferstraßen. Im Wiesental der Jabron radeln wir auf meist ebener Straße zur gleichnamigen Ortschaft, bevor die Straße auf einer Länge von gut 3 Kilometern auf 8 bis 10 Prozent ansteigt. Die letzten beiden Kilometer zurück nach Comps-sur-Artuby bewältigen wir auf abfallender Straße.

Streckenverlauf

Comps-sur-Artuby (km 0,0)
Balcons de la Mescla (km 13,5)
Pont de l'Artuby (km 16,0)
Fayettetunnel (km 20,0)
Auberge des Cavaliers (km 23,0)
Falaise de Baucher (km 26,5)
Cirque de Vaumale (km 32,5)
Col de l'Iloire (km 35,5)
Aiguines (km 38,0)
Galetasbrücke (km 46,5)
Kreuzung »Gorges du Verdon« (km 51,0)
Col d'Ayen (km 66,0)
La Palud-sur-Verdon (km 68,5)
Abzweiger Kamm-Ringstraße (km 70,0)
Collet Barris (km 78,5)
La Palud-sur-Verdon (km 92,5)
Restaurant Point-Sublime (km 100,0)
Pont-de-Soleils (km 106,0)
Jabron (km 117,0)
Comps-sur-Artuby (km 122,0)

Passangaben

Cirque de Vaumale	Auffahrt von Pont de l'Artuby bis Cirque de Vaumale 16,5 km mit 12 % Höchststeigung Abfahrt von Cirque de Vaumale bis Straßenkreuzung vor Galetasbrücke 18 km mit Gefälle bis 10 %
Col d'Ayen	Auffahrt von Galetasbrücke bis Col d'Ayen 10,5 km mit 8 % Höchststeigung Abfahrt Col d'Ayen bis La Palud-sur-Verdon 2,5 km mit Gefälle bis 10 %
Kamm-Ringstraße	Von La Palud-sur-Verdon bis La Palud-sur-Verdon 23 km mit 14 % Höchststeigung am Collet Barris
Straßenzustand	Teilweise etwas schmale Straßen mit grobkörnigem Asphalt
Passöffnungszeiten	Kamm-Ringstraße offen 1. April bis 15. November
Sehenswürdigkeiten	Verdon-Ringstraße (herrliche Aussichtsplätze entlang der Strecke, besonders beim Restaurant Balcons de la Mescla, Pont de l'Artuby, Tunnels von Fayette, Col d'Ayen sowie auf der Kamm-Ringstraße); Lac-de-Ste-Croix (Tretbootfahrt in die Verdonschlucht); Moustiers-Ste-Marie (sehenswertes provenzialisches Städtchen mit Keramikmuseum, Kapelle Notre-Dame-De-Beauvoir)
Karte	Michelin 1:200 000, Provence-Côte d'Azur, Blatt 245

39 Auf den Mont Ventoux

Über den »Berg des Windes«

Nur in seinem unteren Teil ist der Mont Ventoux bewaldet. Viel Schatten finden wir auf der Straße allerdings nicht. Dafür erfreuen wir uns an der intensiven Farbe der Lavendelblüten.

Für Radfahrer ist der Mont Ventoux kein Berg, sondern ein Mythos. Dies verdankt er vor allem der Tatsache, dass der britische Radprofi Tom Simpson während der Tour de France 1967 auf der 13. Etappe, an einem Freitag, dem 13. Juli, hier auf so tragische Weise ums Leben kam. Lange Zeit suchte sich die Tour dann einen anderen Weg. Lange vor der Tour war aber schon ein anderer hier, der den Gipfel bezwingen wollte: Francesco Petrarca. Der Dichter aus dem italienischen Arezzo hatte mehr Glück als Simpson, ihm gelang am 26. April 1336 zusammen mit seinen Gefährten die Erstbesteigung, die viele als Geburtsstunde des Alpinismus ansehen. Seither steigen Menschen ohne zwingende Notwendigkeit auf Berge, ausschließlich als Freizeitbeschäftigung.

Jetzt also sind wir hier, um den Berg mit dem Fahrrad zu bezwingen, der von unten betrachtet nicht sonderlich ungewöhnlich aussieht. Er ist eigentlich nur ein lang gestreckter, im oberen Bereich kahler Bergrücken, der sich allerdings nochmals zu einer beachtlichen Höhe von 1909 Meter aufschwingt, wo die Alpen eigentlich schon zu Ende gegangen zu sein scheinen und in die sanften Vorberge der Provence übergehen. Vom französischen Wort »vent« für Wind leitet sich sein Name ab, und man kann sich schon vorstellen, wie im Winter und Herbst der Mistral über den Gipfel pfeift. Im Sommer wird wohl eher die Hitze das Problem sein.

Unser Ausgangspunkt ist der Marktflecken Malaucène im gleichnamigen Tal, aus dem die Straße mit 6 Prozent Steigung herausführt. Nach der Quelle von Grozau nimmt die Steigung auf 8 bis 10 Prozent zu, und ein Schild mit der Aufschrift »Col Mont Ventoux Ouvert« zeigt, dass die Straße geöffnet ist. Keine Selbstverständlichkeit, denn bis Mitte Mai und ab Ende Oktober besteht Wintersperre, ein langer Zeitraum, der für diesen südlichen Teil der Provence doch recht ungewöhnlich ist. Gut ausgebaut und gleichmäßig ansteigend geht es durch ursprünglichen Wald aus Zedern,

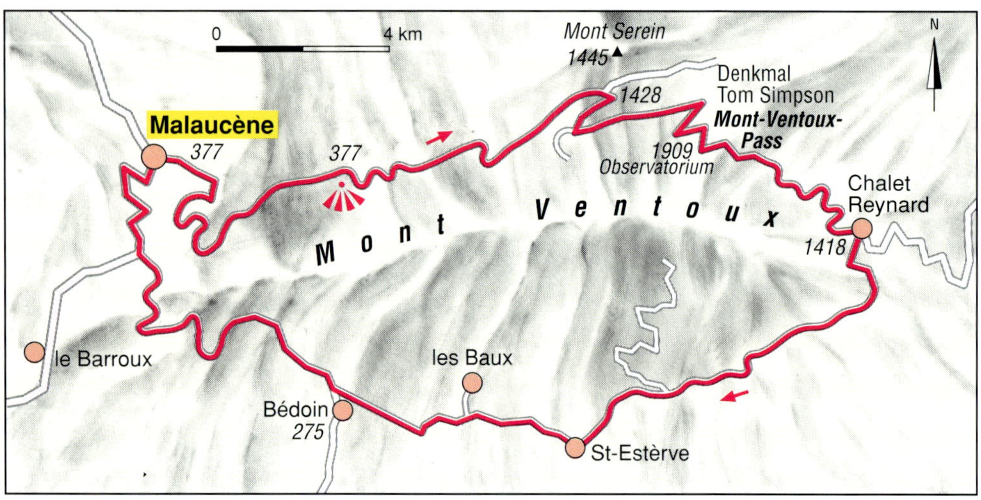

Nur auf der östlichen Auffahrtsseite – in der Nesqueschlucht – sind so kurze Naturtunnels anzutreffen.

GESAMTLÄNGE 57,0 km

HÖHENDIFFERENZ 1635 m

HÖCHSTSTEIGUNG Schwere Radtour mit 12 % Höchststeigung auf insgesamt 5 km Länge beim Anstieg zum Mont Ventoux

DAUER 4 1/2 – 6 1/2 Stunden

AUSGANGSPUNKT Malaucène (377 m)

ENDPUNKT Malaucéne

ANFAHRT Autobahn Lyon-Avignon A7, Ausfahrt Orange – Carpentras – Malaucène

Kiefern, Eichen, Buchen, Tannen und robusten Lärchen nach oben. Viel Schatten spendet er allerdings nicht, und mit dem Höherkommen macht er auch immer mehr Büschen und Sträuchern Platz. Nach etwa 5 Kilometer geht auch die Steigung zurück, und längere Ab-

Eine Wüste aus grauweißen Kalksteinbrocken ist der Gipfelhang des Mont Ventoux. Die Stangen am Straßenrand dienen als Markierung nach Schneefällen.

schnitte mit 6 Prozent und darunter lassen uns schneller vorankommen. Nach 10 Kilometer ist ein Aussichtspunkt mit einer kleinen Plattform etwas unterhalb der Straße erreicht, und es bietet sich ein weiter Blick auf die Täler des Ouvèze und Grozau sowie die Bergzüge der Baronnies im Norden. Dafür nimmt die Steigung auf den nächsten 4 Kilometern auf 12 Prozent zu, und wenn die hier für die Abfahrt aufgestellten Verkehrsschilder nur ein Gefälle von 10 Prozent angeben, können wir

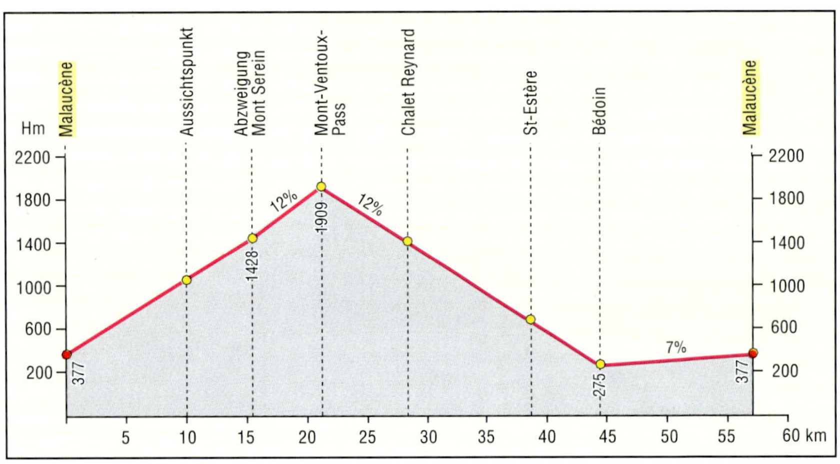

dies aufgrund unserer erhöhten Kraftanstrengung besser beurteilen. An der Abzweigung zur kleinen Feriensiedlung von Mont Serein vorbei, geht die Steigung endlich zurück, und vor uns liegen noch genau 6 Kilometer Auffahrtstrecke. Die Straße wird deutlich schmäler, dichter Wald nimmt uns auf, ein 1 Kilometer langes Steigungsstück mit 12 Prozent zwingt uns wieder aus dem Sattel, dann liegt der Gipfelhang vor uns.

Zwischen grauweißen Kalksteinbrocken, dem Werk der ewigen Klimastürze und Regengüsse hier oben, führen zwei Kehren mit 8 bis 10 Prozent Steigung zum Gipfel. Etwas unterhalb heißt es aufpassen, rechts der Straße, in der Steinwüste fast verborgen, liegt das Mahnmal für Tom Simpson. Neben Blumen schmücken Fahrradgegenstände wie Schläuche, Reifen oder Speichen diesen Ort, der daran erinnern soll, dass diese schöne Sportart auch mit tragischen Vorkommnissen in Verbindung gebracht werden muss. Man sagt, dass die Einnahme verbotener Substanzen in Verbindung mit der großen Hitze an diesem Tag Schuld an seinem Zusammenbruch gewesen sein soll. Nicht mehr weit wäre es von hier zum Gipfel gewesen, den eine große Sendeantenne und eine Radarstation verunzieren, aber auch ein Gasthaus gibt es dort oben. Der schönste Aussichtspunkt liegt etwas südlich des Parkplatzes, am Col des Tempêtes, dem Pass der Stürme, aber die auf einer Orientierungstafel aufgezeichneten Bergnamen verschwinden meist im Dunst der aus den Tälern aufsteigenden Luft, die eine weite Fernsicht, die angeblich bis zu den 300 Kilometer entfernten Pyrenäen reichen soll, meist verhindert. Eigentlich fällt der Blick nur auf welliges, kuppiges Land, aus dem kein Vergleichspunkt aufragt, an dem die eigentlich stolze Höhe von fast 2000 Meter, auf der wir uns befinden, zu ermessen wäre.

Über die Ostrampe geht es nun abwärts. Wie bei der Auffahrt markieren gelb-schwarze Begrenzungsstangen nunmehr bei der Abfahrt den Verlauf der Straße im oben Geröllteil. Weit reicht der Blick auf das Plateau von Vaucluse, dahinter erkennt man den Bergzug des Lubéron, und am Chalet Reynard vorbei nimmt das Gefälle durch schönen Mischwald auf bis zu 12 Prozent zu. Auf dieser Strecke wurden bis 1973 Bergrennen veranstaltet, heute nutzen ab und zu noch große europäische Autohersteller den kurvenreichen Straßenverlauf zum Testen ihrer Modelle. Hinter St-Estère legt sich das Gefälle zurück, kleine Weinberge und Olivenhaine tauchen auf, vereinzelt sind Pfirsich- und Kirschbäume neben der Straße zu erkennen, dann ist mit Bédoin das Ende der Passstraße erreicht. Oder, wenn man will, auch ihr Beginn, wenn man es sich nicht nehmen lässt, den Berg nochmals in umgekehrter Richtung zu überfahren.

Wenn Sie sich dabei an Zeiten orientieren wollen, die Radprofis während eines Rennens für die 23 Kilometer und 1634 Höhenmeter von Bédoin hinauf zum Gipfel benötigten: Der amerikanische Radprofi Jonathan Vaughters schaffte es im Jahre 1999, während des Rennens Dauphiné Libéré, in exakt 56 Minuten und 50 Sekunden. Das ist immerhin ein Schnitt von gut 24 km/h – und dies bei Höchststeigungen von 12 Prozent. Als Übersetzung wird dabei ein Kettenblatt mit 42 Zähnen vorn und ein Ritzel mit 19 Zähnen hinten, an den steilsten Abschnitten auch kurz mit 21 Zähnen, aufgelegt.

Wer sich angesichts solcher, für den Hobbyradler unerreichbaren Leistungen entschließt, lieber entlang der Südflanke des Berges zurückzuradeln, vor dem liegen 12 kurvenreiche Kilometer mit kurzen Steigungsspitzen bis 12 Prozent bis Malaucène.

Streckenverlauf

Malaucène (km 0,0)
Aussichtspunkt (km 10,0)
Abzweigung Mont Serein (km 15,5)
Mont-Ventoux-Pass (km 21,5)
Chalet Reynard (km 28,0)
St-Estère (km 38,5)
Bédoin (km 44,5)
Malaucène (km 57,0)

Passangaben

Mont-Ventoux-Pass	Auffahrt von Malaucène bis Passhöhe 21,5 km mit 12 % Höchststeigung Abfahrt von Passhöhe bis Bédoin 23 km mit Gefälle bis 12 %
Straßenzustand	gut ausgebaute Straßen
Passöffnungszeiten	Mont-Ventoux-Pass offen 15. Mai bis 31. Oktober
Sehenswürdigkeiten	Denkmal für den englischen Radprofi Tom Simpson unterhalb der Passhöhe, Aussichtspunkt am Col des Tempêtes (Pass der Stürme) südlich des Parkplatzes auf der Passhöhe
Karte	Michelin 1:200 000, Provence-Côte d'Azur, Blatt 245

40 Auf den Spuren der Rallye Monte Carlo

Auf den Turinipass

Kehren gibt es am Turinipass in Hülle und Fülle.

Wer glaubt, an der Côte d'Azur nur seinen Badeurlaub verbringen zu können, der irrt sich gewaltig. Das Hinterland der Küste besteht aus einem schier unüberblickbaren Netz von Straßen und Sträßchen, die alle Vorzüge bieten, die sich Radler nur wünschen können: Vor allem sind sie äußerst verkehrsarm und gut ausgebaut. Flach ist es allerdings nirgends, denn die Berge türmen sich hier, nur wenige Kilometer von der Küste entfernt, bis in Höhen von über 2000 Meter, und auch die Bergstraßen und vor allem die Pässe erreichen beachtliche Höhen. Dabei halten sich die Steigungen aber in Grenzen, erreichen kaum einmal 10 Prozent, sondern liegen meistens weit darunter.

Der Turinipass, unser Ziel, bringt es auf gute 1600 Höhenmeter, und da wir praktisch von Meereshöhe aus starten und noch eine Abfahrt dazwischen liegt, die bei der Rückfahrt als Gegenanstieg nochmals mit 350 Höhenmeter zu Buche schlägt, kommen wir hier auf gute 2300 Höhenmeter und erreichen damit Dimensionen, wie sie sonst nur noch die höchsten Alpenpässe bieten können.

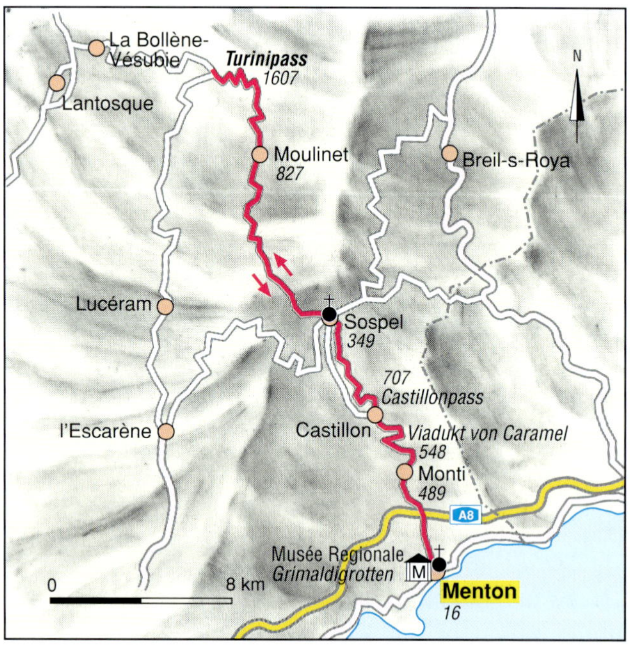

Ausgangspunkt unserer Tour ist das Städtchen Menton an der Côte d'Azur, unmittelbar an der Grenze zu Italien gelegen, und wenn wir vorhin bei unserer Aufzählung über die Vorzüge dieser Region für Radler etwas vergessen haben, ist es das Wetter. An 250 Tagen im Jahr scheint hier die Sonne, ca. 60 Tage sind bewölkt und nur etwa 50 Tage bringen den dann allerdings dringend benötigten Regen. Mit einer durchschnittlichen Temperatur im Jahresmittel von +16 ° Celsius zählt Menton zu den wärmsten Orten im ganzen nördlichen Mittelmeerraum und trotzdem ist es hier selbst im Hochsommer durch eine ständige leichte Brise vom Meer her erträglich.

Bei solchen Wetterverhältnissen können wir eine Tour ganz einfach entspannter als in kühlen Hochgebirgslagen beginnen und wir lassen uns auch nicht dadurch entmutigen, dass eine Beschilderung zum Turinipass fehlt. Wir folgen einfach der gut sichtbaren Beschil-

Sonnenverbrannter Fels und eher karges Gestrüpp sind die typische Vegetation im Hinterland der Côte d'Azur.

GESAMTLÄNGE
38,5 km (Hin- und Rückfahrt 77,0 km)

HÖHENDIFFERENZ
1950 m bei Auffahrt (Hin- und Rückfahrt 2300 m)

HÖCHSTSTEIGUNG
Schwere Radtour mit 10 % Höchststeigung auf längeren Abschnitten am Castillonpass und am Turinipass

DAUER Auffahrt 4 – 5 1/2 Stunden (Hin- und Rückfahrt 5 1/2 – 7 Stunden)

AUSGANGSPUNKT
Menton (16 m)

ENDPUNKT Menton

ANFAHRT Autobahn Genua-Nizza A8, Ausfahrt Ventimiglia – Menton

derung »Sospel« und radeln unter den hoch aufstrebenden Pfeilern der Autobahn hindurch in ein mit üppiger Vegetation bewachsenes Tal ein. Mit 10 Prozent steigt die Straße an, bringt uns nach nicht einmal 4 Kilometern in das kleine Dörfchen Monti, wo wir in Ermangelung anderer Hinweisschilder denen zum Col de Castillon folgen. Kurvenreich geht es nach oben, die Steigung liegt meist bei 8 Prozent, hin und wieder geben die Kehren den Blick auf die Dächer von Menton, nun schon tief unter uns, frei, bis das weit gespannte Viadukt von

In Sospel haben wir den Castillonpass überwunden und beginnen mit der Überquerung der Bévera den Anstieg zum Turinipass.

Caramel den Blick auf sich zieht. Die Ortschaft Castillon umfahren wir, bis unvermittelt ein 40 Meter langer, unbeleuchteter Tunnel die Castillonpasshöhe anzeigt.

Auf guter zweispuriger Straße geht es abwärts nach Sospel, das sich in einem weiten Talkessel an der Bévera ausgebreitet hat. Es ist eine hübsche Ortschaft, durchaus lebhaft, aber um vieles ruhiger als die Großstadt Menton. Wir sollten uns ruhig etwas Zeit nehmen und die großräumige barocke Kirche St.-Michel besichtigen, deren Fassade zwar aus dem Ende des 17. Jahrhunderts stammt, der Glockenturm mit seinen lombardischen Arkaden aber noch an einen romanischen Vorgängerbau erinnert. Große Sehenswürdigkeiten erwarten uns auf der Weiterfahrt Richtung »Moulinet/Col de Turini«, nämlich nicht mehr, dafür aber viel unberührte Natur, durch welche sich die zwar schmäler werdende, aber gut instand gehaltene Straße mit 8 Prozent nach oben zieht. Dicht drängen sich die Felswände zusammen, wir radeln durch die Piaonschlucht, dann nimmt uns wieder Wald auf, durch den es in ungezählten Kurven nach Moulinet, der letzten Ortschaft vor der Passhöhe, ansteigt. Die Steigung ändert sich nicht, geht hin und wieder auf 6 Prozent zurück, nimmt kurzfristig aber auch immer wieder auf 10 Prozent zu, ein kurzer Felstunnel ist alles, was an Abwechslung zu vermelden ist, aber eigentlich brauchen wir nicht mehr zum Radfahren als ein gutes Straßenband inmitten ruhiger, unberührter Natur. Ein Schild mit der Aufschrift »8 Lacet« zeigt uns den Beginn der letzten Kehrengruppe an, die Steigung nimmt auf gleichmäßige 10 Prozent zu, und plötzlich steht man am

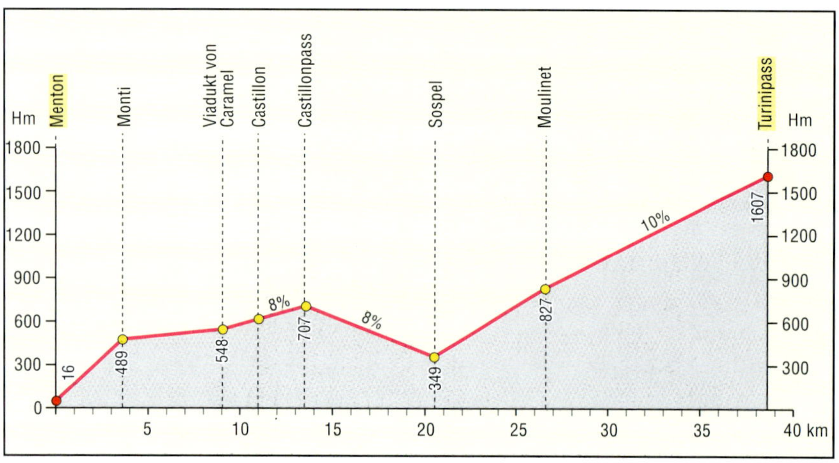

Scheitelpunkt. Dass es eine Passhöhe ist, ist eigentlich nur daran zu erkennen, dass es auf der gegenüberliegenden Seite wieder abwärts geht, sonst erinnern Hotels und die nach Ost und West abzweigenden Straßen eher an einen Verkehrsknotenpunkt, auch ein Passschild ist nicht zu entdecken.

Dafür ist es ruhig hier oben, was sich nur einmal im Jahr entscheidend ändert, nämlich dann, wenn die PS-Boliden der Rallye Monte Carlo über diese Anhöhe fegen und während der so genannten Nacht der langen Messer die Kuppe in ein gleißendes Inferno aus Blitzlichtern und Scheinwerfern getaucht wird. Der fahrerisch anspruchsvollere Teil dürfte dabei die Auffahrt von Roquebilliere aus über die Nordwestseite sein.

Wer dorthin abfahren will, sollte bedenken, dass ihm für die 15 Kilometer und 1104 Höhenmeter mit Gefälle bis 10 Prozent bei der Rückfahrt kein Auto mit 400 PS zur Verfügung steht, sondern er diese aus eigener Kraft wieder hochradeln muss. Die meisten werden wohl voll und ganz damit zufrieden sein, die Rückfahrt anzutreten, der Gegenanstieg von Sospel hoch zum Castillionpass wird noch schwer genug. Die so gesparten Kräfte können dann ruhig für eine Besichtigung der Sehenswürdigkeiten von Menton verwendet werden, und derer gibt es reichlich: Das Palais Cornolès mit seiner Gemäldegalerie etwa oder die Jardins Biovè, das Musée Regionale mit dem berühmten Schädel des »Grimaldi-Menschen«. Die Kirche St.-Michel wäre noch zu nennen, die derjenigen in Sospel ähnelt, und wem dies alles nicht zusagt, der sollte die lange Reise hierher nicht unternommen haben, ohne zumindest die Grimaldi-Grotten mit ihren spektakulären Funden aus der mittleren Steinzeit besucht zu haben.

Warum hier so vieles nach den Grimaldis, den heutigen Herrschern des Fürstentums Monaco, benannt ist? Nun, sie waren einst auch hier die Grundherren, bevor das Städtchen im Jahre 1860 durch Volksentscheid zu Frankreich kam.

Wer dann von der Tour und den vielen Sehenswürdigkeiten nicht ganz geschafft ist, der sollte noch durch die herrlichen verwinkelten Gassen ins Zentrum, zur Place-St-Michel, schlendern, von wo die ganze Bucht von Menton zu überblicken ist. Und zum guten Schluss bietet sich noch ein Vergnügen an, das wir uns ganz bestimmt verdient haben: ein erfrischendes Bad im Meer.

Streckenverlauf

Menton (km 0,0)
Monti (km 3,5)
Viadukt von Caramel (km 9,0)
Castillon (km 11,0)
Castillonpass (km 13,5)
Sospel (km 20,5)
Moulinet (km 26,5)
Turinipass (km 38,5)

Passangaben

Castillonpass	Auffahrt von Menton bis Passhöhe 13,5 km mit 8 % Höchststeigung Abfahrt von Passhöhe bis Sospel 7,0 km mit Gefälle bis 8 %
Turinipass	Auffahrt von Sospel bis Passhöhe 18,0 km mit 10 % Höchststeigung Abfahrt von Passhöhe bis Roquebilliere 15 km mit Gefälle bis 10 %
Straßenzustand	gut ausgebaute Straßen
Passöffnungszeiten	ganzjährig befahrbar
Sehenswürdigkeiten	Castillonpass (Viadukt von Caramel bei der Auffahrt); Sospel (Kirche St.-Michel); Menton (Palais Cornolès, Jardin Biovès, Musée Regionale, Kirche St.- Michel, Grimaldi-Grotten)
Karte	Michelin 1:200 000, Provence-Côte d'Azur, Blatt 245

Übersicht über Pass- und Bergstrassen

Pässe/Bergstrassen	Höhe	Länge	max.Steigung/Gefälle	offen	Land	Tour
Achenpass	941 m	4,5 km	7%/14%	ganzjährig	Deutschland	9
Albulapass	2315 m	35 km	12%/10%	1.6.–31.10.	Schweiz	28
Alpe-d'Huez-Bergstraße	1860 m	17,5 km	10%	ganzjährig	Frankreich	37
Arlbergpass	1800 m	24 km	10%/13%	ganzjährig	Österreich	18
Brennerpass	1374 m	57,5 km	12%/10%	ganzjährig	Österreich/ Italien	17
Buchensattel	1256 m	16 km	14%/10%	ganzjährig	Österreich	16
Campolongopass	1875 m	9,5 km	10%/10%	ganzjährig	Italien	21
Castillonpass	707 m	20.5 km	8%/8%	ganzjährig	Frankreich	40
Ceredapass	1361 m	32,5 km	15%/13%	ganzjährig	Italien	23
Col d'Ayen	1032 m	13 km	8%/10%	1.4.–15.10.	Frankreich	38
Croix-de-Fer-Pass	2067 m	62 km	14%/12%	15.5.–31.10.	Frankreich	37
Dachstein-Bergstraße	1702 m	5 km	15%	ganzjährig	Österreich	13
Dachstein-Höhenstraße	1175 m	34 km	14%/15%	ganzjährig	Österreich	13
Drei-Zinnen-Bergstraße	2400 m	7,5 km	20%	1.6.–30.9.	Italien	12
Ettaler Sattel	877 m	5 km	8%/5%	ganzjährig	Deutschland	9
Falzáregopass	2117 m	16,5 km	11%	ganzjährig	Italien	20
Fedáiapass	2057 m	28,5 km	11%/15%	15.4.–15.11.	Italien	20/22
Flüelapass	2383 m	30 km	11%/10%	ganzjährig	Schweiz	28

Übersicht über Pass- und Bergstrassen

Pässe/Bergstrassen	Höhe	Länge	max. Steigung/Gefälle	offen	Land	Tour
Furkapass	2436 m	32,5 km	11%/11%	15.6.–15.10.	Schweiz	30
Galibierpass	2646 m	27,5 km	12%/10%	15.6.–15.10.	Frankreich	34/37
Gemärkpass	1518 m	16,5 km	4%/8%	ganzjährig	Italien	19
Giaupass	2236 m	26 km	12%/10%	1.5.–30.11.	Italien	20
Grimselpass	2165 m	32 km	9%/11%	15.6.–15.10.	Schweiz	30
Grödner Joch	2137 m	6 km	12%/9%	ganzjährig	Italien	20/21
Großer-St.-Bernhard-Pass	2473 m	75,5 km	10%/11%	1.6.–15.10.	Schweiz/ Italien	32
Großglocknerstraße	2505 m	48,5 km	12%/12%	1.5.–1.11.	Österreich	15
Iseranpass	2770 m	58,5 km	12%/10%	1.6.–30.9.	Frankreich	33
Izoardpass	2360 m	51,5 km	12%/12%	15.6.–15.10.	Frankreich	35
Jaufenpass	2099 m	30,5 km	12%/10%	1.5.–15.11.	Italien	17/24
Julierpass	2284 m	43 km	10%/11%	ganzjährig	Schweiz	29
Kesselbergpass	858 m	9 km	5%/5%	ganzjährig	Deutschland	2
Klausenpass	1952 m	62,5 km	10%/10%	15.5.–31.10.	Schweiz	31
Kleiner-St.-Bernhard-Pass	2188 m	51,5 km	9%/9%	15.6.–31.10.	Italien/Frankreich	32
Koppenpass	690 m	10 km	23%/16%	ganzjährig	Österreich	12
Kühtaisattel	2020 m	42 km	16%/16%	ganzjährig	Österreich	17
Lautaretpass	2058 m	39,5 km	10%	ganzjährig	Frankreich	34/37

Übersicht über Pass- und Bergstrassen

Pässe/Bergstrassen	Höhe	Länge	max. Steigung/Gefälle	offen	Land	Tour
Loser-Panoramastraße	1600 m	13,5 km	15%	ganzjährig	Österreich	12
Madeleinepass	1746 m	7 km	6%/8%	ganzjährig	Frankreich	33
Malojapass	1815 m	32,5 km	6%/9%	ganzjährig	Schweiz/Italien	29
Marblinger Höhe	684 m	2,5 km	8%	ganzjährig	Österreich	3
Masererpass	793 m	9,5 km	10%/12%	ganzjährig	Deutschland	7
Mendelpass	1363 m	25 km	10%/9%	ganzjährig	Italien	25
Monte Pénegal	1737 m	4 km	18%	ganzjährig	Italien	25
Nockalm-Höhenstraße	2040 m	32,5 km	12%/12%	Pfingsten–31.10.	Österreich	14
Oberjochpass	1136 m	23 km	8%/9%	ganzjährig	Deutschland	10
Penser Joch	2214 m	66 km	12%/13%	1.6.–31.10.	Italien	24
Pordoijoch	2117 m	13,5 km	8%/8%	ganzjährig	Italien	21/22
Pötschenpass	982 m	14,5 km	17%/9%	ganzjährig	Österreich	12
Pragelpass	1543 m	22,5 km	14%/14%	15.6–31.10.	Schweiz	31
Restefond-/Bonettepass	2802 m	50 km	14%/14%	15.6.–31.9.	Frankreich	36
Riedbergpass	1420 m	14,5 km	16%/16%	ganzjährig	Österreich/Deutschland	6
Rollepass	1980 m	41,5 km	9%/11%	ganzjährig	Italien	23
Roßfeld-Höhenringstraße	1540 m	29 km	14%/23%	ganzjährig	Deutschland	1
Sant'Angelo-Pass	1756 m	6 km	3%/11%	ganzjährig	Italien	19

Übersicht über Pass- und Bergstrassen

Pässe/Bergstrassen	Höhe	Länge	max. Steigung/Gefälle	offen	Land	Tour
San-Pellegrino-Pass	1919 m	30,5 km	18%/14%	ganzjährig	Italien	23
Schwarzbachwachtsattel	868 m	13 km	10%/14%	ganzjährig	Deutschland	7
Sellajoch	2240 m	17,5 km	11%/11%	ganzjährig	Italien	20/21
Silvrettapass	2032 m	84,5 km	11%/12%	1.6.–15.11.	Österreich	18
Spitzingsattel	1127 m	25 km	14%/12%	ganzjährig	Deutschland	8
Splügenpass	2118 m	40,5 km	13%/11%	1.6.–31.9.	Italien/Schweiz	29
St.-Gotthard-Pass	2108 m	10 km	10%	15.5.–15.11.	Schweiz	30
Stilfser Joch	2757 m	28 km	16%/12%	1.6.–31.10.	Italien	27
Sudelfeldpass	1097 m	16,5 km	11%/14%	ganzjährig	Deutschland	3,8
Sustenpass	2224 m	46,5 km	9%/9%	15.6.–15.10.	Schweiz	30
Télégraphepass	1566 m	17,5 km	10%/9%	ganzjährig	Frankreich	34/37
Timmelsjoch	2509 m	41,5 km	12%/13%	15.6.–15.10.	Österreich/Italien	17
Tre-Croci-Pass	1809 m	12 km	11%/12%	ganzjährig	Italien	19
Turinipass	1607 m	38,5 km	10%/10%	ganzjährig	Frankreich	40
Ursprungpass	836 m	4 km	13%	ganzjährig	Österreich/Deutschland	3
Valparolapass	2192 m	14,5 km	10%/10%	ganzjährig	Italien	20
Varspass	2111 m	34 km	12%/10%	ganzjährig	Frankreich	35
Ventouxpass	1909 m	44,5 km	12%/12%	15.5.–31.10.	Frankreich	39

Fit für den Berg – die besten Trainingstipps

Locker und kraftvoll auf den Pass

Kaum jemand, der nicht begeisterter Radler ist, kann verstehen, dass sich Menschen auf zwei Rädern auf steile Berge quälen – und das noch aus eigener Kraft. Aber auch viele Radfahrer, die sich im flachen oder hügeligen Gelände recht wohl fühlen, haben einen Heidenrespekt vor dem Hochgebirge und bringen sich damit um das grandioseste Erlebnis, das man als Sportler wohl haben kann: tief unten die sich dahinwindende Passstraße, Rad fahren in klarer, sauberer Luft inmitten einer faszinierenden Bergwelt mit atemberaubenden Ausblicken – all das lässt einen hautnah spüren, dass man soeben eine sportliche Höchstleistung vollbracht hat.
Aber wer je an einer Steigung eingebrochen ist, wem es die ganze Kraft mit einem Schlag aus den Beinen gezogen hat wie sonst nur dann, wenn der berüchtigte Hungerast zuschlägt, der weiß auch: Den Berg gibt es nicht zum Nulltarif. Mit ein bisschen gezielter Vorbereitung lässt sich der frustrierende Misserfolg verhindern.

Der Wiegetritt

Im Wiegetritt: Der Oberkörper bleibt gerade, das Rad bewegt sich hin und her.

Den Wiegetritt sollte man üben, bevor man ihn wirklich braucht. Mit ihm bringt man die meiste Kraft auf den Asphalt; Arme Beine und Oberkörper bilden eine geschlossene Hebelkette. Aber er kostet auch ordentlich Substanz. Daher sollte man ihn an leichten Steigungen üben, wo man ihn eigentlich noch nicht nötig hat:

- Steigung im Sitzen mit einem Gang anfahren, in dem man flüssig treten kann.
- Einen ein oder zwei Gänge »dickeren« Gang einlegen und mit gleichem Tempo (und entsprechend niedrigerer Trittfrequenz) im Wiegetritt weiterfahren.
- Auf diese Art regelmäßig (alle 20 bis 50 Pedalumdrehungen, je nachdem, wie Sie sich wohl fühlen) zwischen Wiegetritt und »Normal« wechseln.

Ein Tipp für die Stilisten: Achten Sie darauf, dass der Oberkörper gerade bleibt. Ziehen Sie vielmehr mit dem rechten (bzw. linken) Arm die rechte (linke) Lenkerseite zu sich heran – gegen den Widerstand Ihres nach unten tretenden rechten (linken) Fußes – und verkanten

Sie dabei das Rad leicht. Das Rad darf sich bewegen, der Oberkörper sollte in einer senkrechten Flucht über der Linie bleiben, die die Reifen auf dem Asphalt bilden.

Der runde Tritt

Man kann über den gedopten Pantani denken was man will – am Berg ist er ein Erlebnis. Unvergessen sein Rekord in Alpe d'Huez 1997: 13,5 Kilometer, 1143 Höhenmeter in 37:35 Minuten. Aber ein Stilist ist er nie gewesen, sein Markenzeichen sind ein unruhiger Tritt und dauernde Rhythmuswechsel. Wie ruhig, fast entspannt, sitzen dagegen die Toursieger von 1997 und 1999/2000, Jan Ullrich und Lance Armstrong, auf dem Rad, wenn die Steigungen kommen. Der Tritt geht rund, auch bei größerer Anstrengung. Abgesehen von aller Ästhetik: Der runde Tritt setzt etliche zusätzliche Kräfte frei, bevor man in den Wiegetritt muss.

Recht erfolgreich lässt sich der runde Tritt auf dem Hometrainer üben: Versuchen Sie fünf Minuten gleichmäßig rund zu treten – und zwar mit nur einem Schuh im Pedal. Den anderen Fuß halten Sie zur Seite, damit er nicht mit dem leeren Pedal kollidiert. Das sieht ziemlich unbeholfen aus und ist enorm schweißtreibend, aber erfolgreich. Falls Sie zu verkrampfen beginnen, wechseln Sie den Fuß, oder brechen Sie das Ein-Fuß-Training ab. Mehrere kurze Trainingseinheiten bringen mehr als wenige lange mit zusammengebissenen Zähnen und verkrampften Waden.

Als Ergänzung bzw. als Ersatz, falls Sie keine Möglichkeit haben, einfüßig auf einem Hometrainer zu üben, bietet sich das Training auf ebener oder leicht hügeliger Strecke an. Hier ist Ihre Vorstellungskraft gefragt: Visualisieren Sie, wie Ihre Füße auf einer Kreisbahn rotieren, und versuchen Sie, das entspannende Nachlassen am oberen oder unteren Totpunkt zu vermeiden. Hier kann ein Mitfahrer, der Sie mit kritischem Blick beobachtet, sehr hilfreich sein. Achten Sie aber bei aller Selbstbeobachtung noch auf den Straßenverkehr! Überhaupt bieten sich für solcherart meditative Trainingseinheiten eher verkehrsarme Strecken an.

Wahrscheinlich merken Sie – anhand des Pulsmessers oder der Tachoanzeige – sehr schnell, dass Sie mehr Leistung auf die Straße bringen (und sich auch mehr anstrengen). Logisch, jetzt addieren sich die Kräfte beim Niedertreten des Pedals mit denen beim Ziehen bzw. Schieben im oberen und unteren Totpunkt.

Stretching

Die sportliche Betätigung auf dem Fahrrad birgt auch ihre Risiken. Sitzposition und Druck durch die Tretbewegung biegen die Wirbelsäule aus ihrer angestammten Position, einseitige Belastungen führen zu Muskelverkürzungen. Hier helfen Stretching- und isometrische Übungen, die die vernachlässigten Muskelgruppen trainieren und vor und nach jeder größeren Tour durchgeführt werden sollten.

► Vorderer Oberschenkel (1): Aufrechter Stand, mit einer Hand festhalten. Die andere Hand greift den Fußspann. Das Bein anwinkeln. Hüfte vorschieben, bis Sie ein Ziehen im Oberschenkelstrecker spüren.

► Hinterer Oberschenkel (2): Rückenlage. Ein Bein ausstrecken, das andere gestreckt nach oben führen. Hände unterhalb der Kniekehle platzieren und das Bein mit sanftem Druck Richtung Brustkorb ziehen.

2

1

3

4

5

6

7

► Wade (3): Vor eine Wand stellen und die Hände auflegen. Einen Fuß zurücksetzen (großer Schritt) und die Ferse Richtung Boden drücken.

► Wade (4): Aus dem Stand den Rumpf mit geradem Rücken vorbeugen. Ein Bein vorstrecken, das andere beugen. Mit den Händen oberhalb des Knies sanft pressen.

► Schultergürtel/Nacken (5): Einen Arm beugen und rechtwinklig vor den Körper führen. Mit der anderen Hand gegen den Ellenbogen pressen.

► Schultergürtel/Nacken (6): Kopf vorneigen und mit beiden Händen leicht gegen den Hinterkopf drücken.

► Rücken (7): Vierfüßlerstand. Den Rücken rund nach oben drücken, anschließend die Brust zum Boden wölben.

Impressum

Der Südwest Verlag ist ein Unternehmen der Econ Ullstein List Verlag GmbH & Co. KG, München

Projektleitung, Umschlaggestaltung, DTP/Satz:
Dr. Alex Klubertanz
Redaktion:
Christine E. Gangl
Redaktionsleitung:
Dr. Reinhard Pietsch
Produktion:
M. Metzger, A. Aatz

Printed in Slovenia
ISBN 3-517-06383-5

Bildnachweis

Agentur Jump, Hamburg: 191, 192 (Kristiane Vey); G. Amberg: 11, 30, 34, 46, 47, 70, 80, 81, 94, 115, 119; H.-J. Arndt: 12, 51, 52, 55, 60, 61, 84, 99, 107, 114, 122, 136, 140, 141; H. Bauregger: 18, 28, 36, 42, 44; D. Beikler: 68, 128; Kurdirektion des Berchtesgadener Landes (Foto: M Kern): 20; O. Bolch: 118; R. Dodu: 5 r., 6 u., 108; H. Dumler: 110; D. Fuchs: 26, 78; E. Höhne: 32, 35, 69, 73, 88, 111, 154, 184; Th. Kanzler: 4 u., 8, 16/17, 39; I. Kürschner: 5 l.; M. Meusel: 148; Meusel: 31, 106; W. Rauschel: 19; O. Schraml: 23, 43; R. Tandler: 40; K. Tödt-Rübel: 4 o., 7, 14, 152/153, 174, 175, 176, 178, 179, 180; P. Witek: 2, 10, 12, U4 links; F. Zengerle: Titel, 62/63, 190; alle übrigen Fotos: Rudolf Geser.

Titelbild

Die Großglockner-Hochalpenstraße auf der Nordseite des Berges.

Einbandrückseite

Linkes Bild: Die Profis vom Team Telekom bei der Tour de France 2000 setzen Lance Armstrong (im Gelben Trikot) unter Druck.
Rechts: Etwas ruhiger lassen es die beiden Freizeitradler am Timmelsjoch angehen – nicht nur, weil es bergab geht.

1 Über die Roßfeld-Höhenringstraße
In den Berchtesgadener Alpen

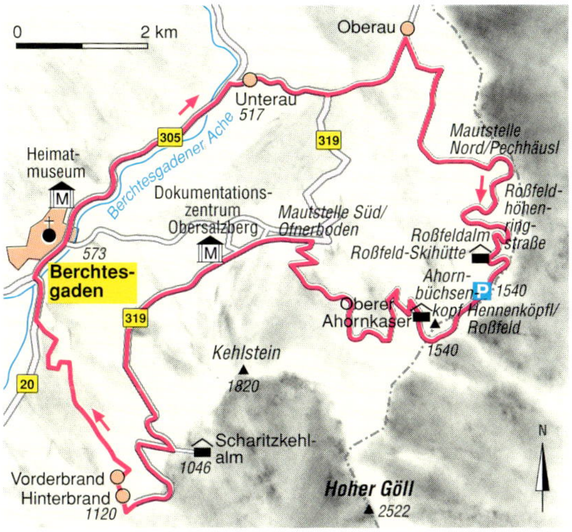

2 Vom Kochelsee zum Walchensee
Über die Kesselbergstraße

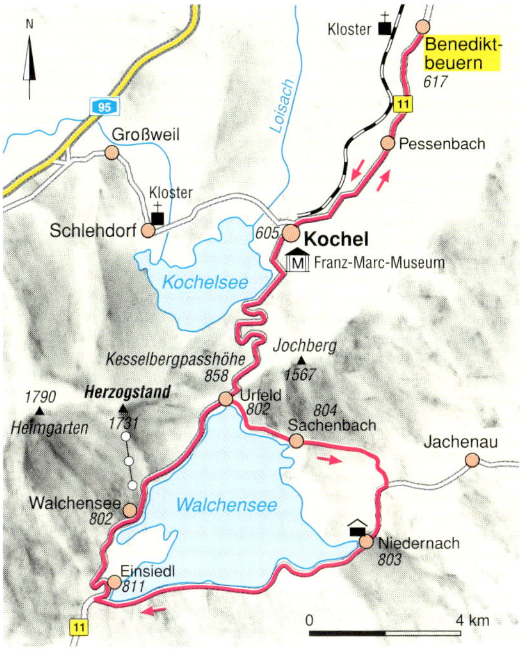

3 Über Sudelfeld und Tatzelwurm
Im Schatten des Wendelsteins

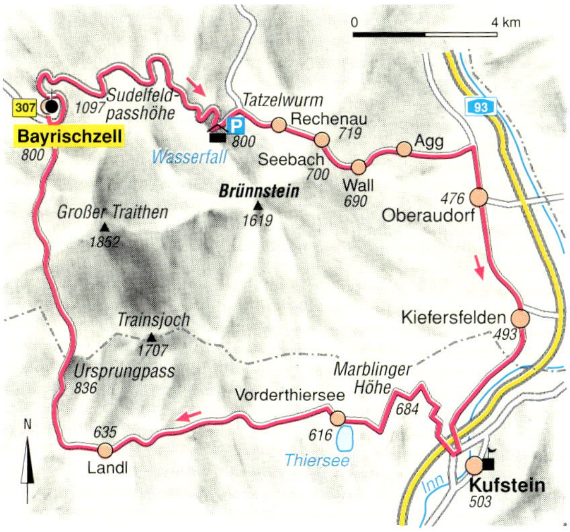

4 Durch die Schlierseer Berge
Vom Tegernsee zum Schliersee

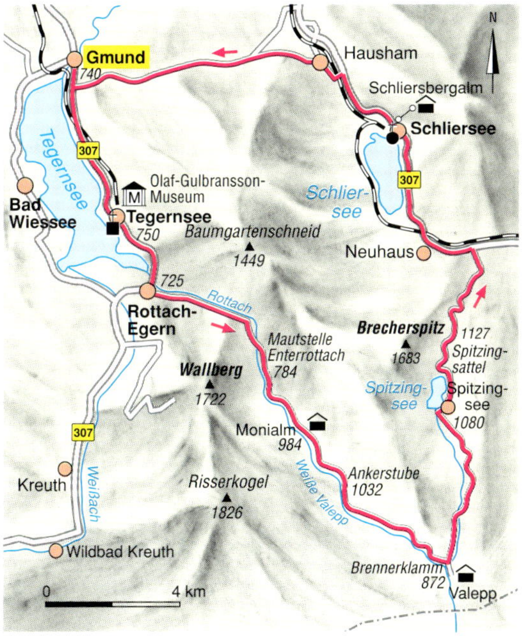

2 Vom Kochelsee zum Walchensee
Über die Kesselbergstraße

Streckenverlauf

Benediktbeuern (km 0,0) • Kochel (km 8,0)
Kesselbergpasshöhe (km16,0) • Urfeld (km 17,0)
Sachenbach (km 19,5) • Niedernach (km 24,5)
Einsiedl (km 33,5) • Walchensee (km 36,0)
Urfeld (km 41,5) • Kesselbergpasshöhe (km 42,5)
Kochel (km 50,5) • Benediktbeuern (km 58,5)

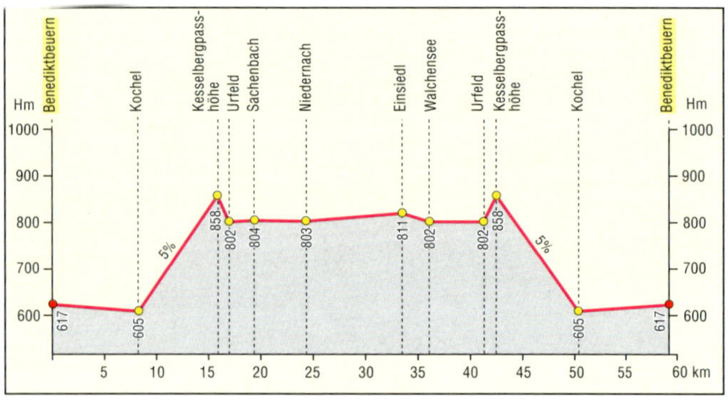

1 Über die Roßfeld-Höhenringstraße
In den Berchtesgadener Alpen

Streckenverlauf

Berchtesgaden (Km 0,0) • Unterau (km 3,5)
Oberau (km 5,5) • Mautstelle Nord/Pechhäusl (km 10,5)
Roßfeldalm (km 13,0)• Roßfeld-Skihütte (km 13,5)
Parkplatz Hennenköpfl/Roßfeld (km 14,5)
Ahornbüchsenkopf (km 16,0)
Mautstelle Süd/Ofnerboden (km 22,0)
Dokumentationszentrum Obersalzberg (km 23,5)
Scharitzkehlalm (km 27,5) • Hinterbrand (km 30,5)
Vorderbrand (km 31,0) • Berchtesgaden (km 34,5)

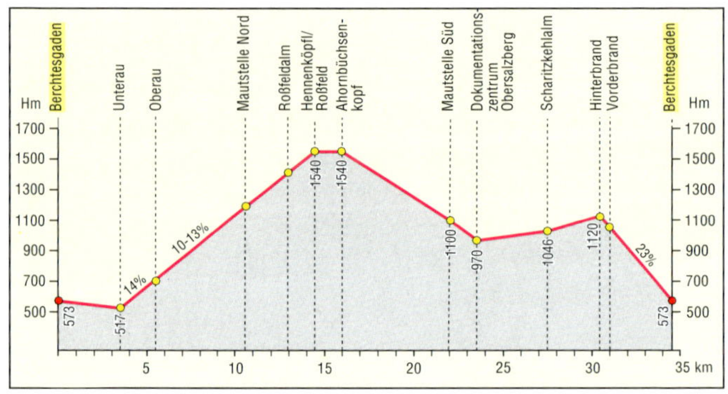

4 Durch die Schlierseer Berge
Vom Tegernsee zum Schliersee

Streckenverlauf

Gmund am Tegernsee (km 0,0) • Tegernsee (km 3,5)
Rottach-Egern (km 8,0) • Mautstelle Enterrottach (km 12,5)
Monialm (km 16,5) • Ankerstube (km18,5)
Abzweigung Brennerklamm (km 22,5)
Spitzingsee (km 28,0) • Spitzingsattel (km 29,5)
Einmündung B 307 (km 33,0) • Schliersee (km 37,0)
Hausham (km 40,5) • Ostin (km 46,5) • Gmund (km 48,5)

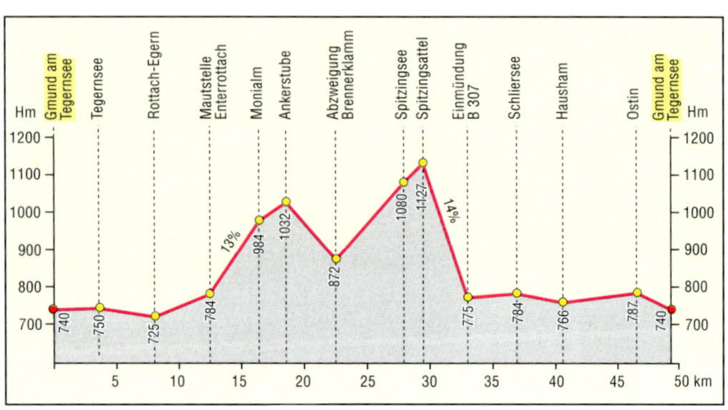

3 Über Sudelfeld und Tatzelwurm
Im Schatten des Wendelsteins

Streckenverlauf

Bayrischzell (km 0,0) • Sudelfeldpasshöhe (km 4,5)
Großparkplatz Tatzelwurm (km 12,5) • Rechenau (km 14,5)
Seebach (km 15,5) • Wall (km 17,5) • Agg (km 20,0)
Niederaudorf (km 21,0) • Oberaudorf (km 22,0)
Kiefersfelden (km 28,0) • Kufstein (km 31,0)
Marblinger Höhe (km 33,5) • Thiersee (km 36,5)
Landl (km 43,5) • Ursprungpass (km 47,5)
Bayrischzell (km 54,0)

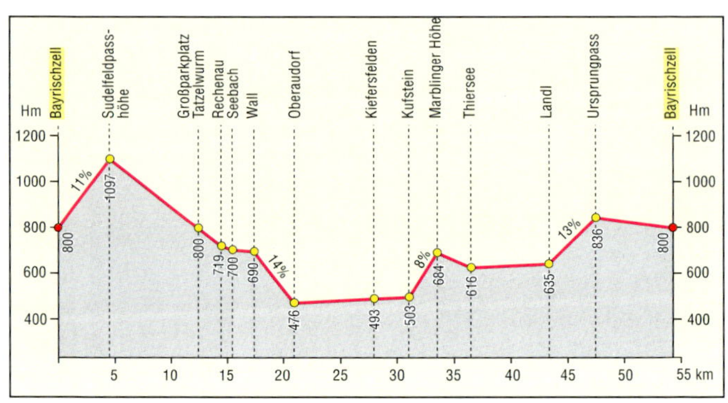

5 Zum Großen Ahornboden
Radtour im Isarwinkel

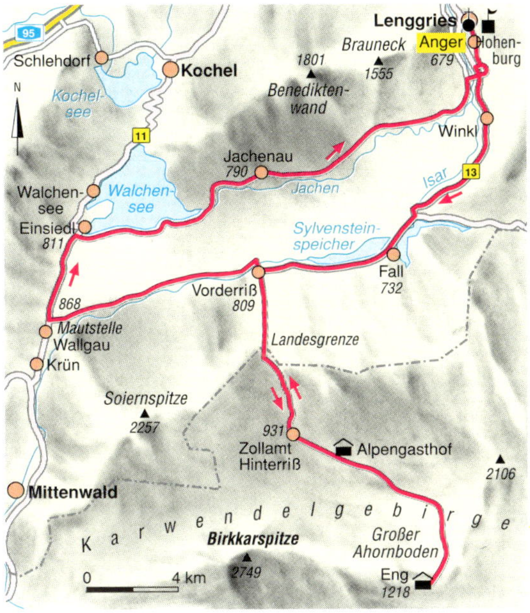

6 Über den Riedbergpass
Die höchste Passstraße Deutschlands

Die Deutsche Alpenstraße, 1. Abschnitt
Vom Berchtesgadener Land ins Chiemgau 7

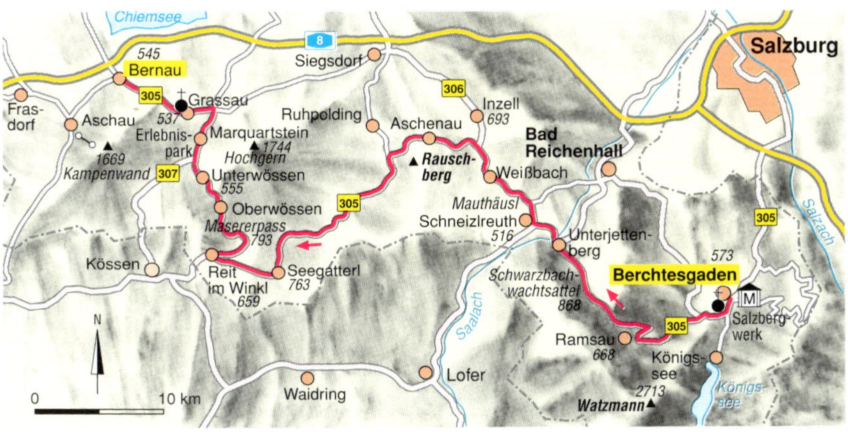

Die Deutsche Alpenstraße, 2. Abschnitt
Vom Chiemgau in die Tegernseer Berge 8

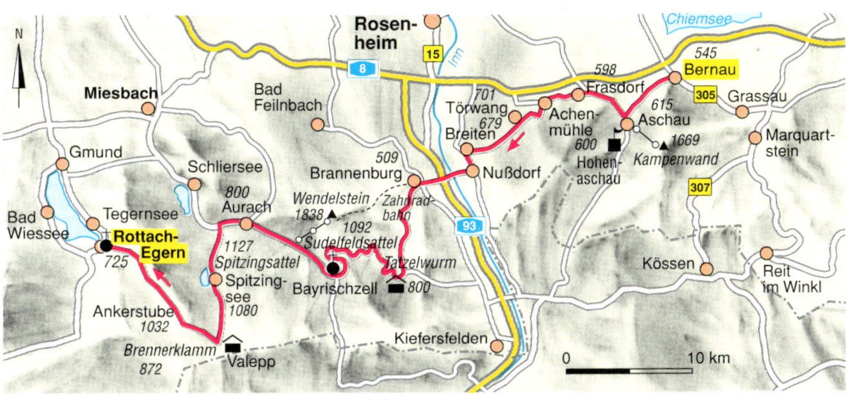

6 Über den Riedbergpass
Die höchste Passstraße Deutschlands

Streckenverlauf

Immenstadt (km 0,0) • Wiedemannsdorf (km 8,0)
Salmas (km 10,5) • Knechtenhofen (km 11,5)
Oberstaufen (km 15,5) • Weißach (km 17,0) • Aach (km 22,5)
Riefensberg (km 25,0) • Hittisau (km 31,5)
Zollamt Schönhalden (km 42,0) • Balderschwang (km 44,0)
Riedbergpass (km 52,5) • Obermaiselstein (km 58,5)
Bolsterlang (km 61,0) • Ofterschwang (km 65,5)
Bihlerdorf (km 76,0) • Blaichach (km 71,0) • Immenstadt (km 75,0)

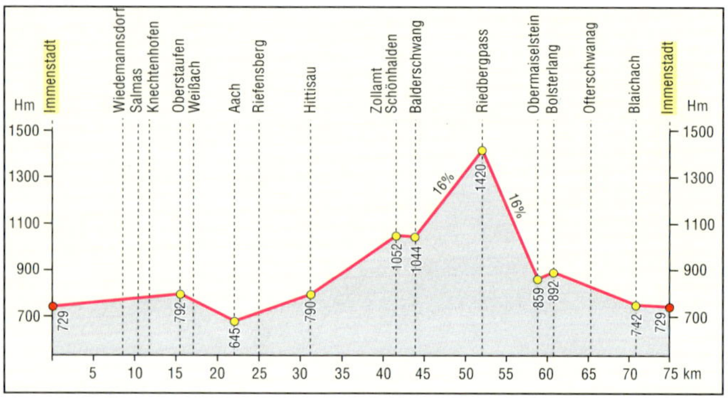

5 Zum Großen Ahornboden
Radtour im Isarwinkel

Streckenverlauf

Lenggries, Ortsteil Anger (km 0,0) • Winkl (km 5,0)
Fall (km 15,5) • Vorderriß (km 23,5) • Landesgrenze (km 28,5)
Zollamt Hinterriß (km 34,0) • Herzoglicher Alpengasthof (km 36,0)
Eng (km 45,5) • Vorderriß (km 73,5) • Mautstelle Wallgau (km 86,0)
Einsiedl (km 91,5) • Jachenau (km 104,0) • Lenggries (km 121,5)

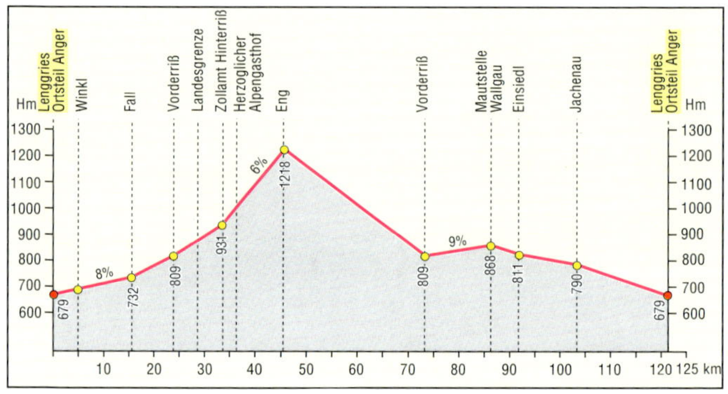

7 Die Deutsche Alpenstraße, 1. Abschnitt
Vom Berchtesgadener Land ins Chiemgau

Streckenverlauf

Berchtesgaden (km 0,0) • Ramsau (km 9,5) • Schwarzbachwachtsattel (km 19,0)
Unterjettenberg (km 22,5) • Schneizlreuth (km 24,5) • Mauthäusl (km 28,5)
Inzell (km 34,0) • Aschenau (km 39,0) • Seegatterl (km 58,0)
Reit im Winkl (km 62,5) • Masererpass (km 65,5) • Oberwössen (km 69,0)
Unterwössen (km 72,0) • Marquartstein (km 75,5)
Grassau (km 78,5) • Bernau (km 87,5)

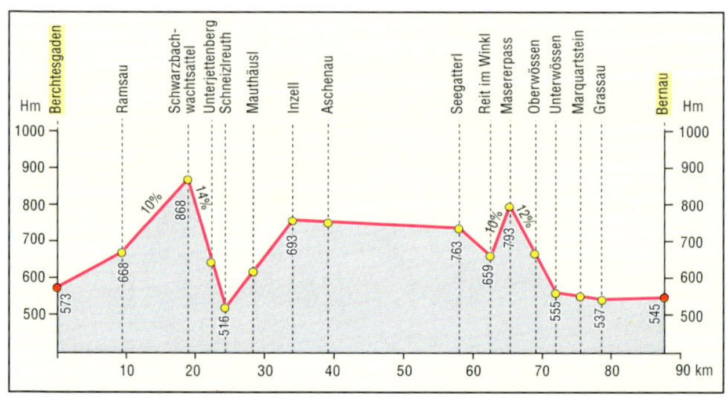

8 Die Deutsche Alpenstraße, 2. Abschnitt
Vom Chiemgau in die Tegernseer Berge

Streckenverlauf

Bernau (km 0,0) • Aschau (km 4,5) • Frasdorf (km 9,0) • Achenmühle (km 14,5)
Wiedholz (km 16,5) • Törwang (km 19,0) • Breiten (km 26,0)
Brannenburg (km 29,5) • Tatzelwurm-Straßendreieck (km 40,0)
Sudelfeldsattel (km 47,5) • Aurach (km 62,0) • Spitzingsattel (km 66,0)
Spitzingsee (km 67,5) • Ankerstube (km 87,5) • Rottach-Egern (km 88,0)

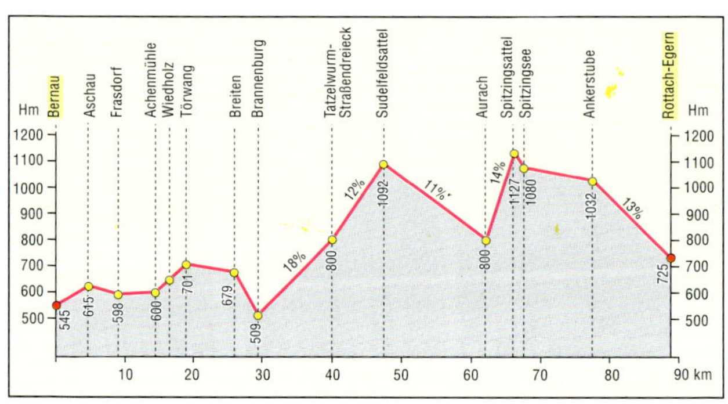

10 Die Deutsche Alpenstraße, 4. Abschnitt

Vom Werdenfelser Land ins Allgäu

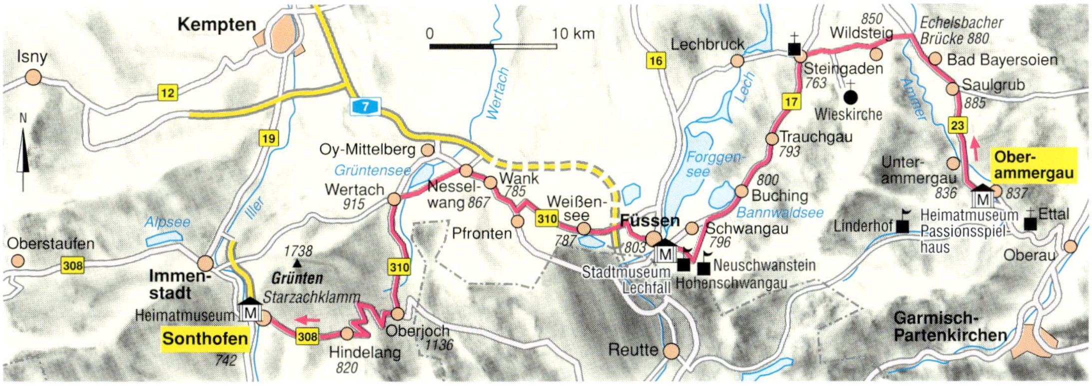

11 Die Deutsche Alpenstraße, 5. Abschnitt

Vom Allgäu zum Bodensee

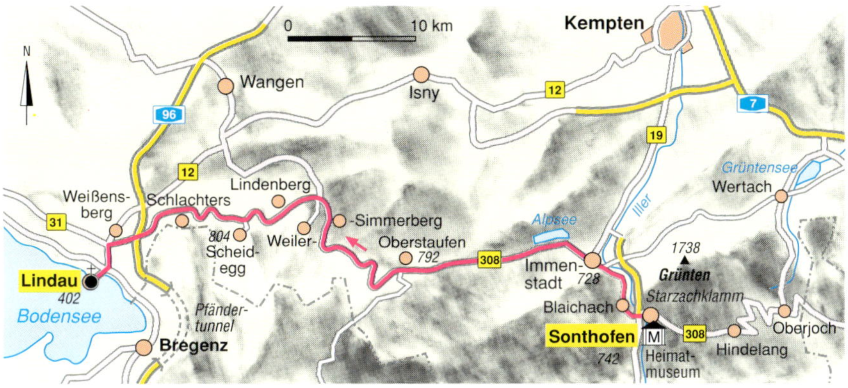

9 Die Deutsche Alpenstraße, 3. Abschnitt

Von den Tegernseer Bergen ins Werdenfelser Land

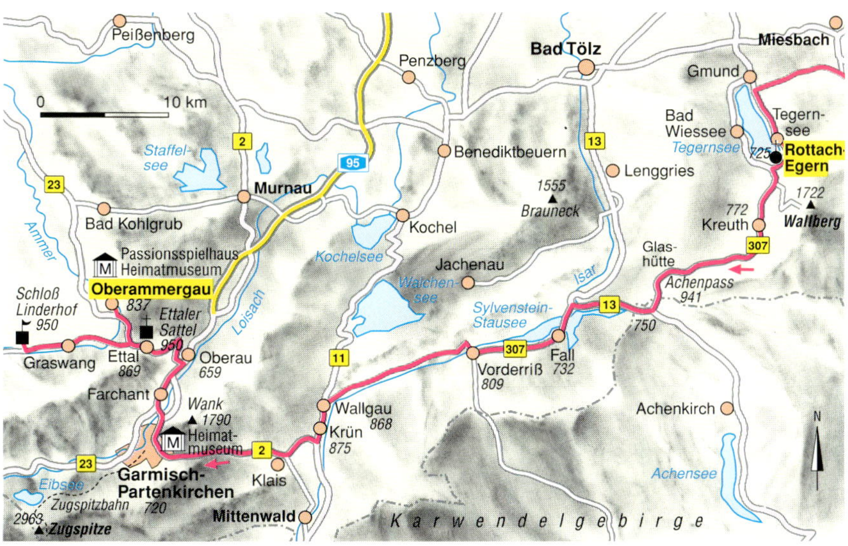

12 Im Salzkammergut

Auf die Loser-Panoramastraße und um den Hallstätter See

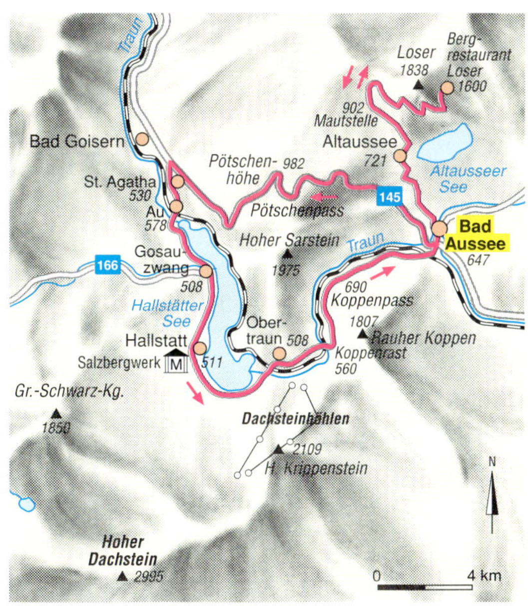

10 Die Deutsche Alpenstraße, 4. Abschnitt
Vom Werdenfelser Land ins Allgäu

Streckenverlauf

Oberammergau (km 0,0) • Unterammergau (km 3,5) • Saulgrub (km 9,0) Echelsbacher Brücke (km 16,0) • Wildsteig (km 19,0) (Abstecher Wieskirche) Steingaden (km 24,5) • Trauchgau (km 32,5) • Buching (km 36,0) Schwangau (km 43,0) • Füssen (km 46,5) • Weißensee (km 51,5) Wank (km 63,0) • Nesselwang (km 64,5) • Wertach (km 71,0) Oberjoch (km 81,5) • Hindelang (km 94,0) • Sonthofen (km 97,5)

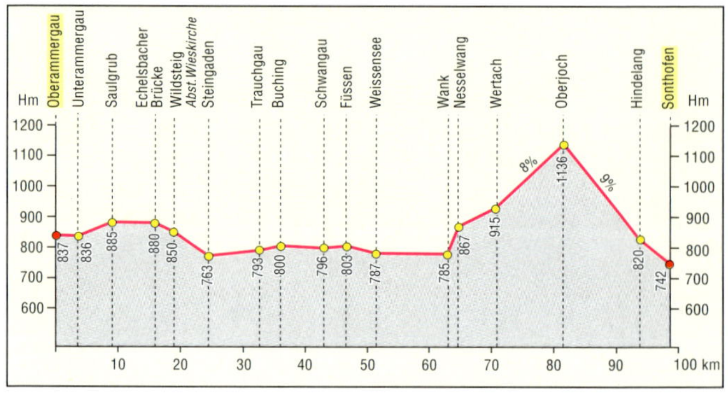

11 Die Deutsche Alpenstraße, 5. Abschnitt
Vom Allgäu zum Bodensee

Streckenverlauf

Sonthofen (km 0,0) • Blaichach (km 3,0) • Immenstadt (km 7,5) Oberstaufen (km 31,0) • Lindenberg (km 46,0) • Scheidegg (km 50,0) Lindau (km 63,0)

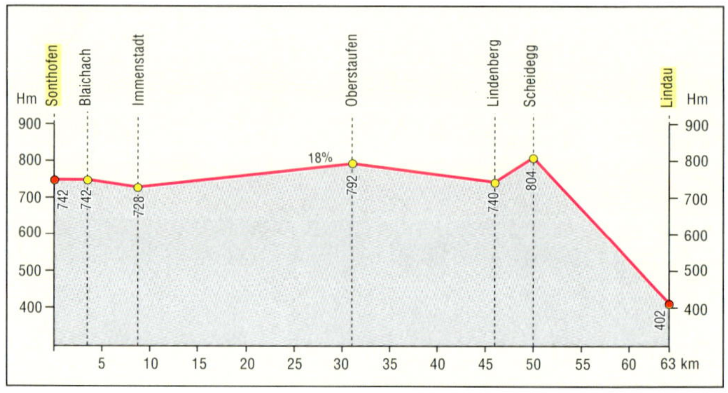

12 Im Salzkammergut
Loser-Panoramastraße und Hallstätter See

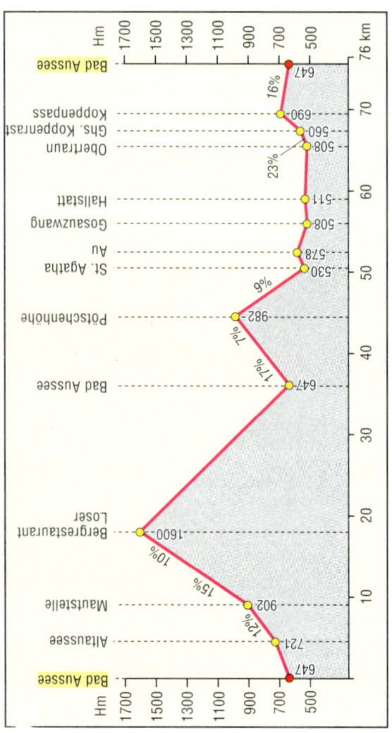

Streckenverlauf

Bad Aussee (km 0,0)
Altaussee (km 4,5)
Mautstelle (km 9,0)
Bergrestaurant Loser (km 18,0)
Bad Aussee (km 36,0)
Pötschenhöhe (km 44,5)
St. Agatha (km 50,5)
Au (km 52,5)
Gosauzwang (km 56,0)
Hallstatt (km 59,0)
Obertraun (km 65,5)
Gasthof Koppenrast (km 67,5)
Koppenpass (km 69,5)
Bad Aussee (km 75,5)

9 Die Deutsche Alpenstraße, 3. Abschnitt
Von den Tegernseer Bergen ins Werdenfelser Land

Streckenverlauf

Rottach-Egern (km 0,0) • Kreuth (km 5,0) • Glashütte (km 14,5) Achenpass (km 16,5) • Abzweigung Sylvenstein (km 19,0) Fall (km 29,0) • Vorderriß (km 36,5) • Wallgau (km 50,0) Krün (km 52,0) • Garmisch-Partenkirchen (km 66,0) Farchant (km 72,0) • Oberau (km 76,0) • Ettaler Sattel (km 80,5) Ettal (km 81,0) • Linderhof (km 82,5) • Graswang (km 87,5) Schloss Linderhof (km 92,5) • Oberammergau (km 105,5)

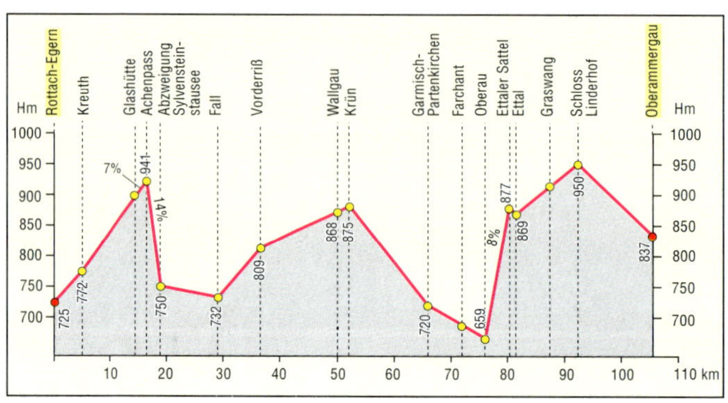

13 Im Banne des Hohen Dachstein
Zur »alpinen Majestät« des Salzburger Landes

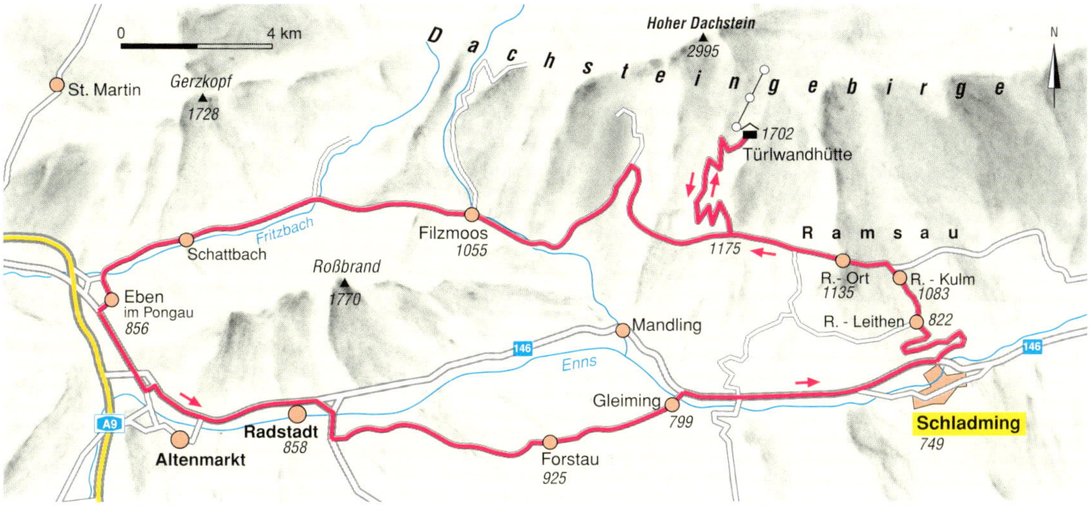

14 Über die Nockalm-Höhenstraße
Vom Millstätter See in den Nationalpark Nockberge

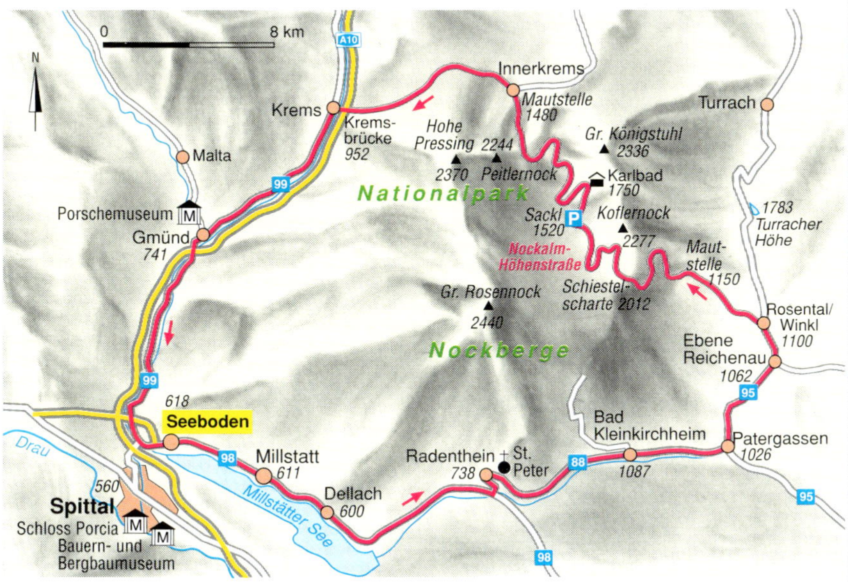

15 Über die Großglockner-Hochalpenstraße

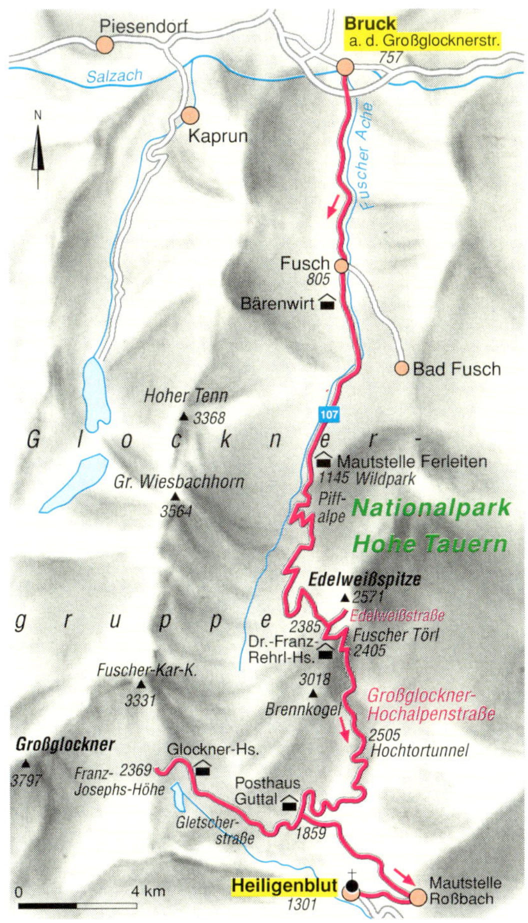

13 Im Banne des Hohen Dachstein
Zur »alpinen Majestät« des Salzburger Landes

Streckenverlauf

Schladming (km 0,0)
Ramsau-Leiten (km 3,0)
Ramsau-Kulm (km 5,0)
Abzweigung Dachstein-Bergstraße (km 11,0)
Filzmoos (km 21,5)
Eben im Pongau (km 34,0)
Radstadt (km 37,5)
Forstau (km 41,5)
Anhöhe (km 48,5)
Gleiming (km 51,5)
Schladming (km 59,5)

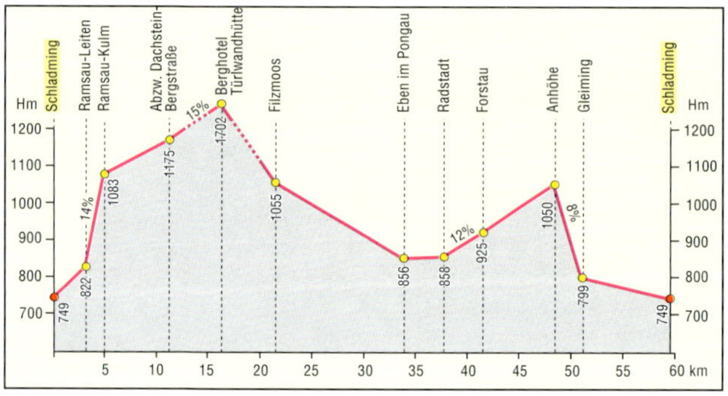

15 Über die Großglockner-Hochalpenstraße

Streckenverlauf

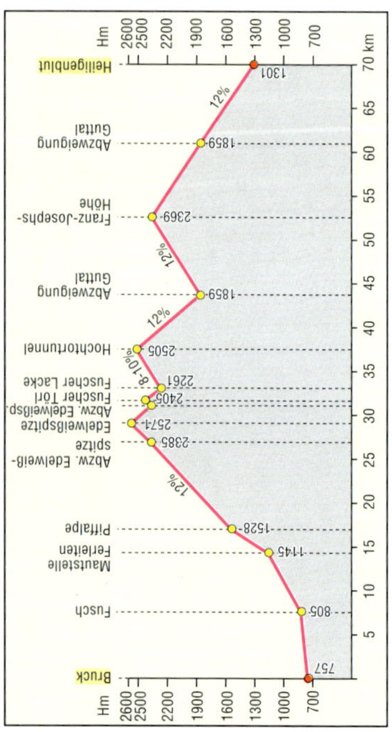

Bruck (km 0,0)
Fusch (km 7,5)
Mautstelle Ferleiten (km 14,5)
Piffalpe (km 17,0)
Abzweigung Edelweißspitze (km 27,0)
Edelweißspitze (km 29,0)
Abzweigung Edelweißspitze (km 31,0)
Fuscher Törl (km 31,5) •
Fuscher Lacke (km 33,0)
Hochtortunnel (km 37,5)
Abzweigung Guttal (km 44,0)
Franz-Josephs-Höhe (km 52,5)
Abzweigung Guttal (km 61,0)
Heiligenblut (km 70,0)

14 Über die Nockalm-Höhenstraße
Vom Millstätter See in den Nationalpark Nockberge

Streckenverlauf

Seeboden (km 0,0) • Millstätt (km 3,0) • Dellach (km 7,0)
Radenthein (km 15,0) • St. Peter (km 19,0) • Bad Kleinkirchheim (km 22,0)
Patergassen (km 30,0) • Ebene Reichenau (km 35,5) • Winkl (km 37,5)
Mautstelle (km 40,5) • Schiestelscharte (km 49,5)
Parkplatz Sackl (km 56,5) • Karlbad (km 59,0) • Eisentalhöhe (km 62,5)
Gasthof Zechneralm (km 65,0) • Mautstelle (km 71,0)
Kremsbrücke (km 80,5) • Gmünd (km 90,0) • Seeboden (km 103,5)

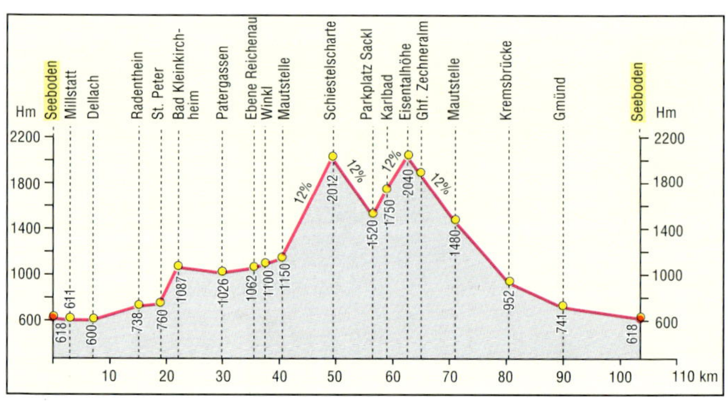

16 Rund um das Karwendelgebirge
Aus dem Inntal durch das Leutaschtal zum Achensee

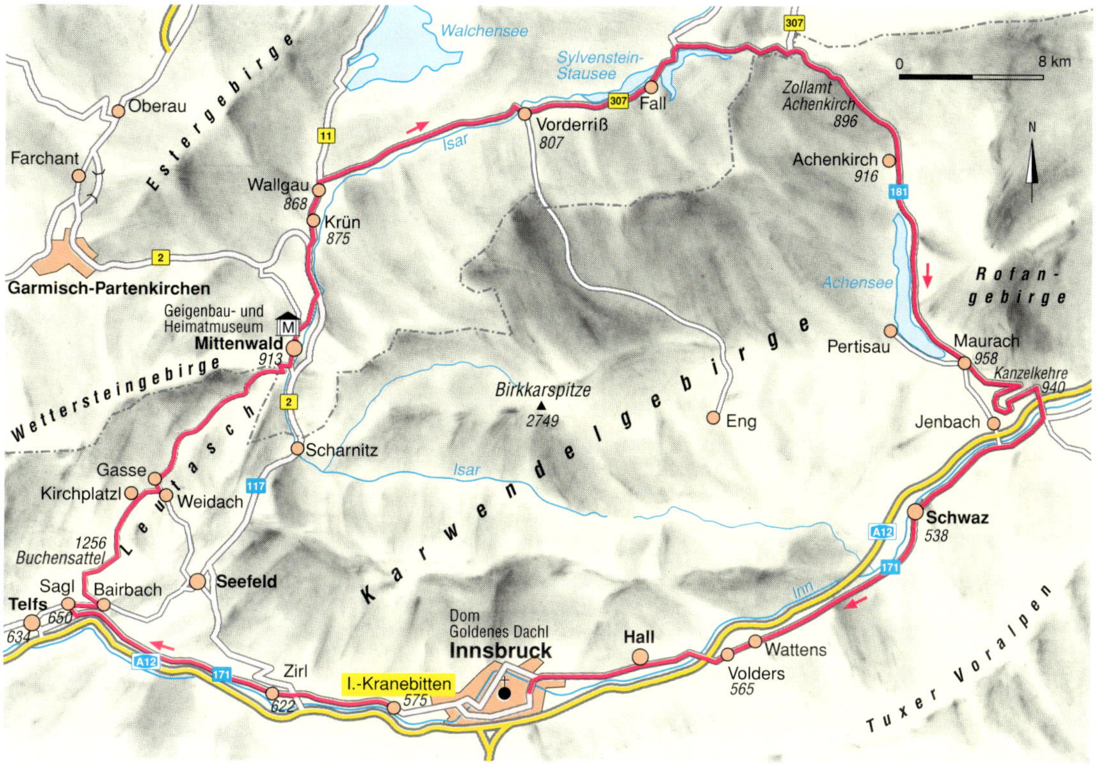

17 Rund um die Stubaier Alpen
Kühtaisattel, Timmelsjoch, Jaufenpass und Brennerpass

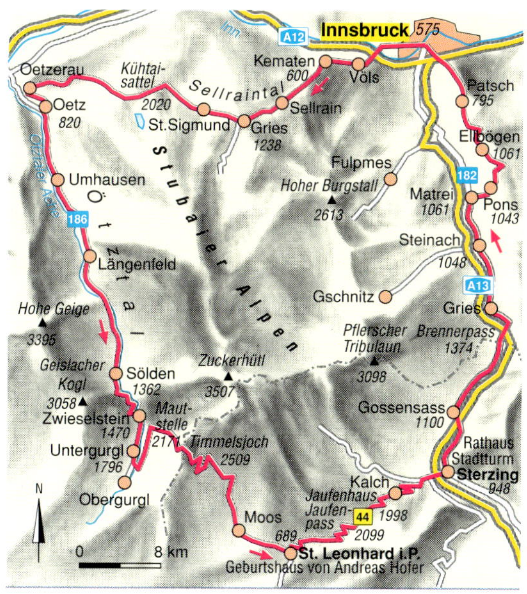

16 Rund um das Karwendelgebirge
Aus dem Inntal durch das Leutaschtal zum Achensee

Streckenverlauf

Innsbruck/Kranebitten (km 0,0) • Zirl (km 7,5)
Telfs (km 22,0) • Sagl (km 24,0) • Bairbach (km 27,0)
Buchensattel (km 31,0) • Leutasch-Kirchplatzl (km 36,0)
Ortsteil Gasse (km 37,5) • Zollamt Leutasch (km 46,5)
Mittenwald (km 49,5) • Krün (km 57,5)
Wallgau (km 59,5) • Vorderriß (km 74,0)
Zollamt Achenkirch (km 92,5) • Achenkirch (km 98,5)
Maurach (km 112,5) • Kanzelkehre (km 117,5)
Schwaz (km 133,0) • Volders (km 147,5)
Innsbruck (km 157,5)

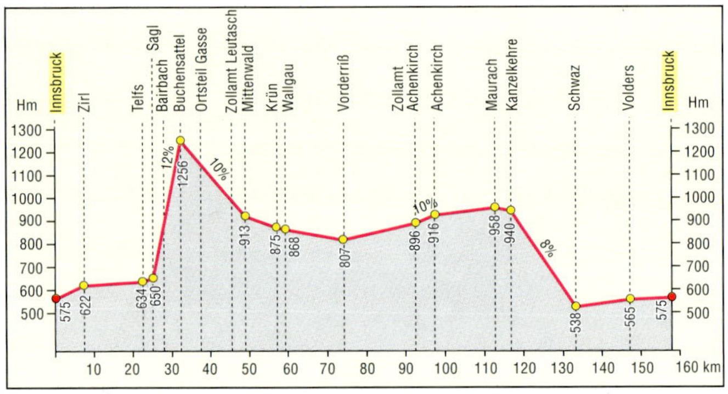

17 Rund um die Stubaier Alpen
Kühtaisattel, Timmelsjoch, Jaufenpass und Brennerpass

Streckenverlauf

Innsbruck (km 0,0) • Völs (km 5,0) • Kematen (km 9,0) • Gries am Sellrain (km 19,5)
Kühtaisattel (km 32,0) • Oetzerau (km 47,5) • Oetz (km 49,0) • Sölden (km 77,5)
Zwieselstein (km 82,5) • Untergurgl (km 89,5) • Mautstelle (km 94,0)
Abfahrt (km 96,0) • Timmelsjoch (km 104,0) • St. Leonhard im Passeiertal (km 131,0)
Jaufenpass (km 154,0) • Jaufenhaus (km 155,5) • Kalch (km 163,5)
Gasteig (km 169,5) • Sterzing (km 172,5) • Gossensaß (km 178,5)
Brennerpass (km 186,0) • Gries (km 191,5) • Steinach (km 195,0) • Matrei (km 204,0)
Pons (km 205,0) • Ellbögen (km 212,5) • Patsch (km 214,5) • Innsbruck (km 227,0)

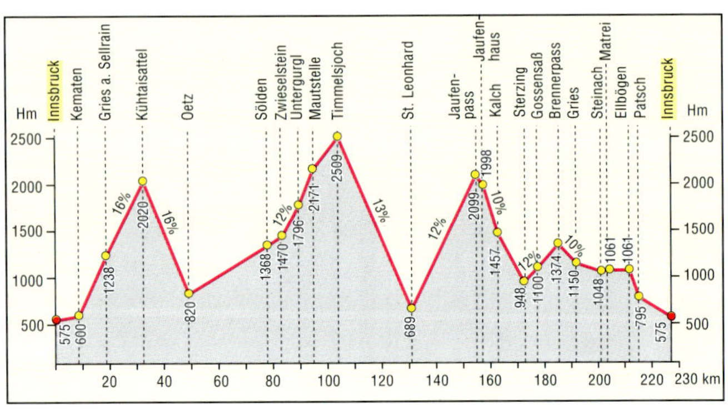

18 Silvretta-Hochalpenstraße und Arlbergpass
Über Bieler Höhe und Arlberg

21 Die große Dolomitenfahrt
Über die bekanntesten Pässe der Dolomiten

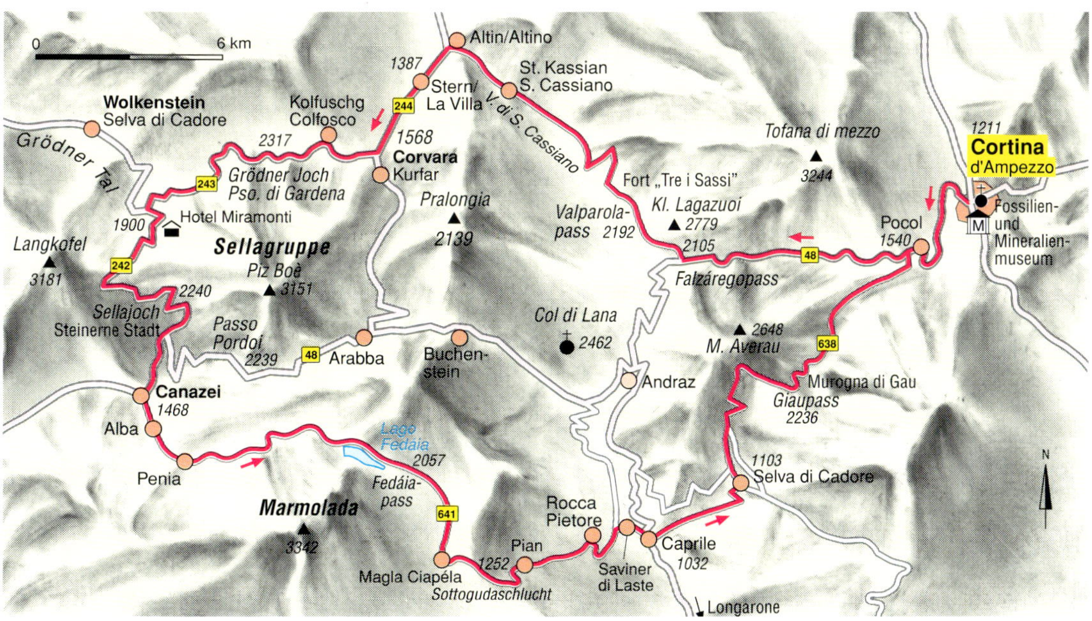

18 Silvretta-Hochalpenstraße und Arlbergpass
Über Bieler Höhe und Arlberg

Streckenverlauf

Pians (km 0,0) • See (km 6,0) • Nederle (km 17,0) • Ischgl (km 22,5) • Galtür (km 32,0) • Mautstelle Ost (km 35,0)
Silvretta-Passhöhe (km 42,5) • Vermunt-Stausee (km 48,0) • Mautstelle West (km 56,5)
St. Gallenkirch (km 67,0) • Schruns/Tschagguns (km 73,0) • St. Anton (km 81,0) • Loruns (km 84,0)
Bludenz (km 85,5) • Bings (km 88,5) • Braz (km 91,5) • Dalaas (km 98,5) • Klösterle (km 107,5)
Langen (km 109,5) • Stuben (km 113,5) • Arlbergpass (km 119,5) • St. Anton am Arlberg (km 125,5)
St. Jakob (km 130,5) • Pians (km 148,0)

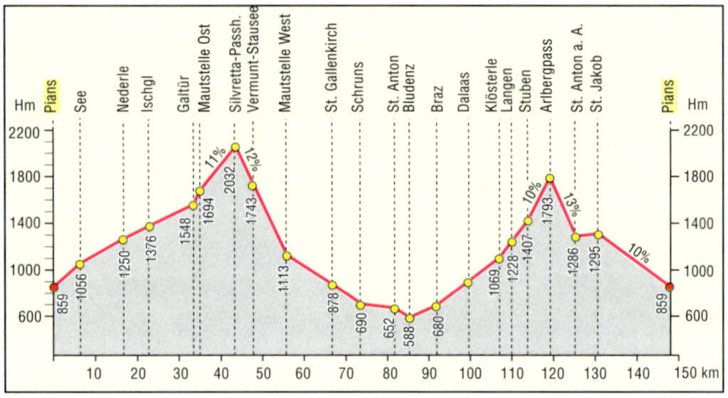

21 Die große Dolomitenfahrt
Über die bekanntesten Pässe der Dolomiten

Streckenverlauf

Cortina d'Ampezzo (km 0,0) • Pocol (km 5,5) • Falzáregopass (km 16,5) • Valparolapass (km 18,0)
La Villa/Stern (km 31,0) • Corvara (km 36,5) • Colfuschg (km 38,5) • Grödner Joch (km 46,0)
Kreuzung beim Hotel Miramonti (km 52,5) • Sellajoch (km 58,0) • Canazei (km 70,0) • Fedáiapass (km 84,0)
Malga Ciapela (km 89,0) • Sottogudaschlucht (km 91,0) • Pian (km 93,0) • Straßenkreuzung Alleghe/Agordo (km 97,5)
Saviner di Laste (km 98,0) • Caprile (km 99,5) • Straßenkreuzung Longarone/Selva di Cadore (km 103,5)
Aussichtspunkt Belvedere (km 106,0) • Selva di Cadore (km 110,0) • Giaupass (km 120,0) • Pocol (km 130,0)
Cortina d'Ampezzo (km 136,0)

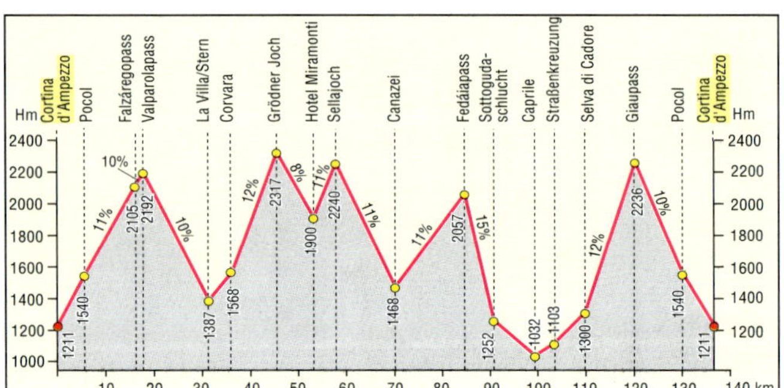

19 Um den Monte Cristallo und zu den Drei Zinnen

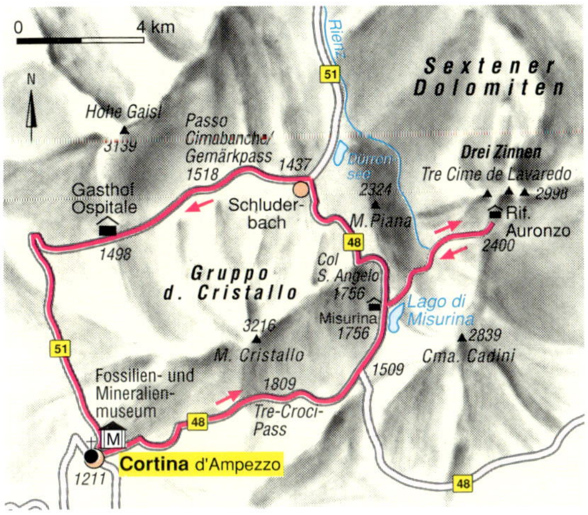

20 Die Sella-Umrundung
Um das Herz der Dolomiten

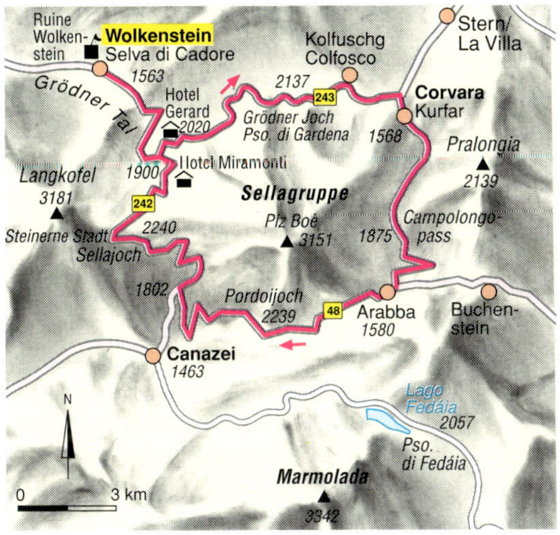

23 Um das Felsenreich der Pala-Gruppe
Im wildesten Teil der Dolomiten

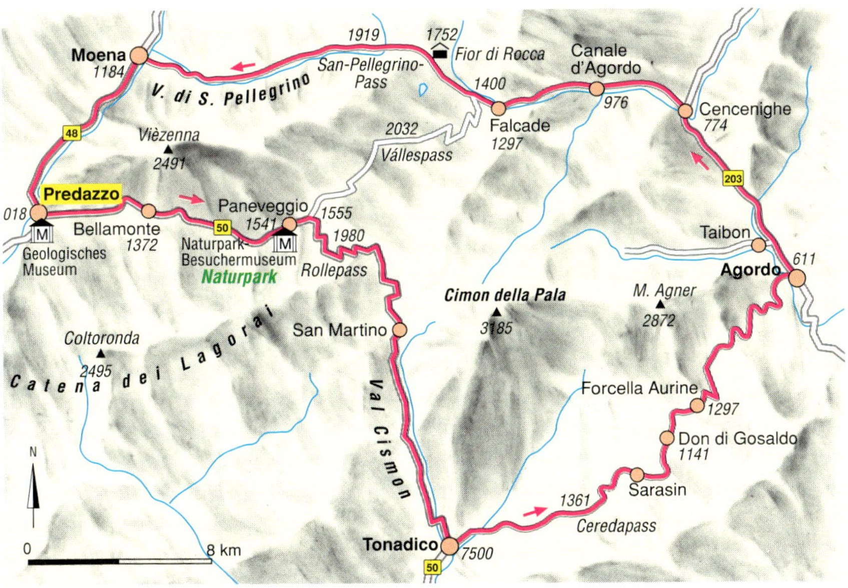

20 Sella-Ronda: Die Sella-Umrundung

Streckenverlauf

Wolkenstein (km 0,0)
Abzweigung Hotel Miramonti (km 3,5)
Hotel Gerard (km 5,5) • Grödner Joch (km 9,5)
Corvara (km 19,5) • Campolongopass (km 25,5)
Arabba (km 29,0) • Pordoijoch (km 38,0)
Abzweigung Sellajoch (km 42,5)
Sellajoch (km 48,5)
Abzweigung Hotel Miramonti (km 53,5)
Wolkenstein (km 57,5)

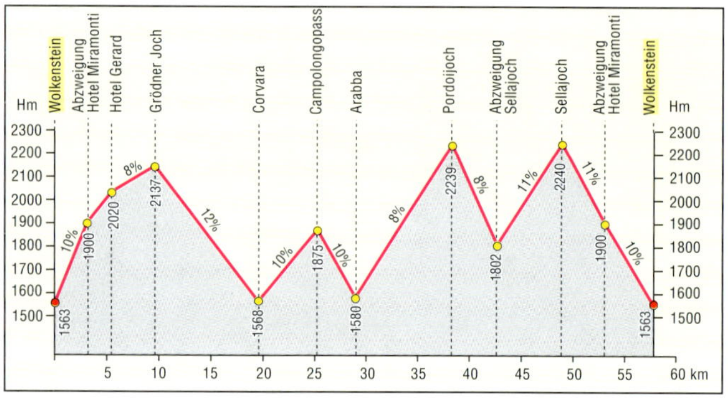

19 Um den Monte Cristallo und zu den Drei Zinnen

Streckenverlauf

Cortina d'Ampezzo (km 0,0) • Ristorante Lago Scin (km 3,5)
Tre-Croci-Pass (km 8,0)
Kreuzung Misurina/Auronzo (km 12,0) • Misurina (km 13,5)
Col Sant'Angelo (Km 16,0) • Schluderbach (km 21,0)
Passo Cimabanche/Gemärkpass (km 24,5)
Gasthof Ospitale (km 28,0) • Cortina d'Ampezzo (km 37,5)

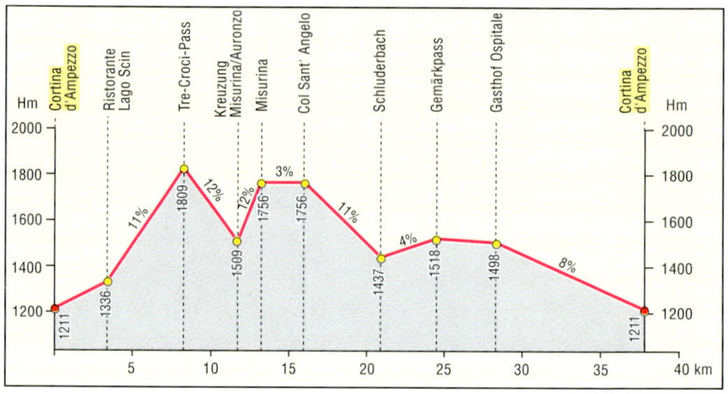

23 Um das Felsenreich der Pala-Gruppe Im wildesten Teil der Dolomiten

Streckenverlauf

Predazzo (km 0,0) • Bellamonte (km 4,5) • Paneveggio (km 12,0) • Abzweigung Vállespass (km 13,0) • Rollepass (km 19,5)
Tonadico (km 41,5) • Ceredapass (km 50,0) • Sarasin (km 54,5) • Don di Gosaldo (km 58,0) • San Andrea (km 60,0)
Forcella Aurine (km 62,0) • Agordo (km 74,0) • Cencenighe (km 84,5) • Canale d'Agordo (km 89,5) • Falcade (km 91,5)
Falcade Alto (km 95,5) • Abzweigung Vállespass (km 97,5) • Bar Fior di Rocca (km 101,0) • San-Pellegrino-Pass (km 103,0)
Moena (km 115,0) • Predazzo (km 124,0)

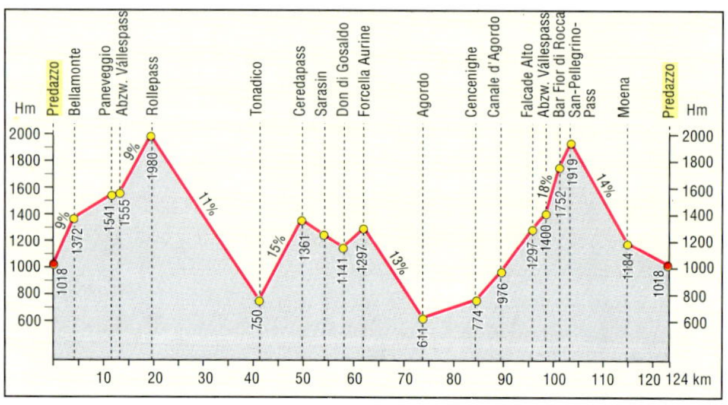

22 Zwischen Sella und Marmolada
Zu den schönsten Bergen der Dolomiten

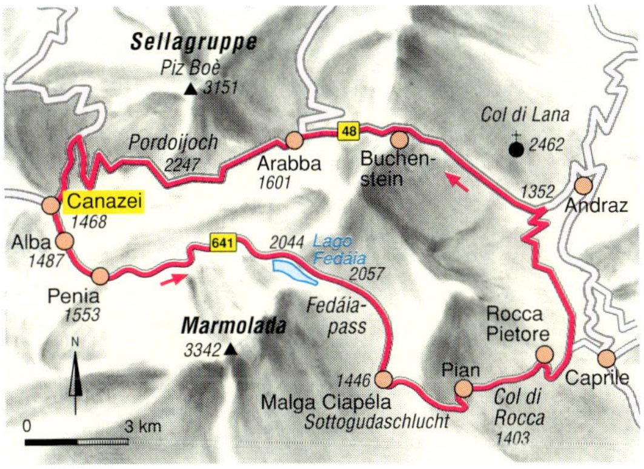

27 Auf das Stilfser Joch
Die »Königin der Alpenstraßen«

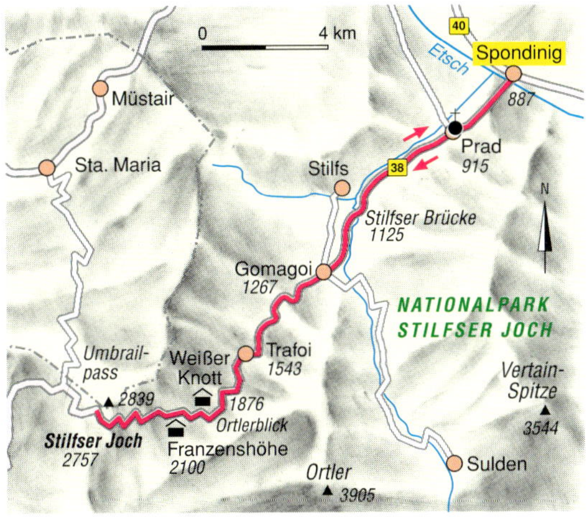

24 Um die Sarntaler Alpen
Jaufenpass und Penser Joch

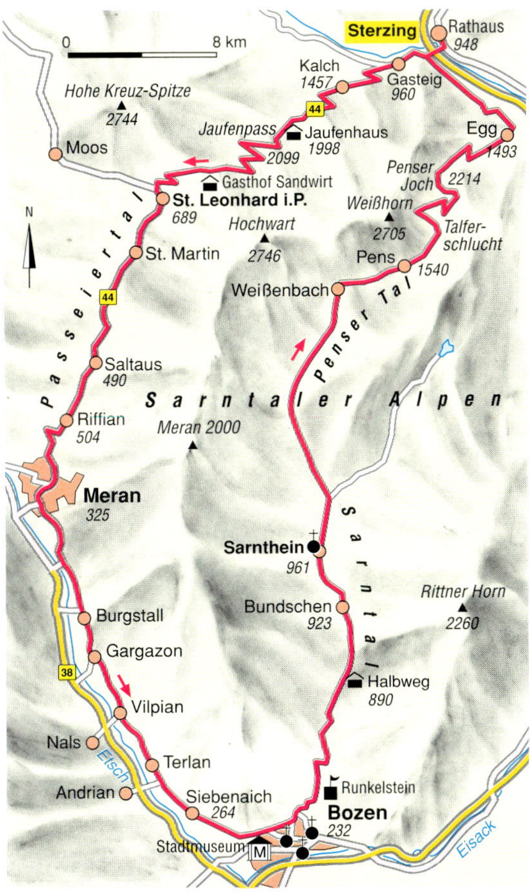

25 Über den Mendelkamm
Vom Oberetschtal ins Trentino

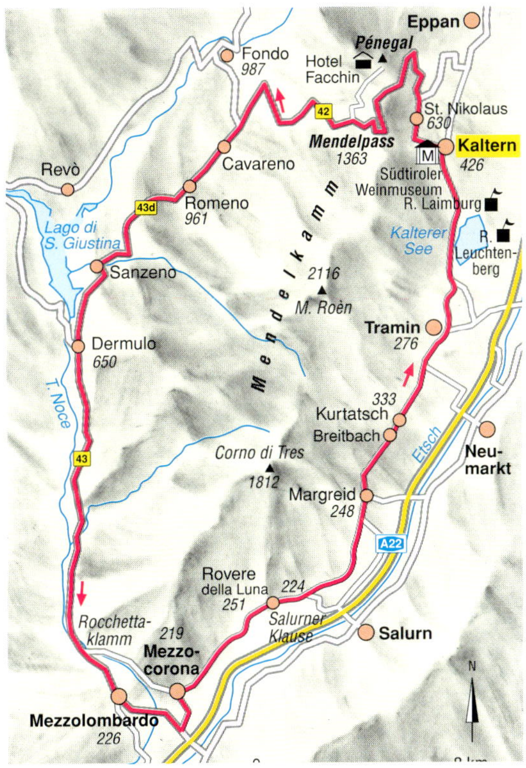

27 Auf das Stilfser Joch

Streckenverlauf

Spondinig (km 0,0) • Prad (km 2,0) • Stilfser Brücke (km 7,0)
Gomagoi (km 8,5) • Trafoi (km 12,0)
Gasthaus Weißer Knott (km 17,5)
Hotel Franzenshöhe (km 22,0)
Stilfser Joch (km 28,0)

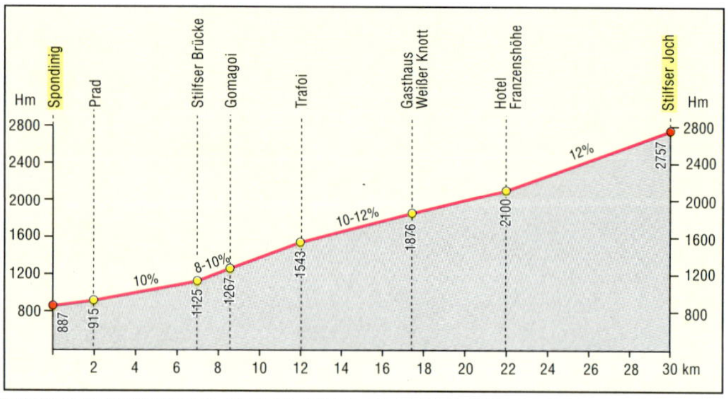

22 Zwischen Sella und Marmolada

Streckenverlauf

Canazei (km 0,0) • Alba (km 1,5) • Penia (km 3,0) • Stausee (km 11,5)
Fedáiapass (km 14,0) • Malga Ciapela (km 19,0) • Col di Rocca (km 24,5)
Straßenkreuzung Passo Pordoi/Arabba (km 27,5) • Straßenkreuzung
Arabba/Cortina (km 36,5) • Arabba (km 47,5) • Pordoijoch (km 57,0)
Canazei (km 69,0)

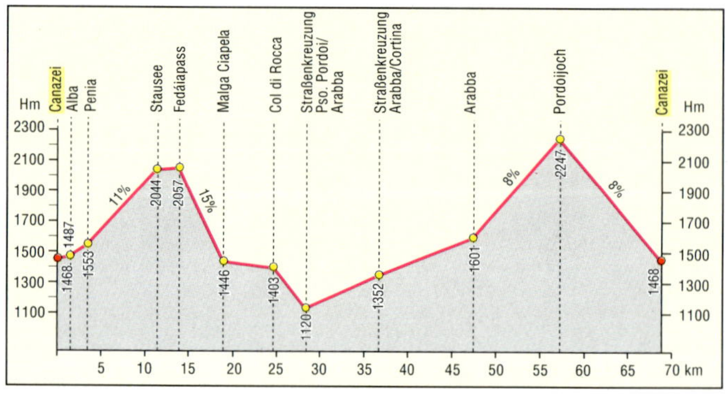

25 Über den Mendelkamm Vom Oberetschtal ins Trentino

Streckenverlauf

Kaltern (km 0,0) • St. Nikolaus (km 4,0)
Mendelpass (km 16,0) • Fondo (km 23,0)
Cavareno (km 26,0) • Romeno (km 29,0)
Dermulo (km 43,0) • Sabino (km 46,0)
Rocchettaklamm (km 50,0) • Mezzolombardo (km 54,0)
Mezzocorona (km 57,0) • Rovere della Luna (km 63,0)
Salurner Klause (km 65,5) • Margreid (km 69,5)
Breitbach (km 71,0) • Kurtatsch (km 72,0)
Tramin (km 76,0) • Kaltern (km 86,0)

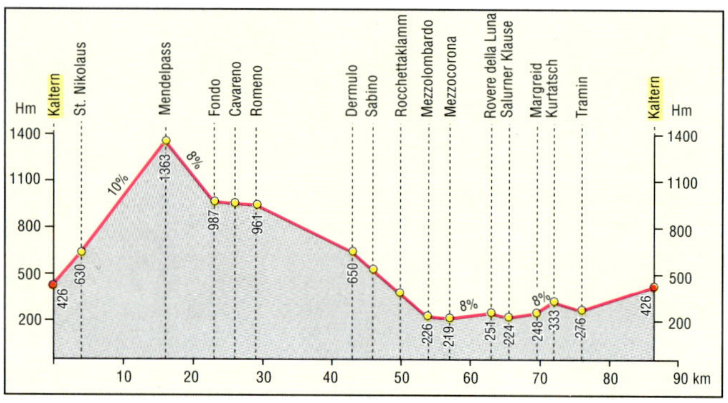

24 Um die Sarntaler Alpen Jaufenpass und Penser Joch

Streckenverlauf

Sterzing (km 0,0) • Gasteig (km 3,0) • Kalch (km 9,0)
Jaufenhaus (km 17,0) • Jaufenpass (km 18,5)
St. Leonhard im Passeier (km 37,5)
Saltaus (km 49,0) • Riffian (km 52,5) • Meran (km 57,0)
Siebenaich (km 80,0) • Bozen (km 84,5)
Gasthof Halbweg (km 95,5)
Bundschen (km 101,0) • Sarnthein (km 104,5)
Weißenbach (km 121,0) • Pens (km 126,0)
Penser Joch (km 134,5) • Egg (km 142,5)
Sterzing (km 150,5)

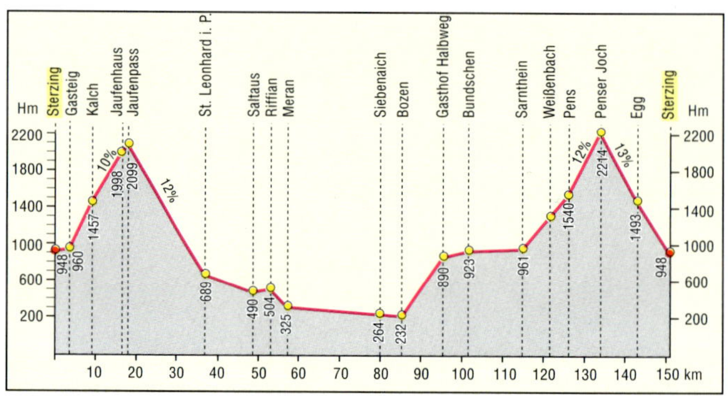

26 Die Südtiroler Weinstraße
Die Weinberge des Überetsch

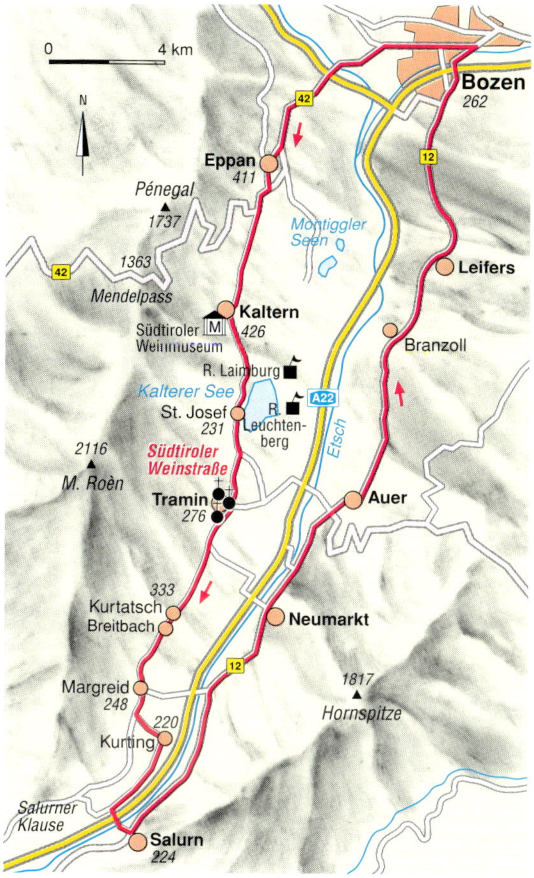

29 Von der Engadiner Seenplatte zur Via Mala

28 Über Flüela- und Albulapass
Im Graubündner Land

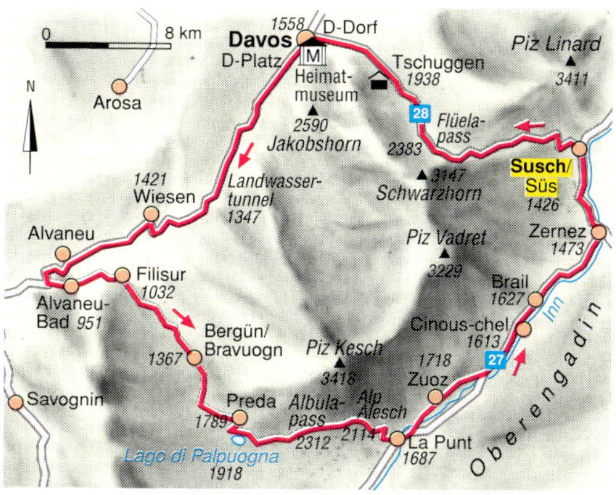

30 Zentralschweizer Pässefahrt
Furka-, Grimsel-, Susten- und St.-Gotthard-Pass

29 Von der Engadiner Seenplatte zur Via Mala

Streckenverlauf

Silvaplana (km 0,0) • Malojapass (km 10,0)
Sottoponto (km 30,0) • Spino (km 30,5)
Castasegna (km 33,5) • Chiavenna (km 42,5)
San Giacomo Filippo (km 47,0)
Pietra (km 55,5) • Pianazzo (km 61,0)
Montespluga (km 68,5) • Splügenpass (km 74,0)
Splügen (km 83,0) • Thusis (km 109,5)
Sils (km 110,0) • Tiefencastel (km 122,0)
Tinizong (km 133,5) • Rondo (km 136,5)
Mulegns (km 141,0) • Bivio (km 149,5)
Julierpass (km 158,5) • Silvaplana (km 165,0)

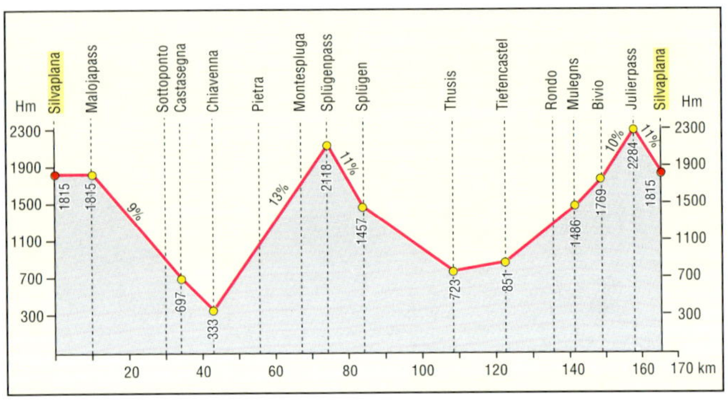

26 Die Südtiroler Weinstraße Die Weinberge des Überetsch

Streckenverlauf

Bozen (km 0,0)
Eppan/Ortsmitte (km 7,0)
Kaltern/Dorf (km 11,5)
St. Josef am Kalterer See (km 15,5)
Tramin (km 22,0)
Kurtatsch (km 26,0)
Breitbach (km 27,0)
Margreid (km 28,5)
Kurting (km 30,0)
Salurn (km 35,5)
Leifers (km 60,0)
Bozen (km 67,0)

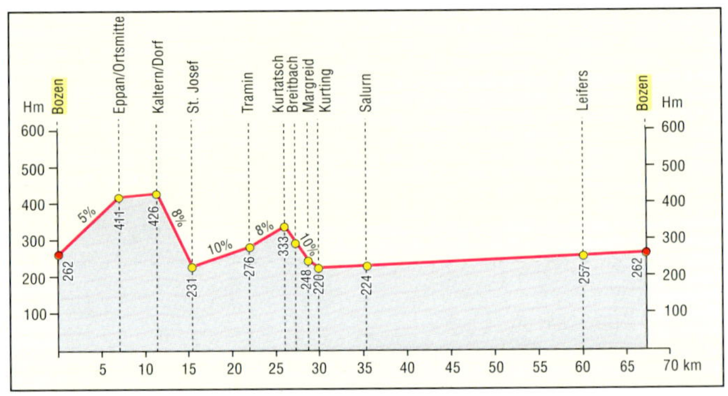

30 Zentralschweizer Pässefahrt

Streckenverlauf

Andermatt (km 0,0) • Hospental (km 2,0) • Realp (km 8,0) • Hotel Galenstock (km 13,5)
Hotel Tiefenbach (km 15,0) • Furkapass (km 20,5) • Hotel Belvédère (km 23,0)
Gletsch (km 30,5) • Grimselpass (km 37,0) • Innertkirchen (km 62,5) • Wiler (km 65,0)
Nessental (km 69,5) • Gadmen (km 75,5) • Obermad (km 77,5)
Hotel Steingletscher (km 86,0) • Sustenpass (km 91,5) • Wassen (km 109,5)
Göschenen (km 113,5) • Urner Loch (km 118,5) • Andermatt (119,5)

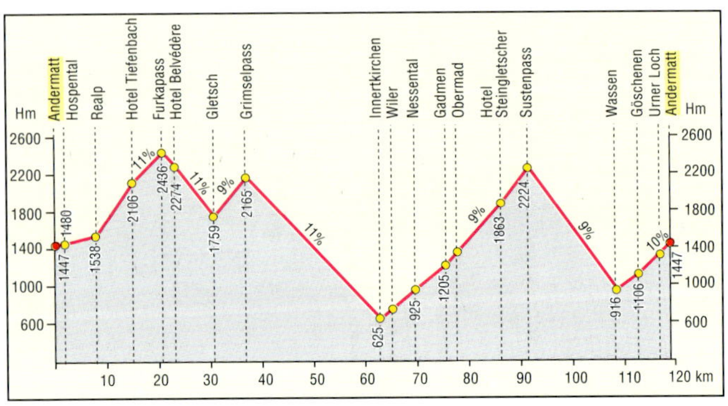

28 Über Flüela- und Albulapass

Streckenverlauf

Susch (km 0,0) • Flüelapass (km 13,0) • Gasthaus Tschuggen (km 19,0)
Davos (km 30,0) • Landwassertunnel (km 43,0) • Wiesen (km 46,0)
Alvaneu-Bad (km 57,5) • Filisur (km 61,5) • Bergün (km 69,0)
Preda (km 75,0) • Lago di Palpuogna (km 76,5) • Albulapass (km 82,5)
Alp Alesch (km 87,5) • La Punt (km 92,5) • Madulain (km 93,5)
Zuoz (km 96,5) • Cinouschel (km 99,5) • Brail (km 105,0)
Zernerz (km 112,0) • Susch (km 118,0)

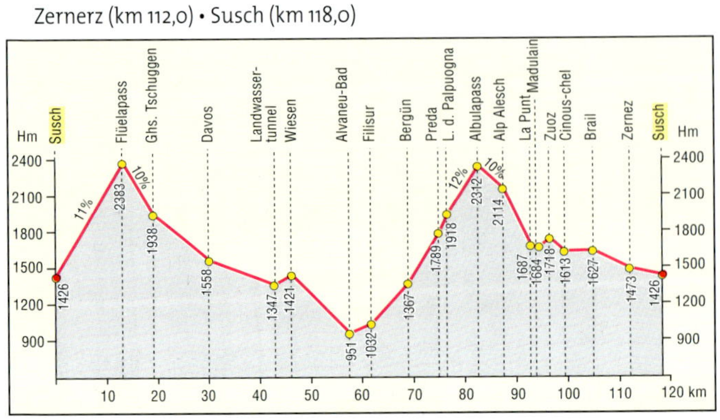

31 Über Klausen- und Pragelpass
Im Lande Wilhelm Tells

32 Die Route des Grandes Alpes, 1. Abschnitt
Über den Großen und Kleinen St. Bernhard

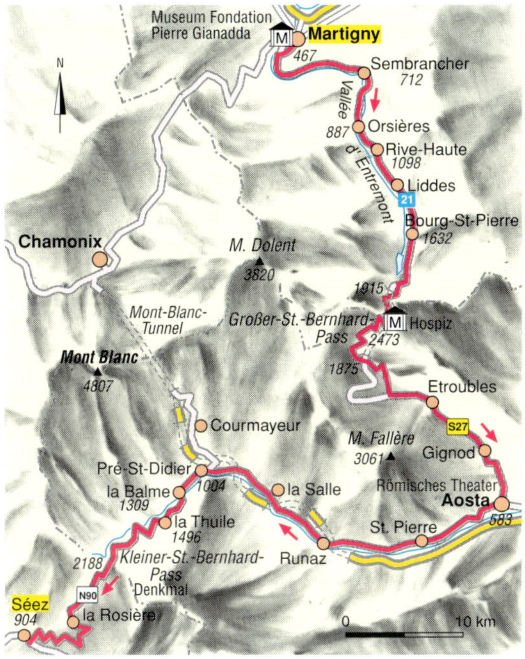

34 Die Route des Grandes Alpes, 3. Abschnitt
Über das »Dach der Tour«

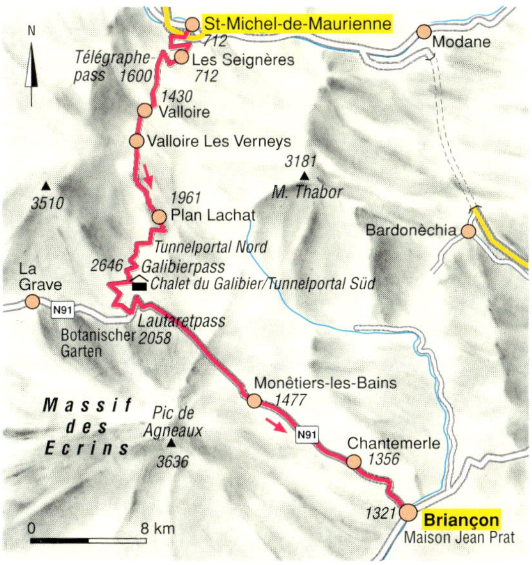

33 Die Route des Grandes Alpes, 2. Abschnitt
Über die zweithöchste Passstraße der Alpen

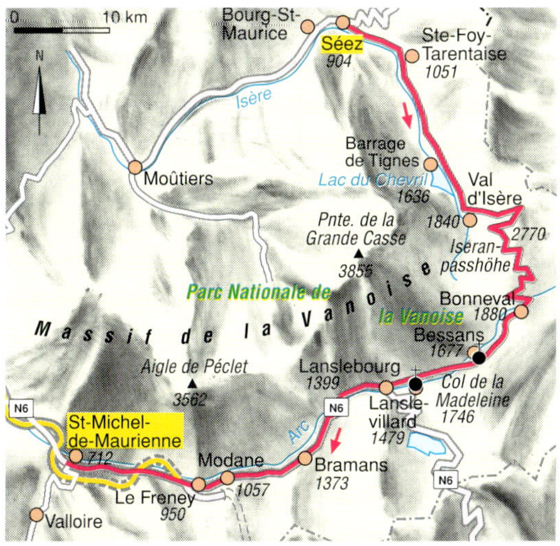

32 Die Route des Grandes Alpes, 1. Abschnitt

Streckenverlauf

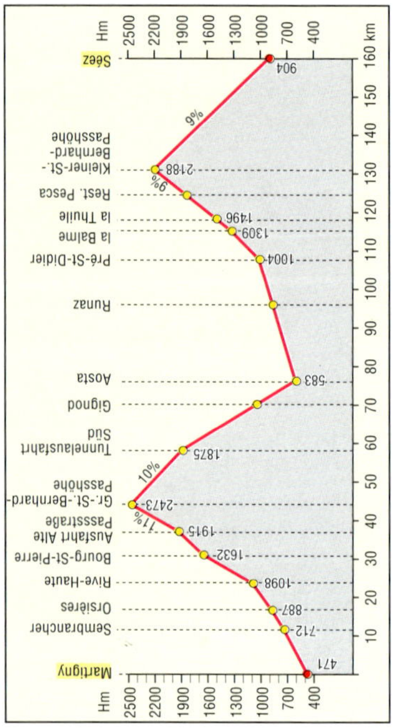

Martigny (km 0,0)
Sembrancher (km 11,5)
Orsières (km 16,5)
Rive-Haute (km 23,5)
Liddes (km 25,5)
Bourg-St-Pierre (km 30,5)
Ausfahrt Alte Passstraße (km 36,5)
Großer-St.-Bernhard-Passhöhe (km 43,5)
Tunnelausfahrt Süd (km 58,0)
Gignod (km 70,5)
Aosta (km 75,5)
Runaz (km 95,5)
Pré-St-Didier (km 108,5)
La Balme (km 115,0)
La Thuile (km 118,0)
Restaurant Pesca alla Trota (km 125,0)
Kleiner-St.-Bernhard-Passhöhe (km 131,5)
Séez (km 160,0)

31 Über Klausen- und Pragelpass Im Lande Wilhelm Tells

Streckenverlauf

Glarus (km 0,0) • Linthal (km 15,5) • Gasthof Bergli (km 10,0)
Urner Boden (km 26,0) • Hotel Wilhelm Tell (km 30,0) • Talschluss (km 32,0)
Klausenpass (km 42,5) • Unterschächen (km 51,0) • Spiringen (km 54,5)
Bürglen (km 61,0) • Altdorf (km 62,5) • Flüelen (km 66,5)
Brunnen (km 79,0) • Ibach (km 83,0) • Muotathal (km 94,5)
Gasthof Pragelpass (km 97,5) • Pragelpass (km 108,5)
Gasthaus Richisau (km 116,0) • Klöntaler See (km 119,5)
Riedern (km 128,5) • Glarus (km 129,5)

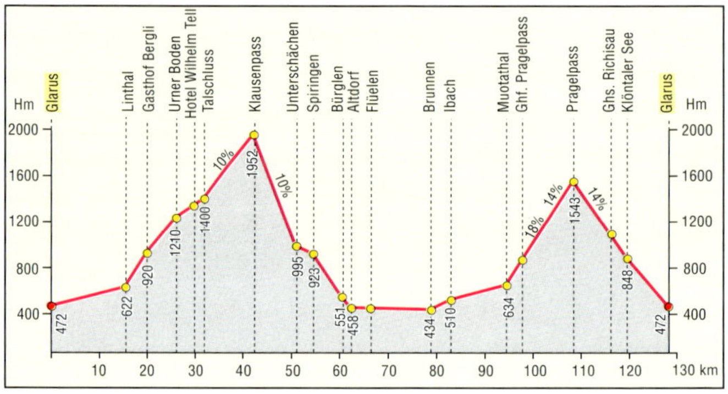

33 Die Route des Grandes Alpes, 2. Abschnitt

Streckenverlauf

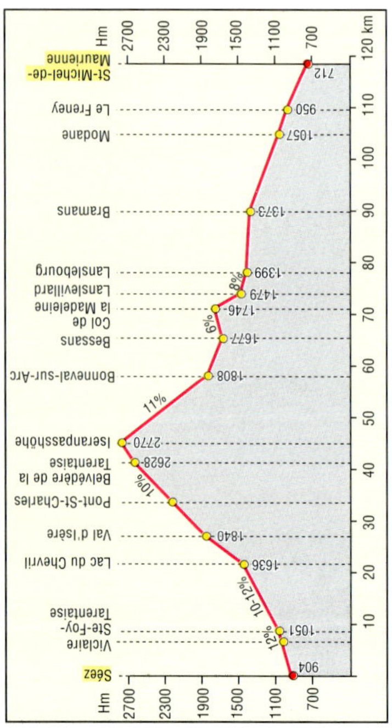

Séez (km 0,0)
Viclaire (km 6,5)
Ste-Foy-Tarentaise (km 8,5)
Stausee Lac du Chevril (km 21,5)
Val d'Isére (km 27,0)
Pont-St-Charles (km 33,5)
Belvédère de la Tarentaise (km 41,5)
Iseranpasshöhe (km 45,0)
Bonneval-sur-Arc (km 58,0)
Bessans (km 65,5)
Col de la Madeleine (km 71,0)
Lanslevillard (km 74,0)
Lanslebourg (km 78,0)
Bramans (km 90,0)
Modane (km 105,0)
Le Freney (km 105,0)
St-Michel-de-Maurienne (km 118,0)

34 Die Route des Grandes Alpes, 3. Abschnitt Über das »Dach der Tour«

Streckenverlauf

St-Michel-de-Maurienne (km 0,0) • Les Seignères (km 2,5)
Télégraphepass (km 12,5) • Valloire (km 17,5) • Valloire Les Verneys (km 19,5)
Plan Lachat (km 27,0) • Tunnelportal Nord (km 34,0) • Galibierpass (km 36,0)
Chalet du Galibier/Tunnelportal Süd (km 37,0) • Lautaretpass (km 45,0)
Monêtiers-les-Bains (km 58,5) • Chantemerle (km 67,0)
Briançon (km 70,5)

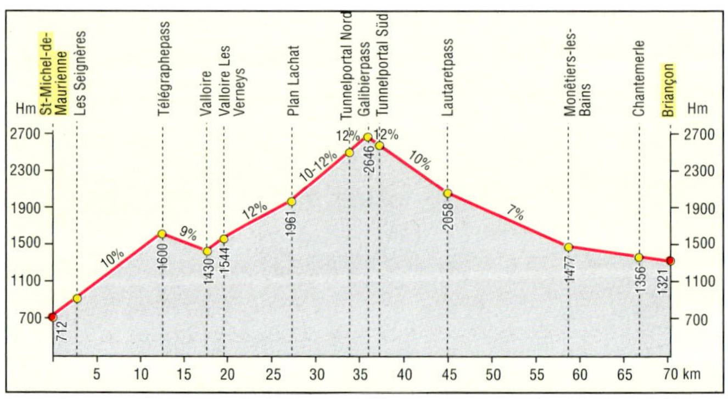

35 Die Route des Grandes Alpes, 4. Abschnitt Durch den Queyras-Nationalpark

36 Die Route des Grandes Alpes, 5. Abschnitt

Über die höchste Passstraße der Alpen

37 Der Circuit des Grands Cols Über Galibier- und Croix-de-Fer-Pass

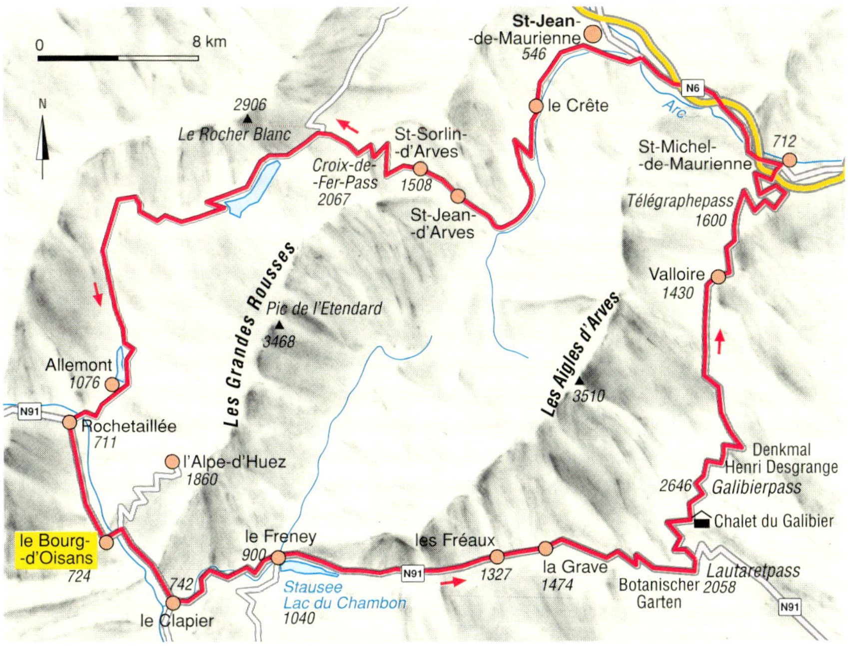

36 Die Route des Grandes Alpes, 5. Abschnitt Über die höchste Passstraße der Alpen

Streckenverlauf

Jausiers (km 0,0) • Lans (km 3,5) • Chalet Halte 2000 (km 10,5)
Kasernenanlagen von Restefond (km 19,0)
Restefondpass (km 22,5) • Bonettepass (km 23,5)
Restefondpass (km 24,0) • St-Etienne-de-Tinnée (km 50,0)
Isola (km 64,5) • St-Sauveur-de-Tinnée (km 80,5)
Plan-du-Var (km 112,5) • Nizza (km 140,0)

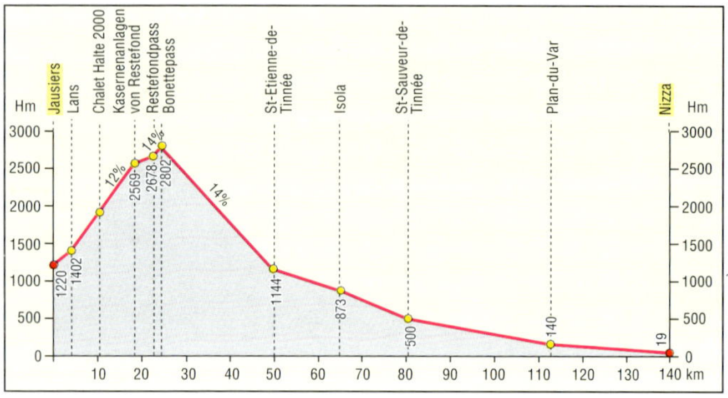

35 Die Route des Grandes Alpes, 4. Abschnitt Durch den Queyras-Nationalpark

Streckenverlauf

Briançon (km 0,0) • Font Christiane (km 3,5)
Cervières (km 9,0) • Le Lans (km 11,5)
Refuge Napoléon (km 18,5) • Izoardpass (km 19,5)
Brunissard (km 27,0)
Abzweigung Guillestre/ Château Queyras (km 34,0)
Le Cristillan (km 45,5) • Guillestre (km 51,0)
St-Marcellin (km 61,5) • Ste-Marie (km 64,0)
Les Claux (km 65,5)• Varspass (km 71,0)
St-Paul (km 79,5) • Les Gleizolles (km 85,0)
La Condamine (km 88,5) • Jausiers (km 93,0)

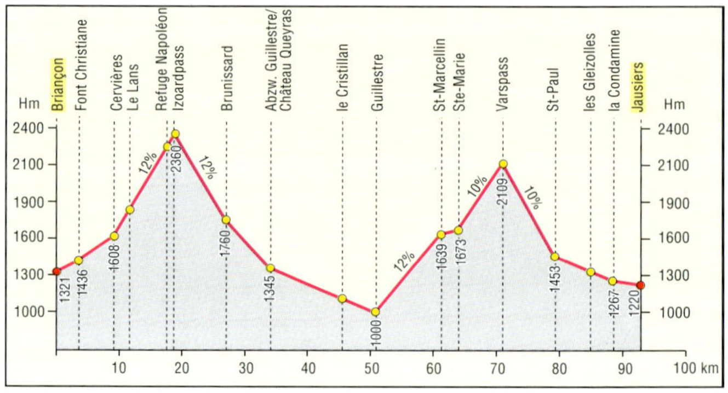

37 Der Circuit des Grands Cols Über Galibier- und Croix-de-Fer-Pass

Streckenverlauf

Le Bourg-d'Oisans (km 0,0) • Le Clapier (km 5,0) • Le Freney (km 11,0) • Stausee Lac du Chambon (km 13,5) • Les Fréaux (km 26,5)
La Grave (km 28,0) • Lautaretpass (km 39,5) • Chalet du Galibier (km 47,0) • Galibierpass (km 48,5) • Valloire (km 68,0)
Télégraphepass (km 72,0) • St-Michel-de-Maurienne (km 84,5) • St-Jean-de-Maurienne (km 98,5) • Le Crete (km 105,0)
Le Brevière (km 107,5) • St-Jean-d'Arves (km 118,0) • St-Sorlin-d'Arves (km 120,5) • Croix-de-Fer-Pass (km 128,5) • Allemont (km 156,5)
Rochetaillée (km 160,5) • Le Bourg-d'Oisans (km 166,5)

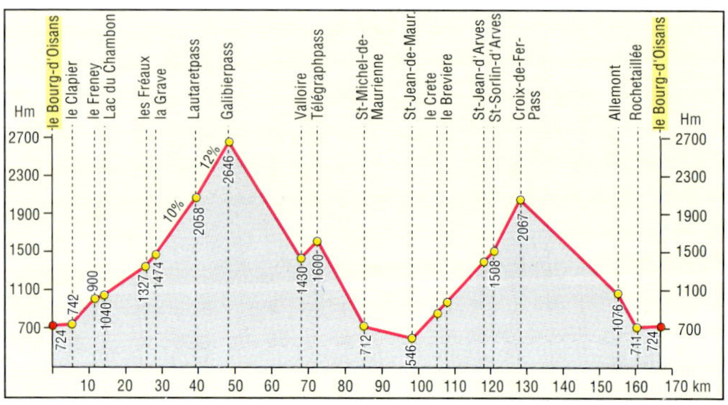

38 Um den Grand Canyon du Verdon
Um die größte Schlucht der Alpen

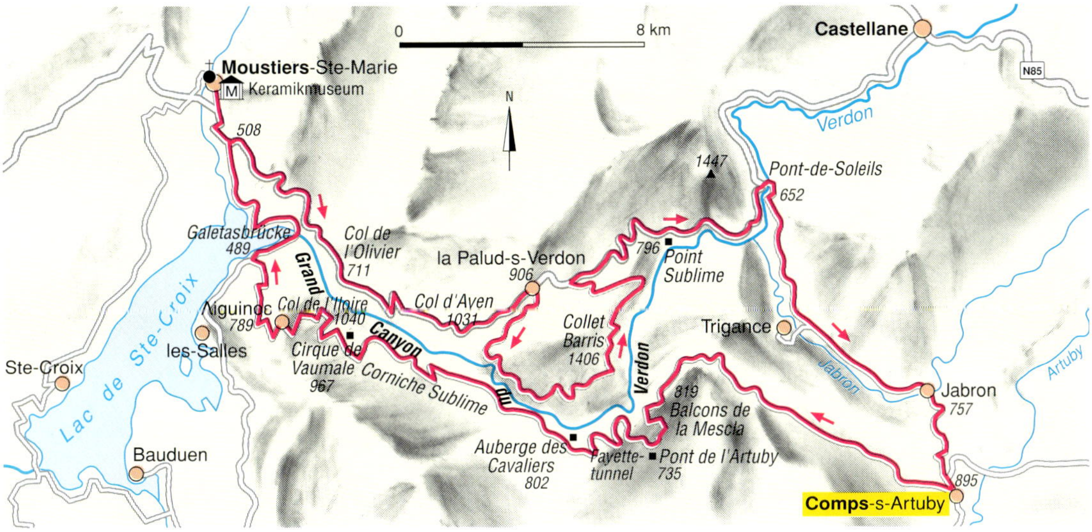

39 Auf den Mont Ventoux
Über den »Berg des Windes«

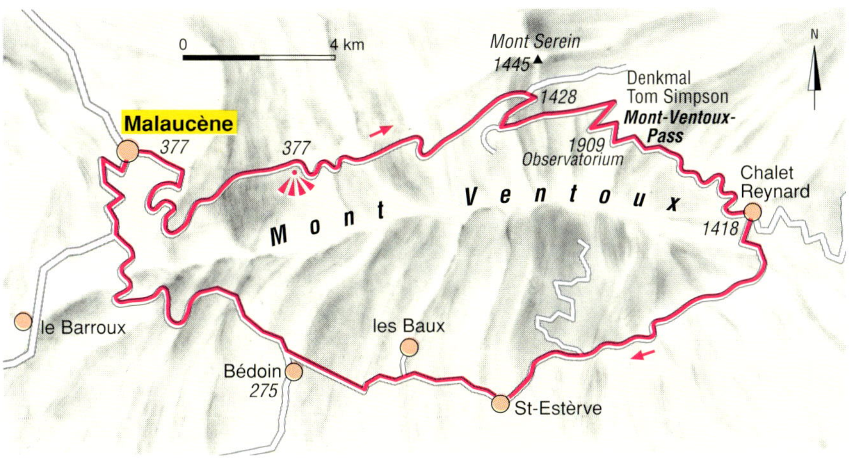

40 Am Ende der Alpen
Auf den Turinipass

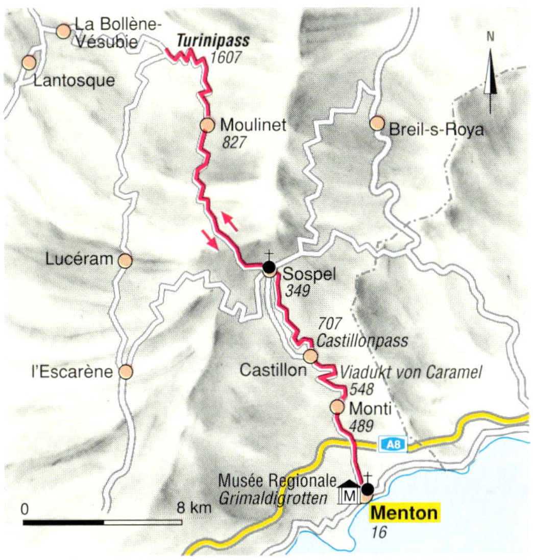

38 Um den Grand Canyon du Verdon
Um die größte Schlucht der Alpen

Streckenverlauf

Comps-sur-Artuby (km 0,0) • Balcons de la Mescla (km 13,5) • Pont de l'Artuby (km 16,0) • Fayettetunnel (km 20,0) Auberge des Cavaliers (km 23,0) • Falaise de Baucher (km 26,5) • Cirque de Vaumale (km 32,5) • Col de l'Iloire (km 35,5) Aiguines (km 38,0) • Galetasbrücke (km 46,5) • Kreuzung »Gorges du Verdon« (km 51,0) • Col d'Ayen (km 66,0) La Palud-sur-Verdon (km 68,5) • Abzweiger Kamm-Ringstraße (km 70,0) • Collet Barris (km 78,5) • La Palud-sur-Verdon (km 92,5) Restaurant Point-Sublime (km 100,0) • Pont-de-Soleils (km 106,0) • Jabron (km 117,0) • Comps-sur-Artuby (km 122,0)

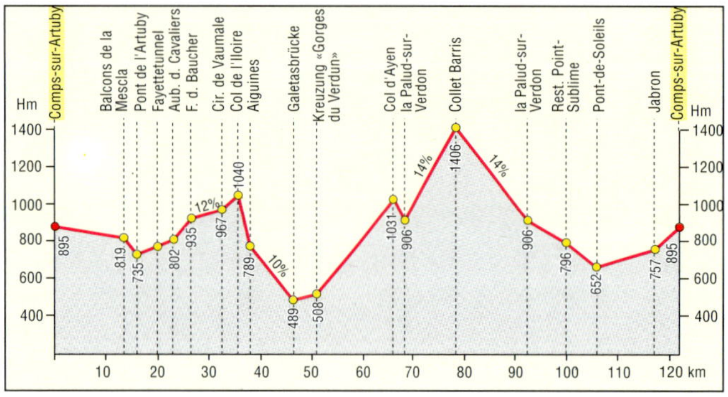

40 Am Ende der Alpen
Auf den Turinipass

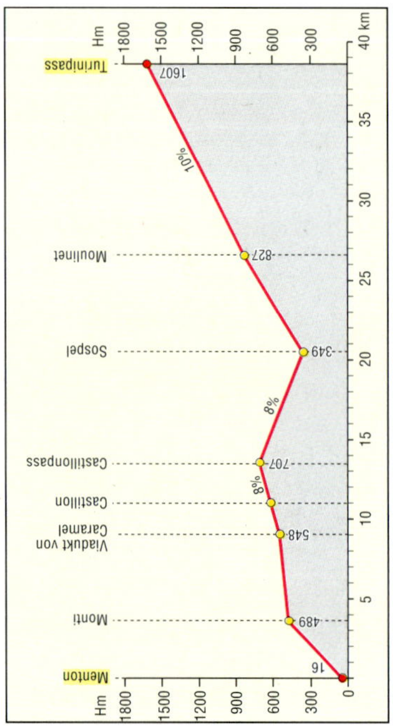

Streckenverlauf

Menton (km 0,0)
Monti (km 3,5)
Viadukt von Caramel (km 9,0)
Castillon (km 11,0)
Castillonpass (km 13,5)
Sospel (km 20,5)
Moulinet (km 26,5)
Turinipass (km 38,5)

39 Auf den Mont Ventoux
Über den »Berg des Windes«

Streckenverlauf

Malaucène (km 0,0)
Aussichtspunkt (km 10,0)
Abzweigung Mont Serein (km 15,5)
Mont-Ventoux-Pass (km 21,5)
Chalet Reynard (km 28,0)
St-Estère (km 38,5)
Bédoin (km 44,5)
Malaucène (km 57,0)

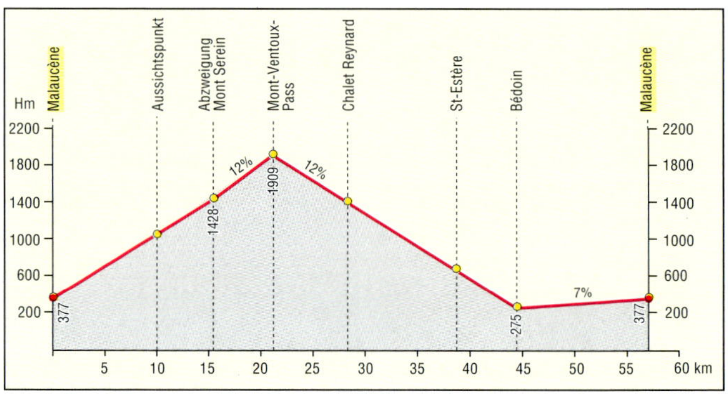

0
50 km
N
Interlaken
Bulle
Lausanne
Berner Oberland
Lac Léman
Genfer See
Montreux
Rhône
Brig
Sierre
Genf
(Genève)
Bourg-
-en-Bresse
Walliser Alpen
Saas-
Fee
Martigny
32
Zermatt
Matterhorn
4478
4634
Monte Rosa
Chamonix
Großer-St.-Bernhard-Pass
Annecy
4807
Mont Blanc
Aosta
Pré-
St-Didier
Valle d'Aosta
FRANK-
REICH
Kleiner-St.-
Bernhard-Pass
Rhône
Aix-les-Bains
Albertville
Séez
Bourg-St-
Maurice
33
Chambéry
Isère
Val d'Isère
Iseranpass
Col de l'Iseran
Massif de la Vanoise
Lanslebourg
Col de la
Croix de Fer
St-Jean-de-M.
St-Michel-de-
Maurienne